OSHO

todos os dias

WWW.OSHO.COM

Um site de fácil compreensão que abriga a revista e os livros de OSHO, o acervo da OSHO Talks, em formato de áudio e vídeo, e os textos da OSHO Library, em inglês e híndi, além de ampla informação sobre a OSHO Meditations. Você poderá encontrar o programa da OSHO Multiversity e mais detalhes sobre o Resort Internacional de Meditação OSHO.

SITES

http://OSHO.com/resort
http://OSHO.com/AllAboutOSHO
http://OSHO.com/shop
http://www.youtube.com/OSHO
http://www.twitter.com/OSHOtimes
http://facebook.com/pages/OSHO.International
http://www.flickr.com/photos/oshointernational

Para entrar em contato com a **OSHO International Foundation**: www.osho.com/oshointernational

OSHO
todos os dias

365 meditações **diárias**

Tradução
Leonardo Freire

1ª edição

BestSeller
Rio de Janeiro | 2025

TÍTULO ORIGINAL
EveryDay OSHO: 365 Daily Meditations for the Here and Now

TRADUÇÃO
Leonardo Freire

DESIGN DE CAPA
Caio Maia

IMAGEM DE CAPA
Adaptação de ilustração de Ohara Koson/Rawpixel

CIP-BRASIL. CATALOGAÇÃO NA PUBLICAÇÃO
SINDICATO NACIONAL DOS EDITORES DE LIVROS, RJ

O91o Osho, 1931-1990
Osho todos os dias : 365 meditações diárias / Osho ; tradução Leonardo Freire. - 1. ed. - Rio de Janeiro : BestSeller, 2025.

Tradução de: Everyday Osho : 365 meditations for the here and now
ISBN 978-65-5712-532-8

1. Espiritualidade. 2. Meditação. 3. Devoções diárias. I. Freire, Leonardo. II. Título.

CDD: 299.93
25-100070.0 CDU: 299.93

Meri Gleice Rodrigues de Souza - Bibliotecária - CRB-7/6439

Texto revisado segundo o novo Acordo Ortográfico da Língua Portuguesa.

Trechos de obras selecionadas. O material deste livro foi selecionado de várias palestras de Osho dadas a um público ao vivo por um período de mais de trinta anos. Todas as palestras de Osho foram publicadas na íntegra em formato de livros e também se encontram disponíveis como gravações originais de áudio. As gravações e o arquivo completo de texto podem ser encontrados on-line na Biblioteca OSHO no site www.osho.com.

Direitos exclusivos de publicação em língua portuguesa para o Brasil
adquiridos pela
EDITORA BEST SELLER LTDA.
Rua Argentina, 171, parte, São Cristóvão
Rio de Janeiro, RJ — 20921-380
que se reserva a propriedade literária desta tradução.

Impresso no Brasil

ISBN 978-65-5712-532-8

Seja um leitor preferencial Record.
Cadastre-se no site www.record.com.br e receba informações sobre nossos lançamentos e nossas promoções.

Atendimento e venda direta ao leitor:
sac@record.com.br

Sumário

Onde você estiver, é sempre o início.
É por isso que a vida é tão bela,
tão jovem, tão virgem.

1º

de janeiro

ILUMINAÇÃO

No momento em que você se ilumina, toda a existência se ilumina. Se você estiver na escuridão, toda a existência estará na escuridão. Tudo depende de você.

Existem mil e uma ideias errôneas a respeito da meditação predominantes em todo o mundo. A meditação é muito simples: nada mais é do que consciência. Ela não é entoar salmos, não é repetir um mantra ou rezar um rosário. Esses são métodos hipnóticos; eles podem lhe dar um tipo de repouso – e não há nada de errado com esse repouso; tudo bem, se estivermos simplesmente tentando relaxar. Qualquer método hipnótico pode ajudar, mas, se você deseja conhecer a verdade, então ele não será suficiente.

Meditação significa transformar sua inconsciência em consciência. Em geral, apenas um décimo de nossa mente está consciente, e nove décimos estão inconscientes. Apenas uma pequena parte de nossa mente tem luz, uma fina camada; fora essa parte, toda a casa está imersa na escuridão. E o desafio é ampliar essa pequena luz a tal ponto que toda a casa fique repleta de luz, sem deixar um único recanto no escuro.

Quando toda a casa está repleta de luz, a vida é um milagre, tem a qualidade da magia. Então, ela não mais é comum – tudo se torna extraordinário. O mundano é transformado no sagrado e pequenas coisas da vida começam a ter um imenso significado, jamais imaginado. Pedras comuns parecem tão belas quanto diamantes... toda a existência se torna iluminada. No momento em que você se ilumina, toda a existência se ilumina. Se você estiver na escuridão, toda a existência estará na escuridão. Tudo depende de você.

2 de janeiro

AMADORES E PERITOS

Todas as grandes descobertas são feitas por amadores.

No início de um novo trabalho, geralmente você é muito criativo, fica muito envolvido e dá tudo de si. Então, aos poucos, à medida que você se familiariza com o território, em vez de ser inventivo e criativo, começa a ser repetitivo. Isso é natural, porque, quanto mais habilidoso você se torna em qualquer trabalho, mais repetitivo você fica. A habilidade é repetitiva.

Dessa maneira, todas as grandes descobertas são feitas por amadores, porque uma pessoa habilidosa tem muito a perder. Se algo novo acontecer, o que acontecerá com a velha habilidade? A pessoa aprendeu por anos e agora se tornou perita. Assim, os peritos nunca descobrem coisa alguma, nunca ultrapassam o limite de suas destrezas. Por um lado, ficam cada vez mais habilidosos e, por outro, tornam-se cada vez mais obtusos e o trabalho parece se tornar um estorvo. Nada existe de novo que possa excitá-los – eles já sabem o que irá acontecer, sabem o que irão fazer, sem qualquer surpresa.

Aqui está a lição: é bom atingir a habilidade, mas não é bom se acomodar nela para sempre. Quando surgir em você a sensação de que agora as coisas estão parecendo batidas, mude, invente algo, acrescente algo novo, elimine algo velho. Fique novamente livre do padrão – o que significa ficar livre da habilidade – e torne-se de novo um amador. Tornar-se novamente um amador exige coragem e atrevimento, mas é assim que a vida se torna bela.

3 de janeiro

ESCOLHA A NATUREZA

Sempre que você perceber a sociedade em conflito com a sua natureza, escolha a natureza, não importa o custo. Assim, você nunca será um perdedor.

Até o momento, o pensamento geral é que o indivíduo existe para a sociedade, que o indivíduo precisa seguir o que a sociedade dita, que o indivíduo precisa se ajustar a ela. Esta se tornou a definição de um ser humano normal: aquele que se ajusta à sociedade. Mesmo se a sociedade for insana, você precisará se ajustar a ela; assim, você será normal.

O problema para o indivíduo é que a natureza requer uma coisa, e a sociedade requer o contrário. Se a sociedade demandasse o mesmo que a natureza demanda, não haveria conflito e teríamos permanecido no jardim do Éden. O problema surge porque a sociedade tem seus próprios interesses, que não estão necessariamente em sintonia com os interesses do indivíduo. A sociedade tem seus próprios investimentos, e o indivíduo precisa ser sacrificado. Este é um mundo de cabeça para baixo. Deveria ser justamente o inverso. O indivíduo não existe para a sociedade, é a sociedade que existe para o indivíduo. Como é apenas uma instituição, ela não tem alma. O indivíduo tem uma alma, é o centro consciente.

4 de janeiro

UM LUGAR QUE FAZ ECO

O mundo é um lugar que faz eco. Se atirarmos raiva, a raiva voltará; se dermos amor, o amor voltará.

O amor não deve ser exigente; senão, ele perde as asas e não pode voar; se enraíza na terra e se torna muito mundano. Então, ele é sensualidade e traz grande infelicidade e sofrimento. O amor não deve ser condicional, nada se deve esperar dele. Ele deve estar presente por estar presente, e não por alguma recompensa, e não por algum resultado. Se houver algum motivo nele, novamente seu amor não poderá se tornar o céu. Ele está confinado ao motivo; o motivo se torna sua definição, sua fronteira. Um amor desmotivado não tem fronteiras: é pura alegria e exuberância. É a fragrância do coração.

E o fato de não haver desejo de algum resultado não quer dizer que não haja resultados. Eles existem e acontecem mil vezes mais, porque tudo o que damos ao mundo retorna e ressoa. O mundo é um lugar que faz eco. Se atirarmos raiva, a raiva voltará; se dermos amor, o amor voltará. Mas esse é um fenômeno natural, e não precisamos pensar sobre ele. Podemos confiar: isso acontece por si só. Esta é a lei do carma: tudo o que você semeia, você colhe; tudo o que você dá, você recebe. Assim, não há necessidade de pensar a respeito, é automático. Odeie, e será odiado; ame, e será amado.

5 de janeiro

SABEDORIA RETROSPECTIVA

O outro nunca é responsável. Simplesmente observe. Se você for sábio no momento, não haverá problema. Mas todos se tornam sábios apenas quando o momento já se foi. A sabedoria retrospectiva é inútil.

Depois de brigar, resmungar e ser desagradável com o outro, é tarde demais para ser sábio e perceber que não havia sentido no que você fez. Agora isso de nada vale, pois você já fez o mal. Essa sabedoria é apenas uma falsa sabedoria, que leva você a sentir "como se" tivesse entendido. Esse é um truque do ego, mas essa sabedoria não irá ajudar. Quando você estiver fazendo algo, naquele exato momento, de forma simultânea, a consciência deveria surgir e você deveria perceber: o que você está fazendo é inútil.

Se você puder perceber isso quando a ação estiver acontecendo, você não poderá fazê-la. Nunca podemos ir contra a própria consciência, e, se formos contra ela, essa consciência não é consciência. Ela está sendo confundida com algo mais.

Assim, lembre-se: o outro nunca é responsável por coisa alguma. O problema é algo que está fervendo dentro de você. E, é claro, a pessoa que você ama está mais perto; você não pode jogar seus disparates sobre algum estranho que esteja passando pela rua; assim, a pessoa mais próxima se torna o lugar para atirar e despejar seus disparates. Mas isso precisa ser evitado, pois o amor é muito frágil. Se você fizer isso em excesso, o amor pode desaparecer.

O outro nunca é responsável. Tente tornar esse entendimento um estado de consciência tão permanente que, sempre que você começar a encontrar algo errado no outro, você se lembre dessas palavras. Pegue-se em flagrante, abandone o julgamento naquele mesmo instante e peça desculpas.

6 de janeiro

GRATIDÃO

Sinta-se tão grato à existência quanto possível – pelas pequenas coisas, e não somente pelas grandes... simplesmente por estar respirando. Nada temos a reivindicar à existência; assim, tudo o que é dado é uma dádiva.

Cresça cada vez mais em gratidão e reconhecimento, deixe que isso se torne seu estilo. Seja grato a todos. Se as pessoas compreenderem a gratidão, ficarão gratas por coisas que foram feitas efetivamente e até por coisas que poderiam ter sido, mas que não aconteceram. Você fica grato porque alguém o ajudou – esse é apenas o começo. Depois começa a se sentir grato por alguém não ter prejudicado você – ele poderia... mas foi bondade da parte dele não ter o feito.

Uma vez compreendido o sentimento da gratidão e permitido que ele se aprofunde, você começará a se sentir grato por tudo. E, quanto mais grato se tornar, haverá menos queixas e menos resmungos. Uma vez desaparecidas as queixas, a infelicidade desaparecerá. Ela existe a partir disso, está enganchada nas reclamações e na mente queixosa. A infelicidade é impossível com a gratidão. Esse é um dos segredos mais importantes a serem aprendidos.

7 de janeiro

RISO

Por que esperar por razões para rir? A vida, como ela é, deveria ser razão suficiente para rir. Ela é tão absurda, tão ridícula. É tão bela, tão maravilhosa! É todos os tipos de coisas juntas. É uma incrível piada cósmica.

A risada é uma das coisas mais fáceis do mundo, se você a permitir, mas ela se tornou difícil. As pessoas riem muito raramente, e, mesmo quando riem, a risada não é verdadeira. As pessoas riem como se estivessem agradando alguém, como se estivessem cumprindo uma obrigação.

A risada é divertimento. Você não está fazendo um favor a ninguém! Você não deveria rir para fazer com que alguém fique feliz, porque, se você não estiver feliz, não poderá deixar alguém feliz. Você deve rir espontaneamente, sem esperar por razões para tal. Se você começar a indagar a respeito das coisas, não será capaz de parar de rir. Todo momento é simplesmente perfeito para rir, nada está faltando, mas você não o permite. Somos muito avarentos, avarentos com a risada, com o amor, com a vida. Assim que você descobre que a avareza pode ser abandonada, você penetra em uma dimensão diferente. A risada é a religião real; tudo o mais é apenas metafísica.

8 de janeiro

NÃO JULGAMENTO

Quando você julga, começa a divisão.

Você pode estar em uma profunda conversa com um amigo e subitamente sentir vontade de ficar em silêncio, de parar de falar no meio da frase. Então, pare ali mesmo, nem complete o restante da frase, porque isso seria ir contra a natureza.

Mas, então, entra o julgamento. Você se sentirá desconcertado com o que os outros poderão pensar se, de repente, parar de falar no meio de uma frase. Se de uma hora para outra você ficar em silêncio, eles não compreenderão. Por isso, de algum modo você dá um jeito de completar a frase, finge mostrar interesse e depois, finalmente, escapa. Isso é muito desgastante e não precisa ser assim. Simplesmente diga que a conversa não está fluindo, peça desculpas e fique em silêncio.

Talvez por alguns dias isso seja um pouco perturbador, mas aos poucos as pessoas começarão a entender. Não julgue a si mesmo por ficar em silêncio, não diga a si mesmo que isso não é bom. Tudo é bom! Em profunda aceitação, tudo se torna uma bênção. É desta maneira que aconteceu... todo o seu ser quis ficar em silêncio. Siga isso, torne-se uma sombra de sua totalidade, e, para onde ela for, você terá de seguir, porque não existe outro objetivo. Você começará a sentir um imenso relaxamento envolvê-lo.

9 de janeiro

OS VERDADEIROS LADRÕES

Nada há a temer, porque nada temos a perder. Tudo o que pode ser roubado de você não tem valor. Portanto, por que temer, por que suspeitar, por que duvidar?

Estes são os verdadeiros ladrões: a dúvida, a suspeita, o medo. Eles aniquilam sua própria possibilidade de celebração. Enquanto você estiver sobre a terra, celebre a terra. Enquanto durar este momento, desfrute-o até a essência. Devido ao medo, perdemos muito; devido ao medo, não podemos amar, e, mesmo se amarmos, esse amor será sempre morno, sofrível, irá sempre até certo limite, e nunca além. Sempre chegamos a um ponto além do qual temos medo e estagnamos ali. Devido ao medo, não podemos entrar fundo em uma amizade; devido ao medo, não podemos orar profundamente.

Seja consciente, mas nunca precavido. A distinção é muito sutil. A consciência não está enraizada no medo; a precaução está enraizada no medo. A pessoa fica precavida para nunca errar, mas, então, não pode ir muito longe. O próprio medo não permitirá que ela examine novos estilos de vida, novos canais para sua energia, novas direções, novas terras. Ela sempre percorrerá o mesmo caminho, repetidamente, movendo-se para cá e para lá num vaivém, como um trem de carga!

10 de janeiro

MENTE CRÍTICA

Não estou dizendo que uma atitude crítica seja sempre prejudicial. Se você estiver trabalhando em um projeto científico, ela não será prejudicial; nesse caso, ela é a única maneira de trabalhar.

Se você estiver trabalhando em um projeto científico, uma mente crítica é uma necessidade absoluta. Mas, se você estiver tentando alcançar sua própria interioridade, sua própria subjetividade, a mente crítica é uma barreira absoluta. No mundo objetivo, ela é perfeitamente adequada. Sem ela, não haveria a ciência; com ela, não haveria a religiosidade. Isto precisa ser entendido: quando as pessoas estiverem trabalhando objetivamente, elas devem ser capazes de usar a mente crítica, e quando estiverem trabalhando subjetivamente, devem ser capazes de colocá-la de lado. Ela deveria ser usada como um meio, e não se tornar uma ideia fixa. Você deveria ser capaz de usá-la ou não, você deveria ser livre.

Não existe possibilidade de entrar no mundo interior com uma mente crítica. A dúvida é uma barreira, da mesma maneira que a confiança é uma barreira na ciência. Uma pessoa de fé não irá muito longe na ciência. Por isso, nos dias em que a religião era predominante no mundo, ela permaneceu não científica. O conflito que surgiu entre a igreja e a ciência não foi acidental; ele foi básico. Não se tratava realmente de um conflito entre a ciência e a religião, mas de um conflito entre duas diferentes dimensões de ser, a objetiva e a subjetiva. Elas funcionam de maneiras diferentes.

11 de janeiro

ORGASMO

Há momentos, alguns momentos, bem raros, em que o ego desaparece porque você está em uma total embriaguez. No amor, às vezes acontece; no orgasmo, também.

No orgasmo profundo, sua história desaparece, seu passado recua, segue recuando e desaparece. No orgasmo, você não tem história, não tem passado, não tem mente, não tem autobiografia. Você está completamente no aqui e agora. Você não sabe quem é e não tem qualquer identidade. Naquele momento, o ego não está funcionando, daí o deleite do orgasmo, a sua qualidade restauradora, rejuvenescente. É por isso que ele o deixa tão silencioso, tão quieto, tão relaxado, tão preenchido. Mas, novamente, o ego e o passado entram e usurpam o presente. Novamente, a *história* começa a funcionar e *você* para de funcionar. O ego é a sua história, ele não é uma realidade. E este é o seu inimigo, o ego é o inimigo.

Toda pessoa chega a esse ponto muitas vezes na vida, porque a vida se move em um círculo. Repetidamente você chega ao mesmo ponto, mas, devido ao medo, você escapa dele. O ego é uma falsidade. Na verdade, deixá-lo morrer deveria ser a coisa mais fácil e mantê-lo vivo deveria ser a mais difícil, mas o mantemos vivo acreditando que é mais fácil.

12 de janeiro

REAÇÃO EM CADEIA

Todas as coisas acontecem juntas.

Quando você se sentir menos culpado, imediatamente começará a se sentir mais feliz. Quando você se sentir mais feliz, passará a se sentir menos em conflito, mais harmonioso e integrado. Quando você sentir tudo isso, subitamente sentirá uma certa graça circundando-o. Essas coisas funcionam como uma reação em cadeia: uma começa a outra, esta começa outra, e elas seguem se espalhando.

Sentir-se menos culpado é muito importante. A humanidade toda foi induzida a se sentir culpada – séculos de condicionamento, sendo orientada a fazer isso e a não fazer aquilo. E não somente isso, as pessoas foram coagidas ao ouvirem que, se elas fizessem algo não permitido pela sociedade ou pela igreja, seriam pecadoras. Se elas fizessem algo que fosse apreciado pela sociedade e pela igreja, então seriam santas. Dessa maneira, todos são enganados para realizarem coisas que a sociedade deseja que façam e para não fazerem o que a sociedade não aprova. Ninguém se importa se o que você faz ou deixa de fazer tem ou não a ver com você, ninguém se importa com o indivíduo.

Penetre em uma nova luz, em uma nova consciência, na qual você possa se livrar da culpa. E, então, muito mais coisas seguirão.

13 de janeiro

FLEXIBILIDADE

Sua juventude é proporcional à sua flexibilidade. Observe uma pequena criança – tão delicada, terna e flexível. À medida que você envelhece, tudo se torna rígido, duro, inflexível. Mas, se você permanecer flexível, poderá permanecer absolutamente jovem até o momento de sua morte.

Quando está feliz, você se expande. Quando está com medo, você se encolhe, se esconde em sua concha, porque, se sair, poderá encontrar algum perigo. Você se encolhe em todos os sentidos: no amor, nos relacionamentos, na meditação... em todas as formas. Você se torna uma tartaruga e se recolhe para dentro.

Se você ficar continuamente com medo, como vivem muitas pessoas, aos poucos a elasticidade de sua energia será perdida. Você se torna uma represa estagnada, deixando de fluir, deixando de ser um rio. Então, a cada dia você se sentirá mais e mais morto.

Mas o medo tem um emprego natural. Quando a casa está pegando fogo, você precisa escapar. Não tente ser destemido nessa situação, ou será um tolo! Deveríamos ser também capazes de nos recolher, porque existem momentos em que precisamos interromper o fluxo. Deveríamos ser capazes de sair, de entrar, de sair, de entrar... Isto é flexibilidade: expansão, recolhimento, expansão, recolhimento... É como o respirar. A pessoa muito medrosa não respira profundamente, porque mesmo essa expansão traz o medo. Seu tórax se encolhe, ela fica com o tórax encovado.

Assim, tente descobrir maneiras de fazer sua energia se mover. Algumas vezes até mesmo a raiva é boa, pelo menos ela move a sua energia. Se você tiver de escolher entre o medo e a raiva, escolha a raiva. Mas não vá ao outro extremo. A expansão é boa, mas você não deve se viciar nela. A qualidade mais importante a ser lembrada é a flexibilidade, ou seja, a capacidade de se mover de um ponto a outro.

14 de janeiro

GRAÇA

A graça traz beleza. Graça simplesmente significa a aura que envolve o relaxamento total.

Se você se mover espontaneamente, cada momento em si decidirá como será. Esse momento não vai decidir o próximo, de modo que você simplesmente permanece aberto. O próximo momento decidirá a si mesmo; você não tem planos, padrões e expectativas.

Hoje é suficiente; não planeje o amanhã, nem mesmo o próximo momento. O hoje termina, e o amanhã virá fresco e inocente, sem manipulação. Ele se desdobrará por si mesmo e sem o passado. Isso é graça. Observe uma flor se abrindo pela manhã. Fique observando... isso é graça. Não existe esforço, a flor simplesmente se move de acordo com a natureza. Ou observe um gato se despertando, sem esforço, sendo envolvido por uma imensa graça. Toda a natureza está repleta de graça, mas, devido às divisões internas, perdemos a capacidade de ser graciosos.

Mova-se simplesmente e deixe o momento decidir – não tente manipulá-lo. A isso chamo de entrega, e tudo acontece a partir dela. Dê-lhe uma chance!

15 de janeiro

O MEDO ESPECIAL

Quando você sente medo sem saber exatamente do que, esse é um bom tipo de medo. Ele simplesmente significa que você está à beira de algo desconhecido.

Quando seu medo se prende a algum objeto, ele é um medo comum. Alguém com medo da morte... esse é um medo instintivo muito comum; nada existe de especial nele. Ter medo da velhice, de doenças... esses são medos ordinários, corriqueiros. O medo especial se dá quando você não pode encontrar um objeto para ele, quando ele está presente sem nenhuma razão. Isso deixa a pessoa realmente amedrontada! Se você puder encontrar uma razão, a mente ficará satisfeita. Se você puder dar o motivo, a mente terá alguma explicação a que se apegar. Todas as explicações ajudam a atenuar as coisas, e nada mais do que isso, mas, quando você tem uma explicação racional, você fica satisfeito.

É melhor perceber as coisas como elas são, sem perguntar pelo motivo. Algo desconhecido está rondando você, como irá rondar todo buscador. Esse é o medo pelo qual todo buscador precisará passar. Não estou aqui para lhe dar explicações, mas para empurrá--lo em direção ao medo. Não sou um psicanalista, sou um existencialista. Meu esforço é para torná-lo capaz de experimentar tudo o que for possível – o amor, o medo, a raiva, a ambição, a violência, a compaixão, a meditação, a beleza e assim por diante. Quanto mais você experimentar essas coisas, mais rico se tornará.

16 de janeiro

O CORPO DIVIDIDO

Em uma sociedade primitiva, o corpo inteiro é aceito. Não existe condenação; nada é inferior e nada é superior. Tudo simplesmente é.

A aceitação do corpo não vai longe o bastante na ioga. Ela faz com que você fique muito controlado, e todo tipo de controle é um tipo de repressão. Você se reprime e se esquece de tudo sobre a repressão. Ela entra no estômago, e, então, todos os conteúdos reprimidos se juntam próximo ao diafragma. O estômago é o único lugar onde você pode prosseguir jogando coisas; em nenhum outro lugar existe espaço.

No dia em que explodir o seu controle, você se sentirá muito livre, muito vivo. Você se sentirá renascido, porque isso conectará seu corpo dividido. O diafragma é o lugar onde o corpo está dividido entre a parte superior e a inferior. Em todos os ensinamentos das velhas religiões, a inferior é condenada, e a superior é considerada como algo elevado, sublime, santificado. Mas não é. O corpo é um só, e essa bifurcação é perigosa, ela o divide. Aos poucos você passa a condenar muitas coisas na vida. Tudo aquilo que você excluir de sua vida, um dia se desforrará; e virá como uma doença.

Alguns pesquisadores médicos dizem que o câncer nada mais é do que demasiado estresse interno. O câncer só acontece em sociedades muito reprimidas. Quanto mais civilizada e culta uma sociedade, mais o câncer é possível. Ele não pode existir em uma sociedade primitiva, porque em uma sociedade primitiva o corpo inteiro é aceito. Não existe condenação, nada é inferior e nada é superior. Tudo simplesmente é.

17 de janeiro

IGNORÂNCIA

Quando uso a palavra ignorância, *não a uso em um sentido negativo – não quero dizer ausência de conhecimento. Quero dizer algo muito básico, muito presente, muito positivo. Ela é como somos. É próprio da natureza da existência permanecer misteriosa, e por isso ela é tão bela.*

Todo conhecimento é supérfluo. O conhecimento como tal é supérfluo. E todo conhecimento somente cria uma ilusão de que sabemos, mas não sabemos. Você pode viver com alguém por toda a sua vida e achar que conhece a pessoa, mas não a conhece. Você pode dar à luz uma criança e achar que a conhece, mas não a conhece.

Tudo o que achamos que conhecemos é muito ilusório. Alguém pergunta: "O que é água?", e você responde: "H_2O". Você está simplesmente fazendo um jogo. Isso não é saber o que a água é, ou o que o H e o O são. Você está apenas rotulando. Alguém pergunta o que é esse H, esse hidrogênio, e você fala de moléculas, de átomos, de elétrons, mas novamente está dando nomes. O mistério não é resolvido, mas somente adiado, e, no final, ainda existe uma imensa ignorância. No começo não sabíamos o que era a água; agora não sabemos o que é o elétron; portanto, não chegamos a conhecimento algum.

Fizemos um jogo de dar nome a coisas, de categorizar, mas a vida permanece um mistério. A ignorância é tão profunda e tão completa que não pode ser destruída. E, quando entender isso, você poderá descansar. A ignorância é tão bela, tão relaxante... porque, então, não há para onde ir, nada há algo para saber, porque nada pode ser sabido. A ignorância é completa, imensa e vasta.

18 de janeiro

ATRÁS DA RAIVA

Desloque-se da raiva para a criatividade e imediatamente perceberá uma grande mudança surgindo em você. Amanhã, as mesmas coisas já não servirão de desculpas para ficar com raiva.

De cem pessoas sofrendo de raiva, cerca de cinquenta sofrem de um excesso de energia criativa que não foram capazes de pôr em prática. O problema delas não é a raiva, mas por toda a vida acharão que é. Quando um problema é diagnosticado corretamente, metade dele já está resolvido.

Coloque suas energias na criatividade. Esqueça-se da raiva como um problema, ignore-a. Canalize sua energia para mais criatividade, coloque-a em algo que você adora. Em vez de fazer da raiva o seu problema, deixe que a criatividade seja o seu objeto de meditação. Desloque-se da raiva para a criatividade e imediatamente perceberá uma grande mudança surgindo em você. Amanhã, as mesmas coisas já não servirão de desculpas para ficar com raiva, porque agora a energia está se movendo, está desfrutando de si mesma, desfrutando de sua própria dança. Quem se importa com pequenas coisas?

19 de janeiro

ESPONTANEIDADE

Tudo o que você fizer, faça-o de modo tão completo quanto possível. Se você gosta de caminhar, bom! Se de repente você percebe que não está mais com vontade ou com desejo de se mover, então sente-se imediatamente; nem mesmo um único passo deveria ser dado contra a sua vontade.

Tudo o que acontecer, aceite-o e desfrute-o, e não force coisa alguma. Se você sente vontade de conversar, converse. Se você sente vontade de ficar em silêncio, fique em silêncio – mova-se simplesmente de acordo com a sensação. Não force de jeito nenhum, nem por um único momento, porque, quando você força algo, fica dividido em dois – e isso cria o problema, toda a sua vida fica dividida.

Toda a humanidade se tornou praticamente esquizofrênica, porque nos ensinaram a forçar as coisas. Ficam separadas a parte que deseja rir e a parte que não permite rir, e você fica dividido. Você cria um opressor e um oprimido, e há conflito. A fenda que o conflito cria pode se tornar cada vez maior. Portanto, o problema é como desfazer essa fenda e como não a criar mais. No zen, existe um belo ditado: "Ao sentar-se, sente-se simplesmente. Ao caminhar, caminhe simplesmente. Acima de tudo, não oscile."

20 de janeiro

CONTENDO-SE

Por que nos contemos? Existe um certo medo de que, se não nos contivermos, se nos entregarmos totalmente, não teremos mais o que dar. Assim, damos somente em partes. Desejamos permanecer misteriosos.

Quando você não permite que a outra pessoa entre em você e conheça totalmente o seu ser, isso se deve ao medo de que, se ela o conhecer totalmente, poderá ficar desinteressada. Você mantém alguns recantos do seu ser à parte, de tal modo que a pessoa se pergunta: "O que são esses recantos? O que mais você tem a dar?" E ela fica a procurar, a buscar, a persuadir, a seduzir... E da mesma maneira, a outra pessoa também está se contendo.

Existe algum entendimento animal por trás disso: quando o mistério é conhecido, a magia se acaba. Amamos o mistério, amamos o desconhecido. Quando ele for conhecido, mapeado e medido, está acabado! Então, o que mais existe? A mente aventureira começará a pensar em outras mulheres, em outros homens. Isto acontece a milhões de casais: eles investigaram totalmente um ao outro – e pronto! Agora o outro não tem alma, porque o mistério não existe mais – e a alma existe no mistério. Essa é a lógica.

Mas, quando você for verdadeiramente independente e se render ao deus do amor, poderá se abrir totalmente. E, nessa própria abertura, vocês se tornam um. Quando duas pessoas estão abertas, deixam de ser duas. Quando as paredes desaparecem, o cômodo passa a ser um só. E a satisfação está aí. É isso que toda pessoa que ama está procurando, buscando, ansiando, sonhando e desejando. Mas, sem entender corretamente, pode ser que insista em procurar e buscar na direção errada.

21 de janeiro

SEJA COMO UMA CRIANÇA

Estamos separados somente na superfície; no fundo, não estamos separados. Somente a parte visível está separada; a invisível ainda é uma só.

O Upanixade diz: "Aqueles que acham que sabem, não sabem", porque a própria ideia de que você sabe não lhe permite saber. A própria ideia de que você é ignorante o torna vulnerável e aberto. Como uma criança, seus olhos estão repletos de admiração. Então, fica difícil decidir se os pensamentos são seus ou se vêm de fora e estão entrando em você, porque você perdeu todo o ancoradouro. Mas não há necessidade de se preocupar, porque basicamente a mente é uma só, ela é a mente universal. Chame-a de Deus ou, em termos junguianos, de inconsciente coletivo.

Estamos separados somente na superfície; no fundo, não estamos separados. Somente a parte visível está separada; a invisível ainda é uma só. Assim, quando você relaxa – quando fica em silêncio e mais humilde, mais como uma criança, mais inocente –, no começo será difícil perceber se esses pensamentos são seus, se estão vindo do nada ou se alguém está enviando suas mensagens e você está apenas no terminal de recepção! Mas eles não estão vindo de algum lugar. Eles estão vindo do mais profundo do seu ser, e esse também é o âmago de todos.

Assim, um pensamento realmente original não carrega a assinatura de alguém. Ele está simplesmente ali, a partir do coletivo, do universal, da Mente una – Mente com M maiúsculo. E, quando a mente individual, a mente do ego, relaxa, a Mente universal começa a inundar você.

22 de janeiro

A FRAGILIDADE DO AMOR

Não pense que o amor é eterno. Ele é muito frágil, tão frágil quanto uma rosa. Pela manhã, ela está ali; ao entardecer, ela se foi. E pequenas coisas podem destruí-la.

Quanto mais elevado for algo, mais frágil será. Ele precisa ser protegido. Uma pedra permanecerá, mas a flor irá embora. Se você atirar uma pedra na flor, a pedra não se machucará, mas a flor será destruída.

O amor é muito frágil, muito delicado. Você precisa ser muito cuidadoso e cauteloso com ele. Você pode causar tal dano que o outro se fechará, ficará defensivo. Se você estiver brigando muito, seu parceiro começará a escapar; vai se tornar cada vez mais frio e fechado, de modo a não ficar mais vulnerável a seu ataque. Então, você o atacará ainda mais, porque você resistirá a essa frieza. Isso pode se tornar um círculo vicioso, e é assim que pessoas enamoradas pouco a pouco se separam. Elas se afastam uma da outra e acham que a outra foi a responsável, que a outra a traiu.

Na verdade, como percebo, nenhuma pessoa enamorada jamais traiu alguém. É somente a ignorância que mata o amor. Ambas queriam ficar juntas, mas ambas eram ignorantes. A ignorância delas fez com que entrassem em jogos psicológicos, e esses jogos se multiplicaram.

23 de janeiro

O ESSENCIAL

Meditação significa ser você mesmo, e amor significa compartilhar o próprio ser com outrem. A meditação lhe dá o tesouro, e o amor o ajuda a compartilhá-lo. Essas são as duas coisas mais básicas, e tudo o mais não é essencial.

Existe uma velha história sobre três viajantes que foram a Roma. Eles visitaram o papa, que perguntou ao primeiro: "Por quanto tempo você vai ficar aqui?" O homem respondeu: "Três meses." O papa disse: "Então você poderá ver muito de Roma." Em resposta a quanto tempo ele iria ficar, o segundo viajante respondeu que podia ficar somente seis semanas. O papa disse: "Então, você poderá conhecer mais do que o primeiro." E o terceiro viajante disse que ficaria em Roma somente duas semanas, ao que o papa disse: "Você é um felizardo, porque poderá ver tudo o que existe para ver!"

Os viajantes ficaram perplexos, porque não entendiam o mecanismo da mente. Pense: se você tivesse um período de vida de mil anos, você perderia muitas coisas, porque as adiaria. Mas, porque a vida é muito curta, você não pode se dar ao luxo de adiar. Mesmo assim, as pessoas adiam, e para seu próprio prejuízo.

Imagine se alguém lhe dissesse que você tem somente um dia de vida. O que você faria? Você pensaria em coisas desnecessárias? Não, você se esqueceria de tudo isso. Você amaria, rezaria e meditaria, porque só lhe restariam vinte e quatro horas. Você não adiaria as coisas reais e essenciais.

24 de janeiro

AUTORIDADE

Nunca pergunte a alguém o que é certo e o que é errado. A vida é um experimento para descobrir.

Cada indivíduo precisa ser consciente, alerta, observador, precisa fazer experiências com a vida e descobrir o que é bom para ele. Tudo o que lhe der paz, tudo o que o deixar em estado de graça, tudo o que lhe der serenidade, tudo o que o aproximar da existência e de sua imensa harmonia, será bom. E tudo o que criar conflito, infelicidade e sofrimento em você estará errado. Ninguém mais poderá decidir isso por você, porque cada indivíduo tem seu próprio mundo, sua própria sensibilidade. Somos únicos. Assim, fórmulas não irão funcionar. O mundo inteiro é uma prova disso.

Nunca pergunte a alguém o que é certo e o que é errado. A vida é um experimento para descobrir o que é certo e o que é errado. Às vezes você fará o errado, mas isso lhe proporcionará a experiência, isso o deixará consciente do que precisa ser evitado. Às vezes você fará algo bom e será imensamente beneficiado. As recompensas não estão além desta vida, no céu ou no inferno. Elas estão aqui e agora.

Cada ação traz imediatamente o seu resultado. Simplesmente esteja alerta e observe. Pessoas maduras são aquelas que observam e descobrem por si mesmas o que é certo e o que é errado, o que é bom e o que é ruim. E, pelo fato de descobrirem por si mesmas, elas têm uma imensa autoridade. O mundo inteiro pode dizer outra coisa, e isso não faz diferença para elas. Elas têm suas próprias experiências para se orientarem, e isso é suficiente.

25 de janeiro

FELICIDADE

Não existem causas externas da felicidade e da infelicidade; elas são apenas desculpas. Aos poucos chegamos a perceber que é algo dentro de nós que fica mudando e que isso nada tem a ver com circunstâncias externas.

O modo como você se sente é algo que está dentro de você, uma roda que fica a girar. Observe-a simplesmente – e isso é muito belo, porque, ao ficar consciente dela, algo é alcançado. Agora você compreende que está livre de desculpas externas, porque nada aconteceu no exterior e, mesmo assim, seu estado de ânimo mudou, em minutos, da felicidade para a infelicidade, ou o contrário.

Isso significa que felicidade e infelicidade são estados de ânimo e não dependem do exterior. Esse é um dos pontos mais básicos a serem percebidos, porque, a partir dessa percepção, muito pode ser feito. O segundo ponto a ser entendido é que seu estado de ânimo depende de sua inconsciência. Assim, apenas observe e fique consciente. Se a felicidade estiver presente, apenas observe e não se identifique com ela. Quando a infelicidade estiver presente, novamente se limite a observar. É como a manhã e o entardecer. Pela manhã você observa e desfruta o alvorecer. Quando o sol se põe e vem a escuridão, também apenas observe e desfrute.

26 de janeiro

DESEMPENHANDO UM PAPEL

Jogue, mas jogue com consciência. Faça seus jogos, sejam eles quais forem; não os reprima. Jogue-os tão perfeitamente quanto possível, mas permaneça plenamente alerta. Desfrute-os, e os outros também os desfrutarão.

Quando uma pessoa desempenha um papel, existe alguma razão para isso. Esse papel tem algum significado para ela. Se você jogar perfeitamente, algo do inconsciente desaparecerá, evaporará, e você será aliviado de um fardo.

Por exemplo, se você deseja brincar como uma criança, isso significa que na sua infância algo permaneceu incompleto. Você não pôde ser uma criança como gostaria de ser; alguém o impediu. As pessoas fizeram com que você ficasse mais sério, forçaram-no a parecer mais adulto e maduro do que você era. Algo permaneceu incompleto. Essa deficiência pede para ser completada, ou continuará a persegui-lo. Então, complete-a, nada há de errado nisso. Naquele tempo você não pôde ser uma criança; agora você pode. E, uma vez que possa mergulhar totalmente na experiência, perceberá que aquela deficiência desapareceu e que nunca mais voltará.

27 de janeiro

RÓTULOS

Não use as palavras felicidade *e* infelicidade, *porque essas palavras carregam julgamentos. Observe simplesmente, sem julgar – apenas diga: "Este é o estado de ânimo A, e aquele é o B."*

O estado de ânimo A se foi, agora o B está aqui, e você é simplesmente um observador. De repente, você perceberá que, quando chama a felicidade de A, ela não é tão feliz, e quando você chama a infelicidade de B, ela não é tão infeliz. Cria-se uma distância apenas ao chamar os estados de ânimo de A e B.

Quando você diz *felicidade*, muito está implícito na palavra. Você está dizendo que deseja se apegar a ela, que não deseja que ela se vá. Quando você diz *infelicidade*, não está simplesmente usando uma palavra; muito está implícito nela. Você está dizendo que não a deseja, que ela não devia estar presente. Tudo isso é dito inconscientemente.

Assim, durante sete dias use esses novos termos para suas disposições de ânimo. Seja um observador – como se estivesse sentado no topo de uma colina, e no vale se aproximam nuvens, alvoradas, crepúsculos, às vezes é dia, às vezes é noite. Simplesmente seja um observador sobre a colina, à distância.

28 de janeiro

AMOR DA LUA NOVA

Deixem que um amor da lua nova aconteça. Abracem um ao outro, sejam amorosos e carinhosos um com o outro, sem ansiar pela excitação – porque essa excitação era uma loucura, um frenesi; é bom que ela se foi. Vocês deveriam se considerar afortunados.

Se o amor se aprofundar, os casais se tornarão irmãos e irmãs. Se o amor se aprofundar, a energia do sol se tornará a energia da lua: o calor se foi, e agora o amor é muito sereno. E, quando o amor se aprofundar, poderá haver um mal-entendido, porque nos acostumamos com o estado febril, com a paixão, com a excitação, e agora tudo isso parece tolice. É tolice! Agora, quando vocês fazem amor, isso parece patético; e, se vocês não fizerem amor, devido ao velho hábito sentirão que algo está faltando.

Quando um casal começa a se sentir assim, surge um receio: vocês começaram a não dar valor ao outro? O parceiro se tornou um irmão ou uma irmã, e não mais a sua escolha, não mais um interesse para o seu ego? Todos esses receios surgem. Algumas vezes as pessoas começam a sentir que algo está faltando – um tipo de vazio. Mas não olhe para isso através do passado, olhe para isso a partir do futuro. Muito irá acontecer nesse vazio, muito irá acontecer nessa intimidade: vocês dois desaparecerão. Seu amor se tornará absolutamente assexuado, toda a excitação desaparecerá e vocês conhecerão uma qualidade totalmente diferente de amor.

29 de janeiro

CONFIANÇA

Lembre-se sempre de que, custe o que custar, você não deveria se tornar uma pessoa desconfiada. Mesmo se sua confiança permitir que os outros o enganem, isso será melhor do que não confiar.

É muito fácil confiar quando todos são amorosos e ninguém o está enganando. Mas, mesmo se todo o mundo for falacioso e todos estiverem dispostos a enganar você – e eles somente podem enganá-lo quando você confia –, então, também, continue a confiar. Nunca perca a confiança na confiança, não importa o preço, e você nunca será um perdedor, porque a própria confiança é o fim supremo. Ela não deveria ser um meio para algo mais, pois ela tem o seu próprio valor intrínseco.

Se você puder confiar, você permanecerá aberto. As pessoas ficam fechadas como uma defesa, para que ninguém possa enganá-las ou tirar vantagem delas. Deixe que elas tirem vantagem de você! Se você insistir em confiar, um belo florescimento acontecerá, porque não haverá medo. O medo é que as pessoas o enganem, mas, uma vez aceito isso, deixa de existir o medo e, portanto, deixa de existir a barreira para a sua abertura. O medo é um perigo maior do que qualquer mal que alguém possa fazer a você. Esse medo pode envenenar toda a sua vida. Assim, permaneça aberto e confie inocente e incondicionalmente.

Você florescerá e auxiliará os outros a florescerem assim que eles ficarem conscientes de que não o enganaram nem um pouco, mas que enganaram a si mesmos. Se uma pessoa continuar a confiar em você, você não poderá continuar a enganá-la para sempre. A própria confiança repetidamente atirará você de volta a si mesmo.

30 de janeiro

VAZIO

O maior dia na vida é aquele em que você não puder encontrar em si mesmo coisa alguma para jogar fora; tudo já foi jogado fora e existe somente puro vazio. Nesse vazio, você encontrará a si mesmo.

Meditação significa simplesmente ficar vazio de todos os conteúdos da mente: memória, imaginação, pensamentos, desejos, expectativas, projeções e estados de ânimo. Você precisa continuar a esvaziar a si mesmo de todos esses conteúdos. O maior dia na vida é aquele em que você não puder encontrar em si mesmo coisa alguma para jogar fora; tudo já foi jogado fora e existe somente puro vazio. Nesse vazio, você encontrará a si mesmo, encontrará sua pura consciência.

Esse vazio é vazio somente no que se refere à mente. Fora isso, ele é um transbordar, repleto de ser – vazio de mente, mas repleto de consciência. Portanto, não tema a palavra *vazio*; ela não é negativa. Ela nega somente a bagagem desnecessária; aquela que você está carregando somente devido a um velho hábito; aquela que não ajuda, mas somente atrapalha; aquela que é somente um peso, um peso monstruoso. Uma vez removida essa carga, você fica livre de todas as fronteiras e se torna infinito como o céu. Essa é a experiência de Deus, do estado búdico ou da expressão que você preferir. Chame-a de *dhamma*, de *Tao*, de verdade, de nirvana – todas elas significam a mesma coisa.

31 de janeiro

EXPERIMENTAÇÃO

Permaneça sempre aberto e experimentador, sempre disposto a caminhar em uma trilha que você nunca percorreu antes. Quem sabe? Mesmo se ela provar ser inútil, será uma experiência.

Thomas Edison estava trabalhando em um certo experimento por quase três anos e fracassou setecentas vezes. Todos os seus colegas e alunos estavam completamente frustrados. Diariamente ele ia feliz ao laboratório, transbordando alegria, pronto a começar de novo. Era demais: setecentas vezes e três anos desperdiçados! Todos estavam convencidos de que o experimento não iria dar em nada. Tudo parecia inútil, apenas uma fantasia.

Reuniram-se então e disseram a ele: "Fracassamos setecentas vezes! Não conseguimos coisa alguma e precisamos parar."

Edison riu ruidosamente e disse: "O que vocês estão dizendo? Fracassamos? Fomos bem-sucedidos em saber que setecentos métodos não funcionam. A cada dia estamos nos aproximando cada vez mais da verdade! Se não tivéssemos batido nessas setecentas portas, não teríamos como saber. Mas agora estamos certos de que setecentas portas são falsas. Essa é uma grande conquista!"

Esta é a atitude científica básica: se você puder concluir que algo é falso, estará se aproximando da verdade. A verdade não está disponível no mercado para que você possa ir diretamente a ela e comprá-la. Ela não está pronta, finalizada. Você precisa experimentar. Assim, seja sempre um experimentador. E nunca se torne presunçoso, nunca ache que tudo o que você estiver fazendo é perfeito. Nunca é perfeito. Sempre é possível aprimorá-lo, sempre é possível torná-lo mais perfeito.

1º
de fevereiro

PROBLEMAS

Se você puder agir como se não tivesse problemas, descobrirá que não tem problemas! Todos os problemas são fictícios; você acredita neles, e é por isso que eles existem.

Isto é auto-hipnose: você fica repetindo que é deste e daquele jeito, que é inadequado ou incapaz... Você repete, e isso se torna um mantra que entra em seu coração e se torna uma realidade.

Tente agir como se você não tivesse problemas, e repentinamente perceberá que você tem uma qualidade totalmente diferente: você não tem problemas! E então cabe a você decidir se pegará de volta os problemas ou se os abandonará para sempre. Um problema pode ser abandonado muito facilmente se você entender que é você que está apegado a ele, e não ele que está apegado a você. Mas não podemos viver sem problemas e insistimos em criá-los. Sem problemas, você se sente muito sozinho – nada mais existe a ser feito. Com o problema, você se sente muito feliz – algo precisa ser feito e você precisa pensar a respeito. Ele lhe dá uma ocupação.

Essa ideia constante de que você é inadequado, de que você é incapaz, de que é aquilo e aquilo outro... isso é muito egoico. Você deseja ser tão adequado, mas por quê? Você deseja ser imensamente capaz, mas por quê? Por que você não pode ficar satisfeito com todas as inadequações e limitações que existem? Tão logo as aceite, perceberá que você começou a fluir mais facilmente.

2 de fevereiro

PERMANEÇA IGNORANTE

Não tenha uma atitude a respeito do medo; na verdade, não o chame de medo. No momento em que você o chama de medo, tomou uma atitude a seu respeito.

Este é um dos pontos mais essenciais: parar de dar nome às coisas. Simplesmente observe a sensação, a maneira que ela é. Permita-a e não lhe dê um rótulo – permaneça ignorante. A ignorância é um estado meditativo extraordinário. Insista em ser ignorante e não permita que a mente manipule, não permita que ela use linguagem e palavras, rótulos e categorias, porque isso desencadeia todo um processo. Uma coisa está associada à outra, e assim por diante.

Simplesmente observe, não o chame de medo. Fique amedrontado e trêmulo – isso é belo. Esconda-se em um canto, fique embaixo de um cobertor, faça o que um animal faz quando está amedrontado. Se você permitir que o medo tome conta de você, seus cabelos ficarão em pé! Então, pela primeira vez, você descobrirá que belo fenômeno é o medo. Nesse tumulto, nesse ciclone, você virá a saber que ainda existe um ponto absolutamente intocável em algum lugar dentro de você.

3 de fevereiro

A VIDA É SIMPLES

A vida é muito simples. Mesmo árvores a estão vivendo; ela deve ser simples. Por que ela se tornou tão complicada para nós? Porque podemos teorizar a seu respeito.

Para estar no meio da vida, em sua intensidade e paixão, você precisará abandonar todas as filosofias de vida. Do contrário, permanecerá enuviado por suas palavras.

Você já ouviu a famosa história sobre a centopeia? Era uma bela manhã ensolarada, e a centopeia estava feliz, devia estar cantando por dentro. Ela estava praticamente ébria com o ar da manhã. Um sapo, sentado ao lado, ficou muito perplexo – ele devia ser um filósofo – perguntou: "Espere! Você está fazendo um milagre. Cem pernas! Como você consegue? Que perna é a primeira a se mover, qual é a segunda, e a terceira... até chegar à centésima? Você não fica confusa? Como você consegue? Para mim, parece impossível." A centopeia respondeu: "Nunca pensei a respeito. Deixe-me ver..." E ali, em pé, ela começou a tremer e caiu no chão. Ela própria ficou muito perplexa – cem pernas! Como iria conseguir?

A filosofia paralisa as pessoas. A vida não precisa de filosofia, ela é suficiente em si mesma. Ela não precisa de muletas, não precisa de suportes, de amparos. Ela é suficiente em si mesma.

4 de fevereiro

CENTRALIZAÇÃO

Não crie conflito entre perder-se em distrações e permanecer centrado. Flua. Se você ficar com medo de distrair-se, haverá uma chance maior de acontecer isso; tudo o que você tenta suprimir se torna significativo.

Tudo o que você tenta negar se torna muito atraente. Assim, não se condene por distrair-se. Na verdade, continue. Se estiver acontecendo, permita que aconteça; não há nada de errado nisso. Deve haver algo aí, e é por isso que está acontecendo. Algumas vezes, até distrair-se é bom.

Uma pessoa que realmente deseja permanecer centrada não deveria se preocupar com a centralização. Se você se importar com ela, a preocupação nunca permitirá que você fique centrado; você precisa de uma mente despreocupada. Perder-se é bom; não há nada de errado nisso.

Pare de brigar com a existência, pare com todos os conflitos e com a ideia de conquistar – entregue-se. E, quando você se entrega, o que você pode fazer? Se a mente se perder, você se perde; se ela não se perder, isso também está bom. Algumas vezes você estará centrado e outras, não. Mas, no fundo, você sempre permanecerá centrado, porque não existe preocupação. Senão, tudo pode se tornar uma preocupação, e cometer deslizes se torna como um pecado que você não deveria cometer, e novamente o problema é criado.

Nunca crie dualidade em você. Se você decidir sempre ser verdadeiro, haverá uma atração em não ser verdadeiro. Se você decidir não ser violento, a violência se tornará o pecado. Se você decidir ser celibatário, o sexo se tornará o pecado. Se você tentar ficar centrado, perder-se em distrações se tornará um pecado – é assim que todas as religiões se tornaram tolices. Aceite, perca-se; não há nada de errado nisso.

5 de fevereiro

NECESSIDADES E DESEJOS

Os desejos são muitos, as necessidades são poucas. As necessidades podem ser satisfeitas; os desejos, nunca. Desejo é uma necessidade que enlouqueceu. É impossível satisfazê-lo. Quanto mais você tentar satisfazê-lo, mais ele pedirá.

Conta uma história sufista que, quando Alexandre, o Grande morreu e chegou ao paraíso, ele estava carregando todo o seu peso: todo o seu reinado, ouro, diamantes – é claro que não materialmente, mas como uma ideia. Ele estava demasiadamente oprimido pelo fato de ser Alexandre. O guardião do portal do paraíso começou a rir e perguntou: "Por que você está carregando tanto fardo?" Alexandre retrucou: "Que fardo?" Então o guardião lhe deu uma balança, em um de seus pratos colocou um olho e pediu a Alexandre para colocar no outro prato todo o seu peso, sua grandeza, seus tesouros e o reinado. Mas aquele olho ainda permaneceu mais pesado do que todo o reino de Alexandre. O guardião disse: "Esse é um olho humano. Ele representa o desejo humano e não pode ser satisfeito, não importa quão grande seja o seu reino e quão intensos sejam os seus esforços." Depois, o guardião jogou um pouco de poeira no olho, que imediatamente piscou e perdeu todo o seu peso.

Uma pequena poeira de entendimento precisa ser jogada no olho do desejo. O desejo desaparece e permanece somente a necessidade, que não é pesada. As necessidades são muito poucas e são belas. Os desejos são feios e transformam os seres humanos em monstros; eles criam loucos. Assim que você começar a aprender a escolher a serenidade, um pequeno quarto será suficiente, uma pequena quantidade de comida será suficiente, poucas roupas serão suficientes, uma pessoa amada será suficiente.

6 de fevereiro

SEGURANÇA

Em lugar nenhum existe segurança. A vida é insegura e não existe sustentação para ela – ela não tem sustentação.

No próprio ato de pedir segurança, você cria o problema. Quanto mais você pedir, mais inseguro estará, porque a insegurança é a verdadeira natureza da vida. Se você não pedir segurança, nunca se preocupará com a insegurança. Assim como as árvores são verdes, a vida é insegura. Se você começar a pedir que as árvores fiquem brancas, haverá um problema. O problema é criado por você, e não pelas árvores – elas são verdes, e você pede que elas sejam brancas. Elas não podem cumprir isso.

A vida é incerta, e da mesma maneira é o amor. E é bom que seja assim. A vida pode ser segura apenas se você estiver morto; então, tudo pode ser garantido. Sob uma rocha, existe chão. Sob uma flor, não existe chão; a flor é insegura. Com uma pequena brisa, a flor pode se desfazer, as pétalas podem cair e desaparecer. É um milagre o fato de a flor estar ali. A vida é um milagre, porque não há razão para ela existir. É simplesmente um milagre o fato de você existir; há todas as razões para você não existir. A maturidade chega a você apenas quando você aceita esse fato, e não apenas quando o aceita, mas quando também começa a celebrá-lo.

7 de fevereiro

INCONDICIONAL

Quando você souber o que é o amor, você estará pronto para dá-lo. Quanto mais você o der, mais o terá; quanto mais você banhar os outros com ele, mais o amor brotará em seu ser.

O amor nunca se importa muito se o outro é ou não digno de recebê-lo. Essa é uma atitude mesquinha, e o amor nunca é mesquinho. A nuvem nunca se importa se a terra é digna. Ela chove nas montanhas, nas rochas e em todo e qualquer lugar. Ela dá sem qualquer condição, sem qualquer restrição.

E o amor é assim: ele simplesmente dá, e gosta disso. Todo aquele que estiver desejoso de receber, recebe. Ele não precisa ser digno, não precisa se ajustar a alguma categoria especial, não precisa satisfazer qualificações. Se todas essas coisas fossem requeridas, o que você estaria dando não seria amor, mas algo diferente. Quando você souber o que é o amor, estará pronto a dar. Quanto mais você o der, mais o terá; quanto mais você banhar os outros com ele, mais o amor brotará em seu ser.

A economia comum é totalmente diferente: se você der algo, você o perderá. Se você desejar manter algo, deve evitar distribuí-lo. Junte-o, seja avarento. Justamente o oposto acontece com o amor: se você desejar tê-lo, não seja avarento, ou ele morrerá, estagnará. Continue dando, e novas fontes estarão disponíveis, águas frescas fluirão em seu ser. Quando o seu dar for incondicional, quando ele for total, toda a existência começará a se despejar em você.

8 de fevereiro

MENTE ELÉTRICA

A mente fica sempre mudando de negativa para positiva, de positiva para negativa. Essas duas polaridades são tão básicas para a mente quanto os polos negativos e positivos o são para a eletricidade. A eletricidade não pode existir com um polo só – e a mente também não.

No fundo, a mente é elétrica. Por isso, o computador pode fazer o seu trabalho e, muitas vezes, o fará melhor do que a mente humana. A mente é apenas um biocomputador. Ela tem essas duas polaridades e fica sempre se movendo.

Assim, o problema não está no fato de algumas vezes você ter momentos mágicos e outras vezes ter momentos escuros. A escuridão dos momentos escuros será proporcional à magia dos momentos mágicos. Se você atingir um ponto mais elevado de positividade, tocará o mais baixo de sua negatividade. Quanto mais elevado o alcance do positivo, mais baixa será a profundidade do negativo; quanto mais alto você chegar, mais profundo o abismo que você terá de tocar.

Isto precisa ser entendido: se você tentar não tocar os degraus mais baixos, os mais elevados desaparecerão e você se moverá em um terreno plano. É isso que muitas pessoas fazem; com medo da profundidade, elas perderam os pontos culminantes. Você precisa correr riscos, precisa pagar pelos pontos culminantes, e o preço é pagar com seus momentos baixos e profundos. Mas vale a pena. Mesmo um momento no cume, o momento mágico, vale toda uma vida nas escuras profundidades. Se você puder tocar o paraíso por um momento, poderá estar disposto a viver no inferno por toda a eternidade. E é sempre proporcional, meio a meio, 50%.

9 de fevereiro

NO TRABALHO

Você deveria se lembrar de que seus colegas de trabalho não estão interessados em sua vida interior. Essa é uma tarefa que cabe a você; eles têm sua própria vida interior para resolver.

Seus colegas de trabalho têm seus próprios estados de ânimo negativos, seus próprios problemas pessoais e ansiedades, como todo o mundo tem, inclusive você. Mas, quando você está em uma situação de trabalho com pessoas, você não precisa trazer essas coisas, porque, se elas começarem a trazer todas as suas negatividades e você começar a trazer todas as suas, o processo nunca terá fim.

Se você estiver se sentindo negativo, faça alguma coisa. Por exemplo, escreva algo muito negativo e o queime; vá a uma sala e bata em uma almofada; dance uma dança terrível! Você precisa resolver a situação, ela é um problema seu.

E, de vez em quando, é bom perguntar àqueles com quem você estiver trabalhando se você tem sido negativo, se eles estão se sentindo ofendidos. Porque algumas vezes você pode nem saber que está sendo negativo. Pequenos gestos, apenas uma palavra, mesmo um silêncio, podem machucar; a maneira que você olha para alguém pode machucar. Assim, de vez em quando, peça desculpas. Diga-lhes: “Todas as vezes que eu lhes perguntar, sejam honestos. Podem me dizer, porque sou um ser humano; às vezes as coisas podem não andar bem para o meu lado e preciso consertá-las.”

10 de fevereiro

MEDIOCRIDADE

Nunca se acomode em alguma mediocridade, porque isso é um pecado contra a vida. Nunca peça que a vida não tenha riscos e nunca busque segurança, porque isso é buscar a morte.

Muitas pessoas decidiram viver em terrenos planos, seguros, sem correr riscos. Elas nunca caem na profundidade e nunca se elevam às alturas. Sua vida é insípida, aborrecida, monótona – sem elevações, sem vales, sem noites, sem dias. Vivem em um mundo cinza, sem cor – o arco-íris não existe para elas. Vivem uma vida cinza e, aos poucos, também se tornam cinzas e medíocres.

O maior dos perigos é alcançar os mais elevados cumes da divindade e cair nas maiores profundidades do inferno. Torne-se um destemido viajante entre esses dois extremos. Aos poucos você compreenderá que existe uma transcendência; aos poucos você compreenderá que você não é o pináculo nem a profundidade, não é o cume nem o vale; aos poucos você saberá que você é o observador, a testemunha. Algo em sua mente vai para o cume, e algo em sua mente vai para o vale, mas algo além está sempre presente – apenas observando, apenas notando –, e esse é você.

Ambas as polaridades estão em você, mas você não é nenhuma delas – você paira mais alto do que ambas. O terreno é alto e baixo, tanto o céu quanto o inferno estão presentes, mas você está em algum lugar distante dos dois. Você simplesmente observa todo o jogo, toda a atividade da consciência.

11 de fevereiro

ADIAMENTO

A vida é muito curta e há muito o que aprender; os que insistem em adiar, insistem em perder.

Pergunte-se constantemente se você está ou não penetrando em estados de maior bem-aventurança. Se sim, você está no caminho certo. Penetre mais, avance nele. E, se você estiver se sentindo infeliz, atenção: em algum ponto você saiu do caminho, você se perdeu. Você se distraiu com algo, deixou de ser natural, alienou-se da natureza, daí a infelicidade. Preste atenção, analise, e aquilo que você perceber como sendo a causa da infelicidade, abandone-o. E não adie para amanhã; abandone-o imediatamente.

A vida é muito curta e há muito o que aprender; os que insistem em adiar, insistem em perder. Hoje você adia para amanhã e amanhã você adiará novamente. Aos poucos adiar se torna seu hábito. E é sempre o hoje que vem; o amanhã nunca vem. Dessa maneira, você pode continuar a adiar indefinidamente. Sempre que você perceber que algo está criando infelicidade, abandone-o ali mesmo, não o segure nem por um instante. Isso é coragem, coragem para viver, coragem para arriscar, coragem para se aventurar. E somente os corajosos são um dia recompensados pelo todo, pela luz, pelo amor, pela bem-aventurança e pela bênção.

12 de fevereiro

CRENÇA NA POESIA

A vida é um tesouro inesgotável, mas somente o coração do poeta pode conhecê-la.

O amor é a única poesia que existe. Todas as outras poesias são apenas um reflexo dele. A poesia pode estar no som, pode estar na pedra, pode estar na arquitetura, mas basicamente esses são todos reflexos do amor, captados em diferentes veículos. Mas a alma da poesia é o amor, e aqueles que vivem o amor são os poetas reais. Eles podem nunca escrever poemas, podem nunca compor uma música, podem nunca fazer algo que normalmente as pessoas consideram como arte, mas aqueles que vivem o amor, que amam completa e totalmente, esses são os poetas reais.

A religião é verdadeira se ela criar o poeta em você. Se ela matar o poeta e criar o pretenso santo, ela não é religião: é patologia, um tipo de neurose vestida com termos religiosos. A verdadeira religião sempre libera a poesia, o amor, a arte, a criatividade em você, ela o deixa mais sensível. Você pulsa mais, seu coração tem uma nova batida, sua vida não é mais um fenômeno monótono e trivial. Ela é uma constante surpresa, cada momento abre novos mistérios. A vida é um tesouro inesgotável, mas somente o coração do poeta pode conhecê-la. Não acredito em filosofia, não acredito em teologia, mas acredito na poesia.

13 de fevereiro

AUTOAPERFEIÇOAMENTO

O autoaperfeiçoamento é o caminho para o inferno. Todos os esforços para fazer algo a partir de você – algo ideal – irão criar uma loucura cada vez maior. Os ideais são a base de toda loucura, e toda a humanidade é neurótica devido a demasiados ideais.

Por não terem ideais, os animais não são neuróticos. Por não terem ideais, as árvores não são neuróticas. Elas não estão tentando se tornar algo diferente. Elas estão simplesmente desfrutando tudo o que elas são.

Você é você. Mas, em algum lugar no fundo do seu ser, você deseja se tornar um Buda ou um Jesus e fica girando em um círculo que nunca termina. Perceba o ponto: você é você. E o todo, ou a existência, deseja que você seja você. É por isso que a existência o criou; senão, teria criado um modelo diferente. Ela quis que você estivesse aqui neste momento. Ela não quis que Jesus estivesse aqui em seu lugar. E a existência sabe melhor, o todo sempre sabe melhor do que a parte.

Assim, simplesmente aceite a si mesmo. Se você puder aceitar a si mesmo, aprenderá o maior segredo da vida e tudo o mais acontecerá por conta própria. Simplesmente seja você mesmo. Não há necessidade de se alçar para cima; não há necessidade de estar em uma altura diferente daquela em que você já está; não há necessidade de ter outra face. Simplesmente seja como você é, em profunda aceitação, e então acontecerá um florescimento e você se tornará cada vez mais você mesmo.

Ao abandonar a ideia de se tornar outra pessoa, não haverá mais tensão. Subitamente todas as tensões desaparecerão. Você está aqui, luminoso, neste momento, e nada mais resta a fazer, exceto celebrar e desfrutar.

14 de fevereiro

LAR

A menos que encontremos nosso verdadeiro lar, precisaremos seguir viajando, precisaremos seguir na jornada. E o mais surpreendente é que o lar real não está distante.

Construímos muitos lares e nunca olhamos para o lar real. Os lares que construímos são todos arbitrários; são castelos de areia ou palácios feitos de cartas de baralho: apenas brinquedos com os quais brincamos. Eles não são lares reais, porque a morte os destrói todos.

A definição de lar real é o lar que é eterno. Somente Deus é eterno; tudo o mais é temporário. O corpo é temporário, a mente é temporária; dinheiro, poder, prestígio – tudo é temporário. Não construa seu lar sobre essas coisas. Não sou contra elas. Use-as, mas lembre-se de que são apenas abrigos temporários; elas são boas para um pernoite, mas pela manhã precisaremos partir.

Prosseguimos sem notar nosso lar real porque ele está muito próximo; na verdade, ele nem mesmo está próximo, mas dentro de nós. Procure-o dentro. Aqueles que entraram em si mesmos sempre o encontraram.

15 de fevereiro

CONFUSÃO

Abandone suas ideias fixas. Então você será capaz de desfrutar mais a confusão. E ela não será confusão, mas um caos criativo. Precisamos de um caos criativo no coração para dar à luz estrelas dançantes. Não há outra maneira.

Se você tiver ideias fixas, a vida criará muita confusão para você, porque a vida nunca acredita em suas ideias. Ela segue confundindo as coisas, intrometendo-se nas pessoas, pregando peças. Ela não é uma sala de visitas onde você arruma sua mobília e ela permanece a mesma. A vida é um fenômeno muito selvagem.

Deus é muito caótico. Ele não é um engenheiro, um arquiteto, um cientista ou um matemático. Deus é um sonhador, e no mundo dos sonhos tudo é confuso. Seu namorado de repente se transforma em um cavalo... No sonho, você nunca argumenta ou diz: "O que aconteceu? Um momento atrás você era meu namorado e agora virou um cavalo!" No sonho, você aceita. Nem mesmo surge uma suspeita sobre o que está acontecendo, porque no sonho você não carrega suas ideias.

Mas, enquanto você despertar, será impossível para você ver que seu namorado está virando um cavalo. E os namorados muitas vezes se transformam em cavalos! O rosto pode permanecer o mesmo, mas a energia se torna diferente. Então, você sente confusão.

Nunca me deparei realmente com uma pessoa que seja confusa. Em vez disso, me deparei com pessoas que têm ideias fixas. Quanto mais fixa uma ideia, mais confusão haverá.

Se você quer deixar de ser uma pessoa confusa, abandone a ideia – não que a confusão vá mudar, mas ela absolutamente não parecerá confusão. Ela é simplesmente vida, vivacidade.

16 de fevereiro

POBREZA

Mais cedo ou mais tarde a pobreza externa desaparecerá – temos agora suficiente tecnologia para fazê-la desaparecer –, e o problema real surgirá.

As pessoas realmente pobres são as que estão sentindo falta de amor; e o mundo inteiro está repleto de pobres que sofrem de fome. Mais cedo ou mais tarde a pobreza externa desaparecerá – temos agora suficiente tecnologia para fazê-la desaparecer –, e o problema real surgirá. O problema real será a pobreza interna. Nenhuma tecnologia pode ajudar. Somos agora capazes de alimentar as pessoas, mas quem alimentará o espírito, a alma? A ciência não pode fazer isso. Algo mais é necessário, e é a isso que chamo de religião. Quando a ciência fizer o seu trabalho, somente então a verdadeira religião poderá entrar no mundo.

Até o momento, a religião tem sido um fenômeno raro. De vez em quando aparece um Buda, um Jesus, um Krishna. Essas são pessoas excepcionais, não representam a humanidade. Elas simplesmente anunciam uma possibilidade, um futuro. Mas esse futuro está se aproximando. Quando a ciência liberar as capacidades potenciais da matéria e os seres humanos estiverem fisicamente satisfeitos – com abrigo, comida e educação suficiente –, pela primeira vez eles perceberão que agora um novo alimento é necessário. Esse alimento é o amor, e a ciência não pode fornecê-lo. Isso somente pode ser feito pela religião. A religião é a ciência do amor.

17 de fevereiro

PERDOANDO A SEUS PAIS

Perdoar aos pais é uma das coisas mais difíceis, porque eles o geraram. Como você pode os perdoar?

A menos que você comece a amar a si mesmo, a menos que chegue a um estado no qual você fique impressionado com o seu ser, como poderá agradecer a seus pais? Isso é impossível. Você ficará com raiva; eles o geraram e nem mesmo lhe pediram permissão primeiro. Eles criaram essa pessoa horrorosa. Por que você deveria sofrer por eles terem decidido dar à luz uma criança? Você não participou na decisão. Por que você foi arrastado para o mundo? Daí o rancor.

Se você chegar a um ponto em que possa amar a si mesmo, em que fique realmente extasiado por existir, em que sua gratidão não conheça limite, subitamente sentirá um grande amor surgindo para com os seus pais. Eles foram as portas para você entrar na existência. Sem eles, esse êxtase não teria sido possível – eles o tornaram possível.

Se você puder celebrar o seu ser – e este é todo o propósito do meu trabalho: ajudá-lo a celebrar o seu ser –, subitamente poderá sentir gratidão por seus pais, pela compaixão e amor deles. Você poderá não só se sentir grato, mas também perdoar-lhes.

18 de fevereiro

FRACASSO

Você não pode ser um fracasso; a vida não permite fracasso. E, por não existir objetivo, você não pode se frustrar.

Se você se sentir frustrado, isso se deve ao objetivo mental que você impôs à sua vida. Quando alcançar o seu objetivo, a vida não estará mais nele; permanecerá apenas uma casca vazia de ideais e objetivos e você ficará frustrado novamente. A frustração é criada por você.

Uma vez entendido que a vida nunca ficará confinada a um objetivo, que ela não é orientada por eles, você fluirá sem medo para todas as direções. Porque não há fracasso, também não haverá sucesso – e não haverá frustração. Cada momento se tornará um momento em si mesmo; não que ele esteja levando para algum lugar, não que ele precise ser usado como um meio para algum fim – ele tem um valor intrínseco.

Cada momento é um diamante, e você vai de um diamante a outro – mas não há finalidade em nada. A vida permanece viva... não existe morte. Finalidade significa morte, perfeição significa morte, alcançar um objetivo significa morte. A vida não conhece a morte – ela insiste em mudar suas formas, seus formatos. Ela é uma infinidade, mas sem propósito algum.

19 de fevereiro

AMOR-ÓDIO

Sempre que você ama alguma coisa, você a odeia também. Você encontrará desculpas para odiar, mas elas não são relevantes.

Nunca deixe que seu ódio decida coisa alguma. Ao saber que existe ódio, deixe sempre que o amor decida. Não estou dizendo para suprimir o ódio, mas nunca deixe que ele decida. Deixe que ele esteja presente, deixe que ele tenha um papel secundário. Aceite-o, mas nunca o deixe ser decisivo. Negligencie-o, e ele morrerá por si mesmo. Preste mais atenção no amor e deixe que o amor decida. Mais cedo ou mais tarde o amor tomará conta de todo o seu ser e não sobrará lugar para o ódio.

20 de fevereiro

CHAMA SEM FUMAÇA

Onde quer que você veja a luz, sinta-se reverente. O templo está presente.

Olhe para os mistérios da luz. Uma pequena chama é o que há de mais misterioso no mundo, e a vida toda depende dela.

A mesma chama está queimando em você. Por isso, o oxigênio é constantemente necessário; a chama não pode queimar sem ele. É esse o motivo pelo qual a ioga enfatiza a respiração profunda, o respirar mais e mais oxigênio: para que sua vida queime mais fundo, a chama se torne mais clara e nenhuma fumaça surja em você – para que você possa obter uma chama sem fumaça.

21 de fevereiro

A PORTA

Todo relacionamento é imaginação, porque sempre que você sai de si mesmo, você sai somente através da porta da imaginação. Não há outra porta.

O amigo, o inimigo... ambos são sua imaginação. Quando você para completamente de imaginar, você fica sozinho, completamente sozinho. Ao entender que a vida e todos os seus relacionamentos são imaginação, você não se põe contra a vida, mas seu entendimento o ajuda a tornar os seus relacionamentos mais ricos. Agora que você sabe que os relacionamentos são imaginação, por que não colocar mais imaginação neles? Por que não desfrutá-los tão profundamente quanto possível? Quando a flor nada mais é do que sua imaginação, por que não criar uma bela flor? Por que se satisfazer com uma flor comum? Deixe que a flor seja de esmeraldas e diamantes.

Tudo o que você imaginar, deixe que seja assim. A imaginação não é um pecado, mas uma capacidade, uma ponte. Assim como você atravessa um rio e faz uma ponte entre esta e aquela margem, assim a imaginação funciona entre duas pessoas. Dois seres projetam uma ponte – chame-a de amor, de confiança –, mas ela é imaginação. A imaginação é a única faculdade criativa nos seres humanos; assim, tudo o que for criativo será imaginação. Desfrute-a e torne-a cada vez mais bela. Aos poucos você chegará a um ponto em que não dependerá de relacionamentos. Você compartilhará. Se você tiver algo, você o compartilhará com as pessoas, mas estará satisfeito com o que você é. Todo amor é imaginação, mas não no sentido condenatório em que a palavra geralmente é usada. A imaginação é uma faculdade divina.

22 de fevereiro

TEMPESTADES

É bom estar disponível ao vento, à chuva, ao sol, porque a vida é isso. Assim, em vez de ficar preocupado a respeito, dance!

Crescimento significa que você está absorvendo algo novo todos os dias, e essa absorção só é possível se você estiver aberto. Agora suas janelas e portas estão abertas. Às vezes entra a chuva, entra o vento, entra o sol, e a vida se move dentro de você. Você sentirá algumas perturbações: seu jornal começará a voar com o vento, os papéis sobre a mesa serão remexidos e, se a chuva começar a entrar, suas roupas poderão ficar molhadas. Se você sempre viveu em um quarto fechado, perguntará: "O que está acontecendo?"

Algo belo está acontecendo. É bom estar disponível ao vento, à chuva, ao sol, porque a vida é isso. Assim, em vez de ficar preocupado a respeito, dance! Dance quando vier a tempestade, porque o silêncio virá a seguir. Dance quando os desafios vierem e perturbarem a sua vida, porque, em resposta a esses desafios, você crescerá a novas alturas. Lembre-se: mesmo o sofrimento é uma graça; o recebendo corretamente, ele se torna um degrau.

Pessoas que nunca sofreram e que viveram uma vida conveniente e confortável estão quase mortas. Sua vida não será como uma espada afiada. Esta nem mesmo cortará vegetais. A inteligência fica afiada quando você encara desafios. Ore todos os dias a Deus: "Envie-me mais desafios amanhã, envie mais tempestades", e então você conhecerá a vida em sua excelência.

23 de fevereiro

RELACIONAR-SE

Quanto mais centrado você estiver, mais relaxado ficará e maiores serão as possibilidades de entrar profundamente em uma união amorosa.

É você quem entra em uma união amorosa. Se você não estiver presente – se estiver tenso, mutilado, preocupado e fragmentado –, quem entrará profundamente em uma união? Devido a nosso estado fragmentado, ficamos realmente com medo de entrar em camadas mais profundas de uma união, porque nossa realidade será revelada. Você terá de abrir o seu coração, e ele está em fragmentos. Não existe só uma pessoa em seu interior – você é uma multidão. Se você realmente amar outra pessoa e a ela abrir o coração, ela pensará que você é um conjunto de pessoas, e não uma pessoa só – esse é o medo.

Por isso, as pessoas têm encontros casuais. Elas não querem se aprofundar; desejam apenas conquistar e sair correndo, apenas tocar a superfície e escapar antes que se torne um compromisso. Você faz apenas sexo – e esse também é empobrecido, superficial. Somente fronteiras se encontram, mas isso de maneira nenhuma é amor; pode ser um alívio corporal, uma catarse, e não mais do que isso.

Podemos manter nossas máscaras se uma união não for muito íntima. Então, quando você sorri, não há necessidade de sorrir por dentro, apenas a máscara sorri. Se você realmente quiser se aprofundar, existem perigos. Você precisará se despir, o que significa deixar que todos os seus problemas internos sejam conhecidos pelo outro.

24 de fevereiro

EXTRAVIAR

Para conhecer algo, você precisa perdê-lo.

Todo o mundo se extravia de seu mundo interior, do espaço interior, e aos poucos se sente privado dele, ávido dele. Surge um apetite, sente-se sede. Vem um chamado do ser mais profundo para voltar para casa, e começa-se a jornada.

Ser um buscador é ir para o calor do espaço interno que um dia você deixou. Você não ganhará algo novo; você ganhará algo que esteve sempre presente, mas ainda será um ganho, porque agora, pela primeira vez, você perceberá o que ele é. Na última vez em que você esteve naquele espaço, você estava cego para ele. Você não pode ficar consciente de algo se não o deixou. Dessa maneira, tudo é bom. Extraviar-se também é bom, pecar também é bom, porque essa é a única maneira de se tornar um santo.

25 de fevereiro

SOSSEGAR

Os casais ficam receosos quando as coisas estão se desenrolando serenamente. Eles começam a sentir que talvez o amor esteja desaparecendo.

Quando o amor assenta, tudo fica sereno e o amor se torna como uma amizade – e isso tem uma beleza própria. A amizade é a própria nata, a própria essência do amor. Assim, sossegue! E não se preocupe; caso contrário, mais cedo ou mais tarde começará a criar problemas. A mente sempre quer criar problemas, porque assim ela se mantém importante; quando não há problemas, ela perde a importância. A mente é como um departamento policial. Se a cidade estiver calma e quieta, os policiais se sentem mal; nenhum roubo, nenhum tumulto, nenhum assassinato – nada! Eles não são necessários. Quando tudo estiver silencioso e tranquilo, a mente terá receio, porque, se você realmente se acalmar, a mente deixará de existir.

Lembre-se disso. A mente precisa partir, porque ela não é o objetivo. O objetivo é ir além da mente. Então, ajudem um ao outro a serem silenciosos e mantenham as coisas se desenrolando serenamente. Se o outro começar a se apavorar, tente ajudar.

26 de fevereiro

DENTRO DA CASCA DO OVO

Quando você puder sair de seus condicionamentos, estará livre e será simplesmente um ser humano. E essa é a verdadeira liberdade! Então, você não carregará uma crosta à sua volta. A cápsula se rompeu.

Quando o pássaro está no ovo, ele não pode voar. Quando somos "indianos", "alemães", "ingleses" ou "americanos", estamos dentro da casca de um ovo e não podemos voar, não podemos abrir nossas asas, não podemos usar a imensa liberdade que a existência nos oferece.

Há camadas e camadas de condicionamentos. Uma pessoa é condicionada como alemã, outra como cristã e assim por diante. Uma é condicionada como homem e outra como mulher. Não estou falando sobre as diferenças biológicas – com isso, tudo bem, nada tem a ver com condicionamento –, mas o homem é condicionado como homem. Continuamente ele se lembra de que é homem, de que não é mulher, de que deve se comportar como homem: não deve chorar, as lágrimas não devem ser permitidas, pois isso é ser feminino e não é o que se espera dele. Trata-se de condicionamentos, de uma crosta à sua volta.

Uma pessoa realmente livre não é homem nem mulher – não que as diferenças biológicas desapareçam, mas as diferenças psicológicas desaparecem. Uma pessoa livre não é negra nem branca – não que o negro se torne branco e que o branco se torne negro. A pele permanece como era, mas a cor psicológica já não está presente.

Quando todas essas coisas forem abandonadas, você ficará aliviado. Você caminhará um palmo acima da terra; para você, a gravitação não funcionará mais. Você poderá abrir suas asas e voar.

27 de fevereiro

DEIXE DEUS DE FORA

Você já ouviu a famosa história de Mulla Nasruddin?

Mulla economizou para comprar uma camisa nova. Ele foi com entusiasmo a um alfaiate, que tirou suas medidas e disse: "Volte em uma semana e, se Alá quiser, sua camisa estará pronta." Mulla se conteve por uma semana e, ao voltar ao alfaiate, este disse: "Houve um atraso, mas, se Alá quiser, sua camisa ficará pronta amanhã." No dia seguinte, Mulla retornou. "Sinto muito", disse o homem, "mas ela está quase pronta. Tente amanhã e, se Alá quiser, ela estará pronta." "Se você tirar Alá disso, quanto tempo vai demorar?", perguntou Mulla, exasperado.

É melhor deixar Deus de fora. Normalmente, sempre que não sabemos algo, dizemos: "Deus sabe!" Na verdade, para escondermos o fato de não sabermos, dizemos: "Deus sabe!" É melhor dizer: "Eu não sei", porque, no momento em que você diz que Deus sabe, a ignorância se mascara como conhecimento. Isso é muito perigoso.

28 de fevereiro

PECADO

Reprimir algo é um crime, pois mutila a alma. Ao reprimir, dá-se mais atenção ao medo do que ao amor, e pecado é exatamente isso.

Dar mais atenção ao medo é pecado, dar mais atenção ao amor é virtude. E lembre-se sempre de dar mais atenção ao amor, porque é através do amor que você alcança os pontos culminantes da vida, de Deus. Você não pode crescer a partir do medo. O medo mutila, paralisa: cria o inferno.

Todas as pessoas paralisadas – psicológica e espiritualmente paralisadas – vivem a vida no inferno. E como elas o criam? O segredo é que elas vivem no medo; somente fazem algo quando não há medo, mas aí não sobra coisa alguma digna de ser feita. Tudo o que vale a pena fazer traz consigo certos medos. Se você se apaixona, há medo, pois você pode ser rejeitado. O medo diz: "Não se apaixone, assim ninguém o rejeitará." Isto é verdade: se você não se apaixonar, ninguém jamais o rejeitará; mas você viverá uma existência de desamor, o que é muito pior do que ser rejeitado. E, se a pessoa o rejeitar, alguém mais o aceitará. Aqueles que vivem a partir do medo pensam principalmente em não cometer enganos. Eles não cometem enganos, mas também nada fazem; sua vida fica em branco. Eles nada contribuem para a existência. Eles nascem, existem – ou melhor, vegetam – e depois morrem.

1º
de março

LIBERDADE

A vida é incerta, o que significa que a vida é livre. Se houvesse segurança, haveria escravidão; se tudo estivesse garantido, não haveria liberdade.

Se o amanhã fosse fixo, poderia haver segurança, mas você não teria liberdade. Você seria como um robô e precisaria realizar certas coisas já predeterminadas. Mas o amanhã é belo, porque o amanhã é total liberdade. Ninguém sabe o que irá acontecer, se estará respirando, se estará vivo; ninguém sabe. Daí surge a beleza, porque tudo está em um caos, tudo é um desafio e tudo existe como uma possibilidade.

Não peça consolações. Se você insistir em pedir, permanecerá inseguro. Aceite a insegurança, e a insegurança desaparecerá. Isso não é um paradoxo, mas uma simples verdade – paradoxal, mas absolutamente verdadeira. Você existiu até agora, então por que se preocupar com o amanhã? Se você pode existir hoje, se existiu ontem, o amanhã também tomará conta de si mesmo.

Não pense no amanhã e mova-se livremente. Um caos à vontade – é assim que uma pessoa deveria ser. Quando você carrega dentro de si uma revolução, cada momento traz um novo mundo, uma nova vida... cada momento se torna um novo nascimento.

2 de março

MORTE

Nada há de errado com a morte. Sempre que ela acontece, trata-se de um grande repouso.

Quando seu corpo estiver completamente exaurido, a morte será a única coisa necessária. Então ela acontecerá, e você entrará em outro corpo. Talvez você se torne uma árvore, um pássaro, um tigre ou alguma outra coisa, e seguirá em frente. A existência lhe dá um novo corpo quando o velho está exaurido.

A morte é bela, mas nunca clame por ela, pois, quando você clama por ela, a qualidade da morte muda para suicídio. Então ela deixa de ser uma morte natural. Você pode não estar cometendo suicídio, mas o próprio pedir o tornou um suicida. Enquanto vivo, esteja vivo; enquanto morto, esteja morto. Mas não sobreponha coisas. Há pessoas que estão morrendo e insistem em se apegar à vida. Isso também está errado, porque, quando a morte vem, você precisa partir, e precisa partir dançando. Se você estiver clamando pela morte, até mesmo pensando nela, estará vivo e se apegando à ideia da morte. Trata-se da mesma coisa, na direção inversa. Alguém que está morrendo e se apegando à vida não deseja morrer, e alguém que está vivo e deseja morrer... Isso não é aceitação.

Aceite tudo o que estiver presente, e, uma vez aceito incondicionalmente, tudo fica belo. Mesmo a dor tem um efeito purificador. Assim, por tudo o que surgir em seu caminho, fique grato.

3 de março

MONODRAMA

É muito difícil ser religioso, porque você precisa ser ambos: o experimentador e o experimentado; o cientista e o experimento. Não existe separação por dentro. Você está representando um monodrama.

Num drama comum, há muitos atores e os papéis são divididos. Em um monodrama, você está sozinho. Todos os papéis precisam ser representados por você.

Um monge zen costumava gritar alto todas as manhãs: "Bokuju, onde você está?" Esse era seu próprio nome. E ele respondia: "Estou aqui." E continuava: "Bokuju, lembre-se, outro dia lhe é dado. Fique consciente, alerta e não seja tolo!" E então respondia: "Sim, senhor, tentarei dar o melhor de mim." E não havia mais ninguém ali!

Seus discípulos começaram a pensar que ele tinha enlouquecido, mas o monge estava somente representando um monodrama. E essa é a situação interior. Você é o que fala e o que escuta, é o que comanda e o comandado. Isso é difícil, porque os papéis tendem a se misturar, a se sobrepor. É muito fácil quando alguém está sendo liderado e você é o líder. Se os papéis estão divididos, as coisas ficam bem definidas. Nada se sobrepõe; você precisa terminar o seu papel, e a outra pessoa precisa terminar o dela. Isso é fácil; a situação é arbitrária.

Quando você desempenha ambos os papéis, a situação é natural, não arbitrária e, é claro, mais complicada. Mas, aos poucos, você aprenderá.

4 de março

HARMONIA

Quando o sentimento e a razão estiverem equilibrados, você estará livre. Nesse próprio equilíbrio está a liberdade, nesse próprio equilíbrio está a harmonia, a serenidade, o silêncio.

Quando a cabeça for demasiada – e ela é demasiada e muito mortífera –, ela não permitirá que haja algo não lucrativo. E toda a alegria não é lucrativa, é apenas diversão; ela não tem propósito. O amor é uma brincadeira, não tem propósito; assim é a dança, assim é a beleza. Tudo o que é significativo para o coração não é significativo para a razão.

Dessa maneira, no início você precisa investir muito no coração a fim de que o equilíbrio seja alcançado. Você precisa pender muito em direção ao coração, precisa ir para o outro extremo, a fim de criar o equilíbrio. Aos poucos, você chega ao meio, mas primeiro precisa ir para o outro extremo, porque a razão dominou excessivamente.

5 de março

AUTENTICIDADE

Quando você não deseja que alguma coisa se desenvolva, mantenha-se de costas para ela, e ela morrerá por si mesma, como uma planta negligenciada e não aguada que definha e morre. Assim, sempre que você perceber alguma coisa falsa, coloque-a simplesmente de lado.

Quando você está para sorrir e de repente percebe que seria um sorriso falso, pare, mesmo no meio do sorriso; relaxe seus lábios e peça desculpas à pessoa. Diga-lhe que era um sorriso falso e peça-lhe desculpas. Se um sorriso real vier, então tudo bem; se ele não vier, também está bem. O que você pode fazer? Se vier, vem; se não vier, não vem. Não se pode forçá-lo.

Não estou dizendo para simplesmente ignorar as formalidades sociais. Estou dizendo para ser observador e, se você precisar ser falso, seja-o conscientemente. Por saber que essa pessoa é o seu patrão e que você precisa sorrir, sorria conscientemente, sabendo que é falso. Deixe que o patrão seja enganado – mas *você* não deveria ser enganado pelo seu sorriso, e esse é o ponto. Se você sorri inconscientemente, o patrão pode não ser enganado, porque é difícil enganar patrões, mas você pode enganar a si mesmo. Você se cumprimentará e achará que você foi legal, bonzinho – mas aí você perde.

Assim, se algumas vezes você considerar o sorriso necessário – porque ele pode ser necessário; a vida é complexa e você não está sozinho; há muitas coisas que você precisa fazer, porque toda a sociedade existe na falsidade –, então, seja falso conscientemente. Mas em seus relacionamentos, nos quais você pode ser verdadeiro, não permita a falsidade.

6 de março

SATORI

Muitas vezes acontecem vislumbres do satori, *da iluminação, mas você não pode mantê-los. Não se preocupe por não poder mantê-los por mais tempo. Esqueça tudo isso. Lembre-se simplesmente da situação na qual ele aconteceu e tente revivê-la repetidamente.*

A experiência não é importante. O importante é como você estava sentindo a situação. Se você puder recriar aquela situação, a experiência acontecerá novamente. A experiência não é importante, a situação é que é importante: como você estava se sentindo? Fluindo, amando... qual era a situação? Podia haver música, as pessoas podiam estar dançando, comendo... Lembre-se do sabor da comida, ou de uma bela pessoa a seu lado, de um amigo conversando com você e, de repente, lembre-se do aroma no qual aconteceu, do ambiente e tente recriar aquele ambiente. Sente-se em silêncio e tente novamente recriar aquela situação.

Algumas vezes acontece acidentalmente. Toda a ciência da ioga se desenvolveu a partir de acidentes. Na primeira vez, as pessoas não estavam procurando o *satori*; como poderiam saber a respeito? Na primeira vez aconteceu em uma certa situação, e elas ficaram conscientes. Começaram a procurá-lo, a procurar métodos para alcançá-lo. Naturalmente elas concluíram que, se a situação pudesse novamente ser criada, talvez a experiência se seguisse. E assim, por tentativa e erro, as ciências da ioga, do tantra e do zen se desenvolveram. Levaram séculos para aprimorá-las.

Mas todos precisam descobrir em qual situação o seu *satori* começa a borbulhar, o samádi começa a acontecer. Cada um precisa sentir qual é sua própria maneira. Se você estiver ligeiramente alerta, após algumas experiências será capaz de criar essas situações.

7 de março

VERBOS

Autenticidade é verbo. Tudo o que é belo na vida é verbo, não substantivo. Verdade é verbo, não substantivo. Amor não é substantivo, é verbo. Amor é "amar", é um processo.

A autenticidade é um dos maiores valores da vida. Nada pode ser comparado a ela. Na velha terminologia, a autenticidade também é chamada de verdade. A nova terminologia a chama de autenticidade – que é melhor do que verdade, porque, quando falamos sobre a verdade, ela parece uma coisa, um fenômeno em algum lugar que você precisa encontrar. Verdade parece mais um substantivo, mas autenticidade é verbo. Ela não é algo esperando por você. Você precisa ser autêntico, e somente então ela estará presente. Você não pode descobrir a verdade. Você precisa criá-la continuamente ao ser verdadeiro. Ela é um processo dinâmico.

Deixe que isto penetre tão profundamente quanto possível em você: tudo o que é belo na vida é verbo, não substantivo. Verdade é verbo, não substantivo. A linguagem é ilusória. Amor não é substantivo, é verbo. Amor é "amar", é um processo. Quando você ama, somente então o amor existe. Quando você não ama, ele desapareceu. Ele existe precisamente quando é dinâmico. Confiança é verbo, e não substantivo. Quando você confia, ela está presente. Confiança significa "confiar", e amor significa "amar". Verdade significa ser verdadeiro.

8 de março

ESTAR BEM

Estar bem não é suficiente. Essa não é uma expressão estática; é apenas morna. Dessa maneira, sinta-se abençoado – é uma questão de sentir. Você se torna tudo o que sente. A responsabilidade é sua.

Na Índia, é isso que queremos dizer quando afirmamos: "É seu próprio carma." Carma significa sua própria ação. É aquilo que você fez a si mesmo. E, quando você entende que é isso que você fez a si mesmo, você pode abandoná-lo. Trata-se de sua atitude; ninguém o está forçando a se sentir dessa maneira. Você escolheu – talvez inconscientemente, talvez por algumas razões sutis que pareciam boas na época e que se revelaram amargas, mas foi você quem escolheu.

Uma vez entendido que o sentir é você, por que se acomodar no "estar bem"? Isso não é o bastante, sua vida não será uma vida de canções, danças e celebrações. Apenas por estar bem, como você celebrará? Apenas por estar bem, como você amará? Por que ser tão miserável? Mas há muitas pessoas estagnadas no estar bem. Elas perderam toda a energia apenas por causa de suas ideias. Estar bem é como uma pessoa que não está doente, mas que também não está saudável, apenas mais ou menos. Ela não está doente, mas não está viva e saudável. Ela não pode celebrar.

Sugiro que, se for muito difícil para você sentir-se bem-aventurado, pelo menos sinta-se infeliz. Isso provocará algo, pelo menos a energia estará presente. Você poderá chorar e se lamentar. Você poderá não ser capaz de rir, mas as lágrimas serão possíveis, e mesmo isso será vida. Mas estar bem é muito frio. E, se surgir a ocasião de escolher, por que escolher a infelicidade quando você pode escolher a felicidade?

9 de março

ABERTURA

Deixe que os ventos venham, deixe que o sol venha – tudo é bem-vindo. Uma vez sintonizado em viver com o coração aberto, você nunca o fechará. Mas um pouco de tempo precisa ser dado para isso. Você precisa manter essa abertura, ou ela fechará novamente.

Abertura é vulnerabilidade. Quando você está aberto, sente que algo errado poderá entrar em você. Essa não é apenas uma sensação; trata-se de uma possibilidade. É por isso que as pessoas são fechadas. Se você abrir a porta para o amigo entrar, o inimigo também poderá entrar. Pessoas espertas fecham suas portas. Para evitar o inimigo, elas nem abrem a porta para o amigo. Mas então a vida delas se torna morta.

Nada pode acontecer, porque basicamente nada temos a perder – e o que temos não pode ser perdido. Não vale a pena manter aquilo que pode ser perdido. Quando esse entendimento se tornar implícito, você permanecerá aberto.

Percebo que mesmo parceiros amorosos estão defendendo a si mesmos. Então, eles choram e se lamentam porque nada está acontecendo. Eles fecharam todas as janelas e estão sufocados. Nenhuma nova luz entra e é praticamente impossível viver, mas de algum modo eles ainda se arrastam. Mesmo assim eles não se abrem, porque o ar fresco parece ser perigoso.

Quando você se sentir aberto, tente desfrutar. Esses momentos são raros. Nesses momentos, mova-se para fora, para que possa ter uma experiência de abertura. Quando a experiência estiver presente, sólida em suas mãos, você poderá abandonar o medo. Você perceberá que estar aberto é um tesouro que você estava perdendo sem motivo. E o tesouro é tal que ninguém pode tomá-lo. Quanto mais você o compartilhar, mais ele crescerá; quanto mais aberto você estiver, mais você *será*.

10 de março

OBJETIVOS

A vida não tem objetivos... e essa é sua beleza!

Se houvesse um objetivo para a vida, as coisas não seriam tão belas, porque um dia você o alcançaria e depois disso tudo seria enfadonho. Haveria só repetição, o mesmo estado monótono continuaria – e a vida abomina a monotonia. Ela segue criando novos objetivos – porque ela não tem nenhum! Quando você atinge certo estado, a vida lhe dá outro objetivo. O horizonte insiste em se afastar de você; você nunca o alcança, você está sempre a caminho, sempre se esforçando por alcançá-lo, simplesmente procurando alcançá-lo... E, se você entender isso, toda a tensão da mente desaparecerá, porque a tensão está no procurar um objetivo, no chegar a algum lugar.

A mente está continuamente ansiando pela chegada, e a vida é um contínuo partir e um chegar de novo – mas chegar apenas para partir mais uma vez. Não existe finalidade nela. Ela nunca é perfeita, e essa é a sua perfeição. Ela é um processo dinâmico, não algo morto e estático.

A vida não é estagnada – é um contínuo fluir, e não existe a outra margem. Uma vez entendido isso, você começa a desfrutar a própria jornada. Cada passo é um objetivo, e não há outro objetivo. Quando esse entendimento se estabelece profundamente em seu interior, ele o relaxa. Então, não há tensão, porque não há para onde ir; portanto, você não pode se extraviar.

11 de março

CONTROLE

A vida está além do seu controle. Você pode desfrutá-la, mas não pode controlá-la. Você pode vivê-la, mas não pode controlá-la. Você pode dançá-la, mas não pode controlá-la.

Normalmente dizemos que respiramos, e isso não é verdadeiro – a vida respira por nós. Mas continuamos a nos considerar agentes, e isso cria o problema. Quando você fica controlado, excessivamente controlado, não permite que a vida lhe aconteça. Você impõe demasiadas condições, e a vida não pode satisfazer nenhuma.

A vida lhe acontece somente quando você a aceita incondicionalmente e está disposto a dar-lhe as boas-vindas, não importa a forma que ela tome. Mas uma pessoa muito controlada está sempre querendo que a vida chegue de uma certa forma, está sempre pedindo que ela satisfaça certas condições – e a vida não se importa; ela simplesmente não leva em conta pessoas como essa.

Quanto mais cedo você quebrar o confinamento do controle, melhor, porque todo controle é da mente. E você é maior do que a mente. Uma pequena parte está tentando dominar, tentando dar ordens. A vida segue em frente, você é deixado para trás e fica frustrado. A lógica da mente é tal que diz: "Olhe, você não controlou bem e por isso perdeu; controle mais."

A verdade é justamente o oposto: as pessoas perdem muitas coisas devido ao exagerado controle. Seja como um rio selvagem, e muito do que você nem pode sonhar, nem pode imaginar, nem pode esperar, está disponível logo ali, ao seu alcance. Mas abra as mãos; não continue vivendo a vida com mãos fechadas, porque essa é a vida de controle. Viva a vida com as mãos abertas. Todo o céu está disponível; não se contente com menos.

12 de março

FORTES VENTOS

Aqueles fortes ventos que batem firme não são realmente inimigos. Eles ajudam você a integrar-se. Parece até que vão desenraizá-lo, mas, ao lutar com eles, você se enraíza.

Pense em uma árvore. Você pode trazer uma árvore para dentro do quarto e, de certa maneira, ela será protegida; o vento não será forte para ela. Quando as tempestades estiverem acontecendo lá fora, ela estará fora de perigo. Mas não haverá desafio; tudo será protegido. Você poderá colocá-la em uma estufa, mas, aos poucos, a árvore começará a ficar amarela, deixará de ser verde. Alguma coisa bem lá no seu interior começará a morrer – porque o desafio dá forma à vida.

Aqueles fortes ventos que batem firme não são realmente inimigos. Eles ajudam você a integrar-se. Parece até que vão desenraizá-lo, mas, ao lutar com eles, você se enraíza. Você faz com que suas raízes se aprofundem ainda mais, para que a tempestade não possa destruí-lo. O sol é muito quente e parece que vai queimar, mas a árvore suga mais água para se proteger contra o sol. Ela fica cada vez mais verde. Ao lutar com as forças naturais, ela atinge certa alma. A alma surge somente através da batalha.

Se as coisas fossem muito fáceis, você começaria a se dispersar. Aos poucos, você se desintegraria, porque a integração não seria necessária. Você se tornaria uma criança mimada. Assim, quando um desafio surgir, viva-o corajosamente.

13 de março

COMEÇAR DE NOVO

Olhe à volta: tudo o que você fez não é o fim. Abra-se novamente, deixe que a jornada comece de novo. Traga novas coisas, às vezes bizarras, excêntricas, às vezes quase loucas; todas elas ajudam.

Todos os inventores são considerados loucos, excêntricos. E são mesmo, porque eles vão além do limite. Eles encontram seus próprios percursos. Nunca seguem pelas autoestradas – essas não são para eles; eles se movem na floresta. Há perigo: podem se perder, podem não ser capazes de voltar para a multidão, estão perdendo contato com o rebanho...

Às vezes você pode fracassar. Não estou dizendo que não pode fracassar – com o novo, sempre existe perigo –, mas haverá excitação. E vale a pena arriscar por essa excitação – vale a pena por qualquer preço. Assim, traga algo novo para o velho trabalho – para que ele se torne novo e próspero, para que ele não seja mecânico, mas se torne orgânico –, ou mude, mude tudo e comece a fazer algo completamente novo. Volte ao abecedário e torne-se um ceramista, um músico, um dançarino ou um vagabundo – qualquer coisa serve!

Quase sempre a mente dirá que isso está errado – agora você está estabelecido, tem um certo nome, uma certa fama e muitas pessoas o conhecem, seu trabalho está indo bem e está lhe pagando bem, as coisas estão ajustadas... por que se importar? Sua mente dirá isso. Nunca escute a mente; a mente está a serviço da morte.

14 de março

AMOR

Toda pessoa que ama sente que algo está faltando, porque o amor não está completo. Ele é um processo, e não um objeto. Toda pessoa que ama fatalmente sentirá que algo está faltando. Não interprete esse fato erroneamente. Isso simplesmente mostra que, em si mesmo, o amor é dinâmico.

O amor é como um rio, sempre se movendo. No próprio movimento está a vida do rio. Uma vez parado, ele se torna algo estagnado e deixa de ser um rio. A própria palavra *rio* mostra um processo, seu próprio som dá a você a sensação de movimento.

O amor é um rio. Assim, não pense que algo esteja faltando; isso faz parte do processo do amor. E é bom que ele não esteja completo. Quando algo está faltando, você precisa fazer alguma coisa a respeito; trata-se de um chamado de pontos mais e mais culminantes. Não que, ao atingi-los, você se sinta preenchido; o amor nunca se sente preenchido. Ele não conhece preenchimento, mas ele é belo porque então estará vivo para sempre.

E você sempre sentirá que algo não está em harmonia. Isso também é natural, porque, quando duas pessoas estiverem se encontrando, dois mundos diferentes estão se encontrando. Esperar que eles se ajustem perfeitamente é esperar o impossível, e isso criará frustração. No máximo, existem alguns momentos em que tudo está em harmonia, raros momentos.

É assim que tem de ser. Faça todo o esforço para criar essa harmonia, mas esteja sempre preparado se ela não acontecer perfeitamente. E não se preocupe com isso, ou vocês entrarão cada vez mais em desarmonia. A harmonia vem somente quando você não estiver preocupado com ela, quando não estiver tenso por causa dela, quando nem estiver à sua espera – ela vem inesperadamente.

15 de março

INSIGHT

Todo insight, *mesmo que seja muito difícil de aceitar, ajuda. Mesmo que seja a contragosto, ajuda. Mesmo que abale muito o ego, ajuda. O* insight *é o único amigo.*

Você deveria estar disposto a examinar cada fato, sem qualquer racionalização. A partir desse *insight*, muitas coisas acontecem. Mas, se você perdeu o primeiro *insight* sobre o assunto, ficará perplexo e confuso. Muitos problemas estarão presentes, mas não haverá solução à vista, porque, desde o primeiro passo, uma verdade não foi aceita. Assim, você está falsificando seu próprio ser.

Há muitas pessoas que têm muitos problemas, mas esses problemas não são reais. Noventa e nove por cento dos problemas são falsos. Portanto, se eles não forem resolvidos, você estará em dificuldade, e mesmo que sejam resolvidos, nada acontecerá, porque eles não são seus problemas reais. Quando você resolve alguns falsos problemas, criará outros. Dessa maneira, o primeiro ponto é penetrar no problema real e percebê-lo como ele é. Perceber o falso como falso é o começo para ser capaz de perceber a verdade como verdade.

16 de março

RETIRE O DESAMOR

Nós não amamos. Mas esse não é o único problema. Nós desamamos. Assim, primeiro comece a abandonar tudo o que você sente como sendo desamoroso. Qualquer atitude, qualquer palavra que você usa pelo hábito, mas que agora, de repente, sente que é cruel – abandone-a!

Esteja sempre disposto a dizer: "Sinto muito." Pouquíssimas pessoas são capazes de dizer isso. Mesmo quando parece que elas estão dizendo, não estão. Pode ser apenas uma formalidade social. Realmente dizer "Sinto muito" é um grande entendimento. Você está afirmando que fez algo errado e não está apenas tentando ser educado. Você está retirando algo, está retirando um ato que iria acontecer, está retirando uma palavra que você pronunciou.

Retire o desamor e, quando o fizer, perceberá muito mais coisas. Essa não é realmente uma questão de como amar, mas somente uma questão de como não amar. É como uma nascente de água coberta com pedras e rochas. Você remove as rochas, e a nascente começa a fluir. Ela está ali.

Todo coração tem amor, porque o coração não pode existir sem ele. Ele é o verdadeiro pulso da vida. Ninguém pode existir sem amor; é impossível. Uma verdade básica é que todos têm amor, têm a capacidade de amar e de ser amados. Mas algumas rochas – educação errada, atitudes erradas, esperteza, fingimentos e mil e uma coisas – estão bloqueando o caminho.

Retire os atos desamorosos, as palavras desamorosas, e repentinamente apanhará a si mesmo em um estado de ânimo muito amoroso. Haverá muitos momentos em que subitamente você perceberá que algo está borbulhando – e haverá amor, um vislumbre dele. E, aos poucos, esses momentos se tornarão mais prolongados.

17 de março

NÃO É COMO CAFÉ INSTANTÂNEO

O amor não é algo que você possa fazer. Mas, quando você fizer outras coisas, o amor acontecerá.

Existem pequenas coisas que vocês podem fazer – sentar-se juntos, olhar a lua, ouvir música –, nada diretamente a ver com o amor. O amor é muito delicado, muito frágil. Se você olhar para ele, fixar os olhos diretamente nele, ele desaparecerá. O amor vem somente quando você está desatento, fazendo outra coisa. Você não pode ir direto, como uma flecha. O amor não é um alvo, é um fenômeno muito sutil, é muito tímido. Se você for direto, ele se esconderá. Se você fizer algo diretamente, você o perderá.

O mundo se tornou muito estúpido em relação ao amor. As pessoas o desejam imediatamente, como um café instantâneo – sempre que você o desejar, é só pedir, que ele estará ali.

O amor é uma arte delicada, não é algo que você possa fazer. Algumas vezes, aqueles raros momentos de bem-aventurança vêm... algo do desconhecido desce. Você não está mais sobre a terra, você está no paraíso. Ao ler um livro com o seu amado, ambos profundamente absortos, de repente vocês descobrem que uma qualidade diferente os envolve. Algo envolve a ambos como uma aura, e tudo fica sereno. Mas vocês não estavam fazendo algo diretamente. Vocês estavam apenas lendo um livro, ou dando uma longa caminhada, de mãos dadas contra o forte vento, e subitamente ele surgiu. O amor sempre o pega desatento.

18 de março

ESTAR JUNTO

As pessoas se esqueceram completamente da linguagem de fazer as coisas juntas – ou de nada fazer além de simplesmente estar juntas.

As pessoas se esqueceram de como simplesmente ser. Se elas nada tiverem para fazer, elas amam. Então nada acontece, e aos poucos elas se frustram com o próprio amor.

O homem e a mulher são diferentes, e não apenas diferentes, mas opostos; eles não podem se encaixar. E esta é a beleza: quando eles se encaixam, é um milagre, um momento mágico. De outra forma, eles entram em conflito e brigam. Isso é natural e pode ser entendido, porque eles têm mentes diferentes. Suas perspectivas são polos opostos, eles não podem concordar em nada, porque têm maneiras diferentes, têm lógicas diferentes. É praticamente um milagre eles se ajustarem em profunda sintonia, entrarem em profunda harmonia. É como um Koh-i-Noor, um grande diamante, e não deveríamos pedi-lo todos os dias, como parte da rotina. Deveríamos esperar por ele. Meses, algumas vezes anos se passam e, repentinamente, a harmonia está presente. E sempre vem inesperadamente, sem causa.

Não se preocupe, ela tomará conta de si mesma. E não se torne um buscador do amor, ou você o perderá completamente.

19 de março

CIPRESTE NO JARDIM

A verdadeira religião diz respeito a este momento. Assim, se você estiver se sentindo triste, esse é o cipreste no jardim. Olhe para ele... apenas olhe. Não há mais nada a fazer.

Há uma história muito famosa sobre um mestre zen, Chou Chou. Um monge lhe perguntou: "Qual a verdadeira religião?" Era noite de lua cheia, e ela estava despontando no horizonte. O mestre permaneceu em silêncio por um longo período; nada disse. E subitamente voltou a si e propôs: "Olhe para o cipreste no jardim." Uma agradável e fresca brisa estava soprando e brincando com o cipreste, e a lua acabara de surgir acima dos galhos. Era inacreditavelmente belo, era quase impossível ser tão belo. Mas o monge insistiu: "Essa não foi a minha questão. Não estou perguntando sobre o cipreste no jardim, sobre a lua ou sobre sua beleza. Minha questão nada tem a ver com isso. Estou perguntando qual a verdadeira religião. Você se esqueceu da minha pergunta?" Novamente o mestre permaneceu em silêncio por um longo período. E de novo voltou a si e disse: "Olhe para o cipreste no jardim."

A verdadeira religião consiste no aqui e agora. A verdadeira religião diz respeito a este momento. Assim, se você estiver se sentindo triste, esse é o cipreste no jardim. Olhe para ele... apenas olhe. Não há mais nada a fazer. Esse olhar revelará muitos mistérios, abrirá muitas portas.

20 de março

FAZENDO NADA

Se você puder não fazer coisa alguma, isso é o melhor.

É necessário ter muita coragem para não fazer coisa alguma. Para fazer, não é preciso ter muita coragem, porque a mente é uma fazedora. O ego sempre anseia fazer algo; mundano ou não mundano, o ego sempre deseja fazer algo. Ao fazer alguma coisa, o ego se sente perfeitamente adequado, saudável, em movimento, deliciando-se consigo mesmo.

Não fazer coisa alguma é o que há de mais difícil no mundo, e, se você o conseguir, isso é o melhor. A própria ideia de que precisamos fazer algo está basicamente errada. Precisamos ser, e não fazer. Tudo o que sugiro que as pessoas façam é apenas para que venham a conhecer a futilidade do fazer, de tal modo que um dia, a partir do puro cansaço, elas caiam no chão e digam: "Agora chega! Não queremos fazer coisa alguma." E o trabalho real começará.

O trabalho real é apenas ser, porque tudo aquilo de que você precisa já está dado, e tudo aquilo que você possa ser você já é. Você ainda não sabe, isso é verdade. Assim, o que é necessário é estar em um tal espaço de silêncio que você possa cair em si mesmo e perceber o que é.

21 de março

AMANHÃ

Quando você busca, o futuro é importante, o objetivo é importante.
E quando você não procura, o momento presente é tudo o que existe.
Não existe futuro, então você não pode adiar, não pode dizer:
"Serei feliz amanhã."

Através do amanhã, destruímos o hoje; através de ficções, destruímos o real. Você pode dizer: "Tudo bem, se estou triste hoje, não há com o que me preocupar, amanhã serei feliz." Dessa maneira, o hoje pode ser tolerado, você pode suportá-lo. Mas, se não houver amanhã e se não houver futuro e nada a procurar e a encontrar, não há como adiar – o próprio adiamento desaparece. Então, cabe a você ser feliz ou não ser feliz. Você precisa decidir neste momento. E não pense que alguém decidirá ser infeliz. Por quê? Para quê?

O passado já não existe e o futuro jamais existirá, então este é o momento. Você pode celebrá-lo, pode amar, pode orar, pode cantar, pode dançar, pode meditar, pode usá-lo como quiser. E o momento é tão pequeno que, se você não estiver muito alerta, ele escorregará de suas mãos, e irá embora. Assim, para ser, você precisa estar muito alerta. O fazer não precisa do estado de alerta, ele é muito mecânico.

E não use a palavra *esperar*, porque isso significa que o futuro entrou novamente pela porta dos fundos. Se você achar que deveria apenas esperar, novamente estará esperando pelo futuro. Não há o que esperar. A existência é tão perfeita neste momento como sempre será; ela nunca será mais perfeita.

22 de março

REVERÊNCIA

Não há necessidade de ir à igreja, ao templo ou à mesquita; onde você estiver, seja bem-aventurado, e o templo estará presente. O templo é uma sutil criação de sua própria energia. Se você for bem-aventurado, criará o templo à sua volta.

Nos templos praticamos falsidades, nos templos oferecemos flores que não são nossas; nós as emprestamos das plantas. Nas plantas, elas já foram oferecidas a Deus e lá elas estavam vivas; você as matou, assassinou algo belo e agora está oferecendo a Deus essas flores assassinadas, e nem mesmo se sente envergonhado.

Tenho observado. Particularmente na Índia, as pessoas não pegam flores de suas próprias plantas; elas as apanham dos vizinhos, e ninguém pode impedi-las, porque esse é um país religioso e elas estão apanhando flores para propósitos religiosos. As pessoas acendem luzes e velas, mas essas não são delas; as pessoas queimam incenso e criam fragrâncias, mas tudo é emprestado.

O templo real é criado pela bem-aventurança, e todas essas coisas começam a acontecer por conta própria. Se você for bem-aventurado, descobrirá que algumas flores são oferecidas, mas essas flores são da sua consciência; haverá luz, mas essa luz é de sua própria chama interior; haverá fragrância, mas essa fragrância pertence a seu próprio ser. Essa é a verdadeira reverência.

23 de março

CERTO E ERRADO

Não existe certo ou errado. Tudo depende do seu ponto de vista.

A mesma coisa pode ser certa para uma pessoa e errada para outra, porque depende da pessoa. A mesma coisa pode em um momento estar certa para uma pessoa, e em outro, pode estar errada, porque depende da situação.

Ensinaram-lhe categorias aristotélicas. Isso está certo e aquilo está errado, isso é branco e aquilo é preto, isso é Deus e aquilo é o demônio. Essas categorias são falsas. A vida não está dividida em preto e branco, muito dela é mais como o cinza.

E se você observar muito profundamente, o branco é um extremo do cinza, e o preto é outro extremo, mas a extensão é do cinza. A realidade é cinza. Precisa ser assim, porque em nenhum lugar ela está dividida. Não existem compartimentos estanques em lugar algum. Essas são tolas categorizações, mas foram implantadas em nossa mente.

Certo e errado seguem mudando sempre. Então, o que fazer? Se alguém desejar decidir absolutamente, ficará paralisado, não será capaz de agir. Se você quiser agir somente quando tiver uma decisão absoluta sobre o que é certo, ficará paralisado e não será capaz de agir. Você precisa agir, e agir em um mundo relativo. Não existe uma decisão absoluta; portanto, não espere por ela. Simplesmente observe, perceba, e tudo o que você achar que é certo, faça-o.

24 de março

ESCUTAR

Quando amigos derem conselhos, escute atentamente.

Uma das coisas mais importantes a serem aprendidas é a escuta. Escute muito silenciosamente. Não escute de uma maneira indiferente. Não escute como se quisesse que os outros parassem de falar e você estivesse escutando apenas para ser educado, porque eles são seus amigos. Nesse caso, é melhor falar-lhes que nada digam, porque você não está disposto a ouvir.

Mas, quando você estiver escutando, realmente escute – esteja aberto, porque seus amigos podem estar certos. E mesmo se eles estiverem errados, o fato de escutá-los o enriquecerá. Você aprenderá mais pontos de vista, e é sempre bom aprender. Assim, escute bem, mas sempre decida por si mesmo.

Quando uma pessoa tem esse entendimento relativo, as coisas se tornam muito claras e fáceis. Do contrário, as pessoas são muito absolutistas. Elas pensam em termos absolutos: isso é verdade, e tudo o que for contra isso está errado. Essa atitude mutilou o mundo inteiro – hindus, muçulmanos e cristãos estão brigando porque todos reivindicam a verdade absoluta. Mas ninguém tem o direito de posse dela. Ela não é monopólio de ninguém.

A verdade é vasta, infinitas são suas facetas e infinitos são os caminhos para conhecê-la. Tudo o que sabemos é limitado, é apenas parte do todo.

25 de março

TALVEZ

Hesite mais, use mais as expressões talvez *e* pode ser *e permita aos outros a liberdade de decidirem por si mesmos.*

Observe cada palavra que você usa. Nossa linguagem é tal, nossas maneiras de falar são tais que, sabendo ou não, fazemos afirmações absolutas. Nunca faça isso. Hesite mais, use mais as expressões *talvez* e *pode ser* e permita aos outros a liberdade de decidirem por si mesmos.

Tente isso por um mês. Você precisará estar muito alerta, porque falar em termos absolutos é um hábito profundamente enraizado; mas, se você estiver atento, esse hábito poderá ser abandonado. Então você perceberá que os argumentos serão abandonados e não haverá necessidade de se defender.

26 de março

RIVALIDADE ENTRE IRMÃOS

A mãe pode amar mais a um filho e um pouco menos a outro. Não se pode esperar que ela ame de maneira absolutamente igual; isso não é possível.

As crianças são muito perceptivas. Elas podem perceber que uma pessoa é mais amada que a outra. Elas sabem que é falsa a pretensão da mãe de amá-las na mesma medida. Dessa maneira, surge um conflito interno, uma luta, uma ambição.

Cada criança é diferente. Uma tem talento musical, a outra não tem; uma tem talento matemático, a outra não tem; uma é fisicamente mais bonita do que a outra, ou tem um certo charme em sua personalidade que a outra não tem. Então, surgem mais e mais problemas, e nos ensinaram a sermos bonzinhos e a nunca sermos verdadeiros.

Se as crianças aprenderem a ser verdadeiras, elas resolverão o problema por meio da luta e, ao lutarem, vão esquecer o assunto. Ficarão com raiva, brigarão e dirão coisas duras uma para a outra, e o assunto ficará resolvido, porque as crianças se livram das coisas muito facilmente. Se elas estiverem com raiva, ficarão com raiva, ficarão fervendo, quase vulcânicas; mas logo depois estarão segurando a mão uma da outra, e tudo será esquecido. As crianças são muito simples, mas frequentemente essa simplicidade não é permitida. Disseram-lhes para que fossem boazinhas, seja qual for o custo. Elas foram proibidas de ficar com raiva uma da outra: "Ela é sua irmã, ele é seu irmão. Como você pode ficar com raiva?"

Essas raivas, essas invejas e mil e uma feridas se acumulam. Mas, se vocês puderem encarar um ao outro com raiva e com inveja verdadeiras, se puderem expressar tudo isso, imediatamente depois do calor da luta surgirão um profundo amor e compaixão. E esses serão os sentimentos reais.

27 de março

DECISÕES

Responda a este momento. Responsabilidade é isso. Alguém deseja casar com você. Você fica sem saber se diz sim ou não, e vai consultar o I Ching.

Trata-se da sua vida – por que deixar para alguém que escreveu um livro há cinco mil anos decidir por você? É melhor decidir por si mesmo. E, se você errar e se extraviar, ainda assim é melhor decidir por si mesmo. E, se através do *I Ching* você não se extraviar e tiver uma vida bem-sucedida, ela ainda assim não será boa, porque você está evitando a responsabilidade.

Crescemos através da responsabilidade. Tome a responsabilidade em suas próprias mãos. Estas são maneiras de evitá-la: algumas pessoas atribuem a responsabilidade a Deus, outras ao carma, outras ao destino, outras ao *I Ching*. Mas nós nos tornamos espirituais quando tomamos toda a responsabilidade sobre nossos próprios ombros.

A responsabilidade é imensa e seus ombros são fracos, disso eu sei. Mas, quando você assumir a responsabilidade, eles ficarão mais fortes. Não há outra maneira de eles se desenvolverem e ficarem mais fortes.

28 de março

COMO UMA BRISA

Assim como a brisa vem, ela vai; você não pode se agarrar a ela, não pode se apegar a ela. A brisa vem como um sussurro. Ela não faz barulho, não faz declarações; vem muito silenciosamente, você não pode ouvi-la – de repente ela estará presente. E é assim que Deus, que a verdade, que a bem-aventurança, que o amor vêm; todos eles vêm de uma maneira sussurrante, e não com trombetas e tambores. Eles subitamente vêm, sem mesmo agendar, sem mesmo lhe perguntar: "Posso entrar?" De súbito eles simplesmente vêm. E é assim que a brisa vem: em um momento ela não estava presente, em outro ela está.

Assim como a brisa vem, ela vai; você não pode se agarrar a ela, não pode se apegar a ela. Desfrute-a enquanto ela estiver presente e, quando ela se for, deixe-a ir. Seja grato por ela ter vindo, mas não fique ressentido, não se queixe. Quando ela vai embora, apenas vai... nada pode ser feito com relação a isso.

Mas costumamos nos apegar. Quando o amor vem, ficamos muito felizes, mas, quando ele se vai, ficamos muito contrariados. Isso é ser muito inconsciente, ingrato e ter um entendimento errôneo. Lembre-se: o amor veio de uma maneira e agora está indo embora da mesma maneira. Ele não pediu para vir... por que agora deveria perguntar se pode ir embora? Ele foi uma dádiva do além, foi misterioso e precisa partir da mesma maneira misteriosa. Se você tomar a vida como uma brisa, não haverá o agarrar-se, o apegar-se – nenhuma obsessão. Você simplesmente permanece disponível, e tudo o que acontece é bom.

29 de março

TRABALHO EQUILIBRADO

O melhor arranjo é trabalhar no mundo, mas não se perder nele. Trabalhe por cinco ou seis horas e depois se esqueça de tudo sobre isso. Dê pelo menos duas horas para o seu crescimento interior, algumas horas para o seu relacionamento, para o amor, para seus filhos, para seus amigos, para a sociedade.

Sua profissão deveria ser somente parte de sua vida. Ela não deveria sobrepor cada dimensão de sua vida, como em geral ocorre. Um médico se torna médico praticamente vinte e quatro horas por dia. Ele pensa a respeito, fala a respeito. Mesmo quando está comendo, é médico. Enquanto está fazendo amor, é médico. Isso é loucura, é insanidade. Para evitar esse tipo de loucura, as pessoas escapam. Elas se tornam buscadoras espirituais vinte e quatro horas por dia. Novamente estão cometendo o mesmo erro, o erro de estar em algo vinte e quatro horas por dia.

Meu esforço é o de ajudá-lo a estar no mundo e, ainda assim, ser um buscador. É claro, isso é difícil, porque haverá mais desafios e situações. É mais fácil ser ou médico ou buscador. Será difícil ser ambos, porque isso lhe apresentará muitas situações contraditórias. Mas crescemos em situações contraditórias. No tumulto, naquela colisão de contradições, nasce a integridade. Minha sugestão é que você trabalhe por cinco ou seis horas e use as horas restantes para outras coisas: para dormir, para a música, para a poesia, para a meditação, para o amor ou para simplesmente ficar à toa. Isso também é necessário. Se uma pessoa se torna demasiadamente sábia e não pode vadiar, ela se torna pesada, sombria, séria. Ela perde a vida.

30 de março

ACIDENTES

Pense sempre no lado positivo das coisas: houve um acidente, mas você ainda está vivo e, portanto, o transcendeu.

Não preste muita atenção nos acidentes. Em vez disso, preste atenção no fato de você ter sobrevivido. Isso é o que importa. Você derrotou aqueles acidentes e sobreviveu. Então, não há com o que se preocupar. Pense sempre no lado positivo das coisas: houve um acidente, mas você ainda está vivo e, portanto, o transcendeu. Você provou o seu vigor, provou ser mais forte do que o acidente.

Mas posso entender que surja o medo se tais coisas acontecem repetidamente. Você cai em poços ou coisas do gênero, e o medo da morte fatalmente surge na mente. Mas a morte irá acontecer de qualquer maneira, caindo você em um poço ou não. Se você deseja evitar a morte, o lugar mais perigoso a evitar é a sua cama, porque 90% das mortes acontecem ali – raramente em um poço!

De qualquer modo, a morte irá acontecer; não importa como. E, se pudermos escolher entre a cama e o poço, acho que o poço é muito melhor; ele tem algo estético em si.

31 de março

MEDO DA MORTE

Não há necessidade de ter medo da morte. Ela virá, essa é a única certeza na vida. Tudo o mais é incerto; então, por que se preocupar com a certeza?

A morte é uma certeza absoluta. Cem por cento das pessoas morrem, e não 99%. No que se refere à morte, todo o desenvolvimento científico e todos os avanços da ciência médica não fazem diferença: 100% das pessoas ainda morrem, da mesma forma que costumavam morrer há dez mil anos. Quem nasce, morre; não há exceções.

Com relação à morte, podemos nos esquecer dela completamente... ela irá acontecer. Assim, quando acontecer, tudo bem. Que diferença faz como acontece, se você foi golpeado em um acidente ou se morreu na cama de um hospital? Não importa. Uma vez percebido o ponto de que a morte é certa, não passam apenas de formalidades estas questões: como morreremos, onde morreremos... A única realidade é que morreremos. Aos poucos você aceitará o fato. A morte precisa ser aceita, não faz sentido negá-la e ninguém foi capaz de preveni-la. Então, relaxe! Enquanto você estiver vivo, desfrute a vida totalmente; e, quando a morte vier, desfrute isso também.

1º
de abril

ASSISTIR À TELEVISÃO

Todo o segredo da meditação é não ser a favor nem contra, mas ficar despreocupado, distante, sem qualquer gostar ou desgostar, sem qualquer escolha.

A meditação é um método simples. Sua mente é como uma tela de TV. Memórias estão passando, imagens estão passando, pensamentos, desejos, mil e uma coisas estão passando; sempre é a hora do *rush*. E a rua é como uma rua indiana: não há regras de trânsito, e todos seguem em todas as direções. Você precisa observar a mente sem qualquer avaliação, sem qualquer julgamento, sem qualquer escolha; precisa simplesmente observá-la sem preocupação, como se ela nada tivesse a ver com você; você é apenas uma testemunha. Essa é a consciência sem escolha.

Se você escolhe, se diz: "Este pensamento é bom, vou retê-lo"; ou: "Este é um belo sonho, eu deveria desfrutá-lo um pouco mais", se você escolhe, você deixa de ser testemunha. Se você diz: "Isto é ruim, é imoral, um pecado, deveria jogá-lo fora", e começa a lutar, de novo você deixou de ser testemunha. Você pode deixar de ser testemunha de duas maneiras: sendo a favor ou sendo contra. E todo o segredo da meditação é não ser a favor nem contra, mas ficar despreocupado, distante, sem qualquer gostar ou desgostar, sem qualquer escolha. Se você puder agir, mesmo que por alguns momentos, como testemunha, ficará surpreso com quão extasiado se tornará.

2 de abril

CORAÇÃO SIMPLES

Ser simples significa deslocar-se da cabeça para o coração.

A mente é muito ladina, nunca é simples. O coração nunca é ladino, sempre é simples. Ser simples significa deslocar-se da cabeça para o coração.

Vivemos através da cabeça. Por isso, nossa vida se torna cada vez mais complicada, como um quebra-cabeça de peças recortadas: nada parece se ajustar. E, quanto mais tentamos ser espertos, mais estamos em uma confusão. Esta tem sido a nossa história: estamos cada vez mais insanos. Todo o planeta é praticamente um hospício. Se a humanidade deve sobreviver, chegou o momento de uma grande mudança: precisaremos nos mover da cabeça para o coração. Se não for assim, a cabeça está pronta para cometer suicídio. Ela criou tanta infelicidade, tanto tédio e tantos problemas que o suicídio parece a única saída. Todo o planeta está preparando o suicídio, e será um suicídio global, a menos que aconteça um milagre.

E este será o milagre – se acontecer, este será o milagre –, haverá um grande deslocamento, uma mudança radical em nossa perspectiva: começaremos a viver a partir do coração, abandonaremos todo o universo da mente e começaremos de novo como criancinhas.

Viva a partir do coração. Sinta mais, pense menos, seja mais sensível e menos lógico. Esteja mais e mais com o coração repleto, e sua vida se tornará pura alegria.

3 de abril

O INCONSCIENTE

O inconsciente é nove vezes maior do que o consciente; portanto, tudo o que vem do inconsciente é arrebatador. Por isso, as pessoas têm receio de suas emoções, de seus sentimentos. Elas os reprimem, temem que eles criem caos. Eles criam, mas o caos é belo!

Existe uma necessidade de ordem e também existe uma necessidade do caos. Quando a ordem é necessária, use a ordem, use a mente consciente; quando o caos é necessário, use o inconsciente e deixe o caos acontecer. Uma pessoa inteira, uma pessoa total, é aquela capaz de usar ambos, não permitindo qualquer interferência do consciente no inconsciente ou do inconsciente no consciente. Existem coisas que você só pode fazer conscientemente. Por exemplo, se estiver fazendo aritmética ou um trabalho científico, você só pode fazê-lo a partir do consciente. Mas o amor não é assim, a poesia não é assim; eles vêm do inconsciente. Portanto, você precisa colocar o consciente de lado.

É o consciente que tenta segurar as coisas, porque ele tem medo. Para ele, parece que algo grandioso está vindo, uma onda gigantesca; ele será capaz de sobreviver? Ele tenta evitar, deseja escapar, esconder-se em algum lugar. Mas isso não está correto, e por isso as pessoas se tornaram obtusas e mortas. Todas as primaveras da vida estão no inconsciente.

4 de abril

ELASTICIDADE

Existem momentos em que as pessoas deveriam ser muito relaxadas, tão loucamente relaxadas que não teriam quaisquer formalidades a seguir.

Aconteceu certa vez de um grande imperador chinês visitar um mestre zen. O mestre estava rolando no chão às gargalhadas, e seus discípulos também estavam rindo – ele devia ter contado uma piada ou algo do tipo.

O imperador ficou envergonhado. Ele mal podia acreditar em seus olhos, porque o comportamento era grosseiro; e não se conteve. Disse ao mestre: "Isso é grotesco! Não se espera isso de um mestre como você; alguma etiqueta precisa ser preservada. Você está rolando no chão, gargalhando como um louco."

O mestre olhou para o imperador, que tinha um arco; naqueles dias remotos, era costume carregar arcos e flechas. O mestre perguntou: "Diga-me uma coisa, você mantém esse arco sempre esticado e tenso ou permite que ele também relaxe?"

O imperador respondeu: "Se o mantiver continuamente esticado, ele perderá elasticidade e então não terá utilidade. O arco precisa ficar solto para que, quando eu precisar dele, ele tenha elasticidade."

E o mestre disse: "É isso que estou fazendo."

5 de abril

PODER

Se a vulnerabilidade crescer acompanhando o poder, não haverá receio de que o poder seja mal empregado.

As pessoas decidem viver em seu mínimo, de maneira que não haja riscos. Quando você tem poder, há risco de que venha a usá-lo. Se você tem um carro esportivo que pode correr trezentos quilômetros por hora, há o risco de que um dia você decida correr esse tanto. O que é possível se torna um desafio. Assim, as pessoas vivem abaixo do possível porque, se elas souberem o quanto são capazes de se erguer em poder, quão poderosas conseguem ser, ficará difícil resistir. A tentação seria excessiva, e elas desejariam tirar proveito.

Patanjali, o fundador da ioga, escreveu todo um capítulo, em seu livro *Os Yoga Sutras de Patanjali,* sobre o poder, simplesmente para ajudar todo buscador a caminhar com muito cuidado nessa área, porque muito poder estará disponível e haverá grande perigo.

Mas minha visão é bem diferente. Se a vulnerabilidade crescer acompanhando o poder, não haverá receio; se o poder crescer sozinho, sem a vulnerabilidade, haverá receio, algo poderá sair errado. É disso que Patanjali tem medo, porque sua metodologia vai contra a vulnerabilidade. Ela lhe dá poder, mas não vulnerabilidade. Ela o deixa cada vez mais forte, como aço, mas não forte como uma rosa.

6 de abril

ESTEJA DISPONÍVEL

Uma união amorosa não é algo que acontece inesperadamente.
Você precisa ajudá-la a acontecer.

Nos relacionamentos, você sempre pode jogar a responsabilidade sobre os outros: ninguém está vindo a você, não vale a pena se importar com alguém, ou você não tem sentimentos por ninguém, então, o que você pode fazer? Mas essas coisas estão profundamente relacionadas. Se você se mobilizar, começará a sentir. Se você sentir, vai se mobilizar mais. Essas coisas ajudam umas às outras, e precisamos começar de algum lugar.

O mundo está repleto de belas pessoas disponíveis. Todas estão procurando e buscando o amor. Simplesmente esteja disponível, seja um pouco expansivo, acessível; de outra forma, não acontecerá.

Na meditação, existe uma profunda necessidade do amor. Os dois são como asas, não se pode voar com uma só asa. Se a meditação estiver indo bem, repentinamente você perceberá que o amor está faltando. Se o amor estiver indo muito bem, repentinamente você perceberá que a meditação está faltando. Se nada estiver indo bem, então está certo. Você se ajusta com a própria tristeza, com o próprio isolamento. Mas, quando uma asa começou a se mover, a outra asa é necessária.

7 de abril

FAZENDO AMOR

O amor precisa ser acalentado e saboreado muito lentamente, para que ele banhe o seu ser e se torne uma experiência de gozo tamanha que você deixe de existir como ego. Não é que você esteja fazendo amor – você é amor.

O amor pode se tornar uma energia maior à sua volta. Ele pode transcendê-lo e a seu amado de forma que ambos se percam nele. Mas, para isso, você precisará esperar. Espere um momento e logo terá o jeito para isso. Deixe que a energia se acumule e deixe que aconteça espontaneamente. Aos poucos você perceberá quando o momento surge. Você começará a perceber os sintomas, os pré-sintomas e não haverá dificuldade.

Se não surgir o momento em que você naturalmente entra no ato do amor, espere; não há pressa. A mente ocidental tem muita pressa – mesmo ao fazer amor, isso é algo a ser feito às pressas e pronto. Essa atitude está completamente errada.

Não se pode manipular o amor. Ele acontece quando acontece. Se não estiver acontecendo, não há com o que se preocupar. Não o torne uma viagem do ego em que você precisa fazer amor de qualquer jeito. Isto também está presente na mente ocidental: o homem acha que necessariamente precisa atuar. Se não estiver conseguindo, ele acha que não é suficientemente macho. Isso é tolice, é estupidez. O amor é algo transcendental, não se pode manipulá-lo. Aqueles que tentaram perderam toda a sua beleza. Então, no máximo, ele se torna um alívio sexual, mas todos os reinos sutis e mais profundos permanecem intocados.

8 de abril

MOVIMENTO E QUIETUDE

Na circunferência é uma dança, e no centro é uma absoluta quietude.

A meditação não se dá somente quando você fecha os olhos e se senta em silêncio. Na verdade, no fundo, quando Buda está sentado, sem se mexer, em silêncio sob a sua árvore *bodhi*, existe uma dança em seu interior, a dança da consciência. É claro que ela é invisível, mas a dança está presente, porque nada permanece em inatividade. *Inatividade* é uma palavra irreal; na realidade, nada corresponde à inatividade.

Depende de nós: podemos fazer de nossa vida apenas uma agitação ou uma dança. A inatividade não está na natureza das coisas, mas podemos ter um estado de agitação muito caótico – que é a infelicidade, a neurose, a loucura. Ou podemos ser criativos com essa energia, e a agitação deixa de ser agitação. Ela se torna suave, graciosa, começa a tomar a forma de uma dança e de uma canção. E o paradoxo é que, quando o dançarino estiver totalmente na dança, haverá inatividade – o impossível acontece, o centro do ciclone. Mas essa inatividade não é possível de nenhuma outra forma. Quando a dança for total, somente então essa inatividade acontecerá.

Há um centro para toda essa dança. Ela não pode continuar sem um centro. A periferia está dançando, a circunferência está dançando – para conhecer o centro, a única maneira é tornar-se uma dança total. Somente então, em contraste com a dança, você subitamente ficará consciente de algo muito quieto e muito sereno.

9 de abril

LÓGICA

A mente moderna se tornou muito racional; ela é pega na rede da lógica. Muitas repressões aconteceram porque a lógica é uma força ditatorial, totalitária. Quando a lógica exerce controle sobre você, ela mata muitas coisas.

A lógica é como Adolf Hitler ou Joseph Stalin; não permite que o oposto exista, e as emoções são opostas. O amor e a meditação são opostos à lógica. A religião é oposta à razão; assim, a razão simplesmente a massacra, a mata, a desenraiza. Então, de repente você percebe que sua vida não tem sentido, porque todo o sentido é irracional.

Primeiro, você escuta a razão e depois mata tudo o que iria dar significado à sua vida. Quando matou e está se sentindo vitorioso, repentinamente você se sente vazio. Agora, nada sobra em suas mãos, somente a lógica. E o que você pode fazer com a lógica? Não pode comê-la, não pode bebê-la, não pode amá-la, não pode vivê-la. Ela é apenas lixo.

Se você tender a ser intelectual, será difícil. A vida é simples, não intelectual. Todo o problema da humanidade é a metafísica. A vida é tão simples como uma rosa – nada existe de complicado nela – e, ainda assim, ela é misteriosa. Embora nada haja de complicado nela, não somos capazes de compreendê-la através do intelecto. Você pode se encantar por uma rosa, pode cheirá-la, tocá-la, senti-la, mesmo sê-la, mas, se começar a dissecá-la, terá somente algo morto em suas mãos.

10 de abril

BAIXA ENERGIA

Não considere errado ter uma baixa energia. Também nada existe de especialmente certo em ter uma alta energia.

Pode-se usar a alta energia como uma força destrutiva. É isso que pessoas de alta energia por todo o mundo têm feito através dos séculos. O mundo nunca sofreu com as pessoas de baixa energia. Na verdade, elas foram as pessoas mais inocentes. Elas não podem se tornar um Hitler, um Stalin ou um Mussolini. Não podem criar guerras mundiais, não tentam conquistar o mundo, não são ambiciosas, não podem brigar e se tornar políticos.

A baixa energia está errada somente se ela se tornar indiferença. Se permanecer positiva, nada há de errado com ela. A diferença é a mesma que existe entre gritar, que é alta energia, e sussurrar, que é baixa energia. Há momentos em que gritar é tolice e somente o sussurrar está certo. Existem algumas pessoas que estão sintonizadas com o gritar e outras que estão sintonizadas com o sussurrar.

11 de abril

A ÚNICA OBRIGAÇÃO

Algo que você deveria sempre prezar – e esta é a única obrigação – é ser feliz.

Faça com que o ser feliz se torne uma religião. Se você não estiver feliz, algo deve estar errado, e uma mudança drástica é necessária. Deixe que a felicidade decida.

Sou um hedonista. E a felicidade é o único critério que a humanidade tem; não existe outro critério. A felicidade lhe dá o indício de que as coisas estão indo bem. E a infelicidade lhe dá a indicação de que as coisas estão indo mal e de que uma grande mudança é necessária em algum ponto.

12 de abril

FIQUE SEM EXPLICAR

Tudo na vida não precisa ser explicado. Não temos responsabilidade de explicar coisa alguma a ninguém.

Tudo o que é profundo sempre é inexplicável. Aquilo que você pode explicar será muito superficial. Há coisas que você não pode explicar.

Se você se apaixonar por uma pessoa, de que modo você pode explicar como se apaixonou? Seja qual for a resposta, soará estúpida: por causa de seu nariz, da sua face, da sua voz. Todas essas coisas não parecerão dignas de ser mencionadas, mas existe algo na pessoa... Essas coisas podem ser parte do motivo pelo qual você ama a pessoa, mas esse "algo" é maior do que tudo. Esse algo é mais do que o total.

13 de abril

FAZENDO UM CAMINHO

Quando acontece uma ruptura luminosa, determine-se a revivê-la repetidamente. Sentado em silêncio, lembre-se dela; e não apenas se lembre, mas reviva-a.

Comece a sentir o mesmo que você sentiu quando a ruptura aconteceu. Deixe que a vibração o envolva. Penetre no mesmo espaço e permita que ela aconteça, para que aos poucos ela se torne muito natural a você. Você se torna tão capaz de trazê-la de volta que a qualquer momento poderá fazê-lo.

Muitos *insights* valiosos acontecem, mas eles necessitam de continuidade. Do contrário, eles se tornam apenas lembranças, você perderá contato e não será capaz de penetrar no mesmo mundo. Aos poucos, um dia você mesmo passará a não acreditar neles. Talvez ache que era um sonho, uma hipnose ou algum truque da mente. Foi assim que a humanidade perdeu muitas belas experiências.

Todos atingem belos espaços na vida. Mas nunca tentamos fazer um caminho para esses belos espaços, de modo que eles se tornem tão naturais como o comer, o tomar banho ou o ir dormir; de modo que, sempre que você fechar os olhos, possa estar naquele espaço.

14 de abril

QUASE LOUCO

No que se refere ao mundo, tornar-se um buscador é quase tornar-se louco. Assim, você está entrando na loucura. Mas essa loucura é a única sanidade que existe!

Nossa infelicidade é que nos esquecemos da linguagem do amor. A razão de termos esquecido a linguagem do amor é que nos identificamos demasiadamente com a razão. Nada há de errado com a razão, mas ela tem a tendência de monopolizar. Ela se prende a todo o seu ser. Então, o sentimento sofre, passa fome e aos poucos você se esquece completamente dele. Ele continua encolhendo e encolhendo, e esse sentimento morto se torna um peso morto; esse sentimento se torna um coração morto.

Então, a pessoa pode dar um jeito de empurrar a si mesma, e sempre será "de algum jeito". Não haverá charme ou magia porque, sem amor, não existe magia na vida. E também não haverá poesia; a vida será apenas prosa, sempre a mesma. Sim, ela terá gramática, mas não terá ritmo; ela terá uma estrutura, mas não terá substância.

O risco de se mover da razão ao sentimento e tentar manter um equilíbrio é algo apenas para os realmente corajosos – apenas para os loucos –, porque o preço de admissão nada mais é do que sua mente dominada pela razão, sua mente dominada pela lógica, sua mente dominada pela matemática.

Quando essa atitude for abandonada, a prosa não estará mais no centro, e sim a poesia; o propósito não estará mais no centro, e sim a brincadeira; o dinheiro não estará mais no centro, e sim a meditação; o poder não estará mais no centro, e sim a simplicidade, a não possessividade, o puro deleite da vida – quase uma loucura.

15 de abril

MUDANDO O MUNDO

Você é o seu mundo; assim, quando você muda a sua atitude, muda o próprio mundo no qual você existe. Não podemos mudar o mundo – é isso que os políticos têm tentado fazer através dos tempos, e eles fracassam completamente.

A única maneira de mudar o mundo é mudar a sua visão, e subitamente você viverá em um mundo diferente.

Não vivemos no mesmo mundo e não somos todos contemporâneos. Alguém pode estar vivendo no passado – como ele pode ser seu contemporâneo? Ele pode estar sentado a seu lado e pensando no passado; por isso ele não é seu contemporâneo. Alguém pode estar no futuro, naquilo que ainda não existe. Como ele pode ser seu contemporâneo?

São contemporâneas somente as pessoas que vivem no agora, mas no agora elas não são mais – porque *você* é o seu passado e o seu futuro. O presente não é seu, ele nada tem a ver com você. Quando duas pessoas estão absolutamente no aqui e agora, elas não são – então, Deus é. Vivemos no mesmo mundo apenas quando vivemos em Deus. Você pode viver com outra pessoa por anos, e você vive em seu mundo e ela vive no dela – daí o contínuo choque de dois mundos colidindo. Aos poucos, você aprende como evitar essa colisão. É a isto que chamamos de conviver: tentar evitar a colisão, tentar não entrar em choque. É a isso que chamamos de família, de sociedade, de humanidade... tudo falso! Você não pode realmente estar com um homem ou com uma mulher, a menos que ambos vivam em Deus. Não existe outro amor, outra família, outra sociedade.

16 de abril

A VIDA NÃO PLANEJADA

Não existe planejamento na existência. Uma vida não planejada tem imensa beleza, porque há sempre alguma surpresa esperando no futuro.

O futuro não será apenas uma repetição; algo novo está sempre acontecendo, e você nunca pode tomá-lo como garantido.

Pessoas seguras vivem uma vida burguesa. Uma vida burguesa significa levantar-se às sete horas, tomar café da manhã às sete e meia, pegar o ônibus às oito horas, voltar para a casa às seis, jantar, ler o jornal, assistir à televisão, fazer amor com o seu parceiro ou parceira sem sentir amor e ir dormir. E novamente a mesma coisa começa no dia seguinte. Tudo está estabelecido e não há surpresa: o futuro nada mais será do que o passado se repetindo continuamente. Naturalmente não existe medo. Você fez essas coisas tantas vezes que se tornou habilidoso e pode fazê-las novamente.

Com o novo vem o medo, porque você nunca sabe se será capaz de fazê-lo. Você está sempre fazendo pela primeira vez; portanto, está sempre em dúvida, incerto se conseguirá fazê-lo ou não. Mas nessa própria excitação, nessa aventura, está a vida – vivacidade, deixe-me dizer, em vez de *vida*, porque *vida* também se tornou uma palavra insípida e morta –, a vivacidade, o fluxo.

17 de abril

ESTRANHO AMOR

Somente tolos sabem o que é o amor, porque o amor é um tipo de loucura.

Talvez você nunca tenha atingido o ponto culminante do amor e tenha um grande anseio de chegar a ele. Você amou, mas nunca foi exótico, fantástico, extraordinário. Foi algo sem entusiasmo, e não como um fogo que consome. Você estava nele, mas não foi destruído por ele; você se administrou, foi esperto e não tolo. E somente tolos sabem o que é o amor, porque o amor é um tipo de loucura.

Se você for muito esperto, poderá permitir somente até determinada medida e depois parará. Toda a sua mente dirá: "Agora é demais. É perigoso ir além deste ponto." O amor conhece somente uma experiência que satisfaz, e essa é ir pelo menos uma vez até o auge, o auge supremo. Então, existe uma grande mudança na energia. Conhecer por uma só vez o amor no clímax é suficiente; depois, não haverá necessidade de entrar nele repetidamente, pois a experiência única transforma todo o seu ser. Assim, seja menos esperto. Esqueça-se da esperteza e seja mais desnorteado!

18 de abril

DESNORTEADO

Lao Tzu diz: "Sou um desnorteado. Quando todo o mundo é brilhante, somente eu não sou brilhante; quando todo o mundo parece ser inteligente, sou estúpido."

O que Lao Tzu quer dizer é que ele não calcula a sua vida – ele a vive. Ele vive como qualquer animal, como qualquer árvore, como qualquer pássaro. Ele a vive simplesmente, sem decifrar o que ela é e sem saber para onde ela está indo. Qualquer lugar é bom; mesmo nenhum lugar é bom.

Coloque sua mente de lado. Será difícil, mas pode ser feito. Este é um dos problemas cruciais da mente moderna: colocar a esperteza de lado. Você precisa ser um pouco mais selvagem. Isso trará grande inocência a você, isso o deixará pronto a mergulhar em um grande amor. Não precisa ser por alguém em particular, mas deve ser um amor apaixonado – pela vida, pela existência, por todos os seres humanos. Pode ser pela pintura, pela poesia, pela dança, pela música, pelo teatro, por qualquer coisa, mas um grande e apaixonado amor que se torne toda a sua vida. Você estará tão totalmente absorvido que nada será deixado de fora, a ponto de você e seu amado se tornarem um só. Essa será a transformação para você.

O medo estará presente, mas não escolha o medo. Aqueles que escolhem o medo aniquilam a si mesmos. Deixe que o medo esteja presente; apesar dele, penetre no amor.

19 de abril

CÍRCULO DE LIMITAÇÃO

Se acreditarmos que somos limitados, funcionaremos como seres humanos limitados. Uma vez abandonada essa tola crença, começaremos a funcionar como seres ilimitados.

Você desenhou seu próprio círculo. Isso acontece com os ciganos. Eles estão sempre se movendo – são nômades. Assim, quando os mais velhos vão a uma cidade, eles desenham um círculo em volta de suas crianças e lhes dizem: "Sentem-se aqui, vocês não podem sair. Esse é um círculo mágico." E a criança cigana não pode sair dele, é impossível! Quando ela cresce e fica velha, mesmo então, se seu pai desenhar um círculo, ela não poderá sair dele. Ela acredita – e, quando se acredita, funciona.

Você dirá que isso não poderia ser feito com você. Se alguém desenhar um círculo, você imediatamente pulará para fora dele; nada acontecerá. Mas, desde a infância, o velho cigano foi condicionado para isso. Funciona para ele, essa é uma realidade para ele – porque a realidade é aquilo que afeta a pessoa. Não existe outro critério para a realidade.

Assim, a limitação é um conceito. As pessoas têm crenças erradas e, portanto, funcionam de maneira errada. Quando elas funcionam de maneira errada, procuram o motivo. Elas se deparam com a crença e insistem em enfatizá-la: "Estou funcionando de maneira errada devido a isso." E torna-se um círculo vicioso. Então, elas ficam *mais* limitadas. Abandone completamente essa ideia. Ela é apenas um círculo que você ou outros ajudaram a desenhar à sua volta.

20 de abril

MAIS ELEVADO DO QUE O SEXO

As pessoas se esqueceram completamente de que o sexo não é nada se comparado com a fusão que acontece quando vocês estão simplesmente deitados juntos em profundo amor, em profunda reverência, em oração.

Quando a energia física não está envolvida sexualmente, ela se ergue para altitudes superiores. Ela pode atingir o máximo, o samádi, o despertar. Mas as pessoas se esqueceram completamente, elas acham que o sexo é o fim. Mas ele é somente o começo. Quando você ama alguém, insista em primeiro deitarem juntos em profundo amor, e vocês alcançarão orgasmos mais sutis e profundos. É assim que, aos poucos, surge o celibato real. O que na Índia chamamos de *brahmacharya*, celibato real, não é contra o sexo. Ele é mais elevado do que o sexo, mais profundo do que o sexo, maior do que o sexo. Tudo o que o sexo pode dar, ele dá, mas também dá mais. Assim, quando você souber como usar sua energia em um nível tão elevado, quem se importará com espaços inferiores? Ninguém!

Não estou dizendo para abandonar o sexo. Estou dizendo para algumas vezes permitir a si mesmo espaços puros e amorosos nos quais o sexo não seja o interesse. Senão, você será puxado de volta à terra e nunca poderá voar no céu.

21 de abril

O FIO

Este é o trabalho do meditador: encontrar o fio.

O mundo está em constante fluxo, ele é como um rio. Ele flui, mas por trás de todo esse fluir, mudança e fluxo, deve haver um fio comum que mantém tudo unido. A mudança não é possível sem algo que permaneça fixo. A mudança pode existir somente junto com um elemento imutável, ou as coisas se desintegrariam.

A vida é como uma grinalda: não se percebe o fio que corre através das flores, mas ele existe e as une. Se o fio não estivesse presente, as flores cairiam cada uma para um lado; haveria um amontoado de flores, e não uma grinalda. E a existência não é um amontoado, é um padrão muito firme. Mudanças estão ocorrendo, mas algum elemento imutável mantém uma lei cósmica por trás de tudo. Essa lei cósmica é chamada de *sadashiva*, o Deus eterno, o Deus atemporal, o Deus imutável. E este é o trabalho do meditador: encontrar o fio.

Existem somente dois tipos de pessoa. Um deles é o que fica muito encantado com as flores e se esquece do fio. Ele vive uma vida que não pode ter qualquer valor durável ou significado, porque tudo o que ele faz se desvanecerá. Hoje ele o fará, amanhã se dissolverá. Será como fazer castelos de areia ou lançar barcos de papel. O segundo tipo de pessoa procura o fio e devota toda a sua vida para o que sempre subsiste; esse nunca será um perdedor.

22 de abril

CONHECIMENTO

O mais importante a se lembrar é que conhecimento não é sabedoria, e não pode ser; não somente isso, ele é antissabedoria, é a barreira que impede a sabedoria de surgir.

Conhecimento é a moeda falsa, o embusteiro. Ele finge saber. Ele nada sabe, mas pode enganar pessoas – e está enganando milhões de pessoas. Ele é muito sutil; a menos que você seja realmente inteligente, nunca ficará consciente desse fato. E ele está muito profundamente enraizado, porque desde nossa infância fomos condicionados ao conhecimento.

Conhecer significa acumular, coletar informação, coletar dados. Ele não o transforma – você permanece o mesmo, apenas sua coleção de informações se torna maior e maior. A sabedoria o transforma, ela é realmente *in-formação*, e não apenas "informação" – ela forma seu ser interior de uma nova maneira. Ela é transformação, ela cria uma nova qualidade de perceber, de saber, de ser. Portanto, é possível para uma pessoa não estar de maneira nenhuma informada e, ainda assim, ser sábia. Também é possível para uma pessoa estar muito informada e, ainda assim, não ter nada de sábia.

Na verdade, foi isto que aconteceu no mundo: as pessoas se tornaram mais educadas, mais letradas. A educação universal está disponível e muitas pessoas se tornaram cultas, e a sabedoria se perdeu. O conhecimento se tornou tão facilmente disponível – quem se importa com sabedoria? Sabedoria leva tempo, energia, devoção, dedicação.

23 de abril

BRAVURA

Ensinaram-lhe muitos ideais que exaltam o ego: "Seja valente." Que tolice! Como uma pessoa inteligente pode evitar o medo?

Todos estão amedrontados – precisam estar. A vida se apresenta de tal modo que você precisa estar. E as pessoas se tornam destemidas não por se tornarem valentes – porque pessoas valentes somente reprimiram seus medos, elas não são realmente destemidas.

Uma pessoa se torna destemida ao aceitar seus medos. Não é uma questão de valentia. É simplesmente perceber os fatos da vida e reconhecer que os medos são naturais. Você os aceita! O problema surge quando você deseja rejeitá-los. Ensinaram-lhe muitos ideais que exaltam o ego: "Seja valente." Que tolice! Como uma pessoa inteligente pode evitar o medo? O motorista de ônibus buzina, e você fica no meio da estrada, destemido; ou um touro o ataca, e você fica parado, destemido – isso seria estupidez! Uma pessoa inteligente precisa sair do caminho. Todavia, se não houver coisa alguma na estrada e você também fica com medo e começa a correr, existe aí um problema; fora isso, o medo é natural.

Não é que deixará de haver medos na vida. Você virá a saber que 90% de seus medos são apenas imaginação. Cerca de 10% deles são reais, e você precisa aceitá-los. Torne-se mais compreensivo, sensível e alerta, e isso será suficiente. Você ficará consciente de que poderá usar seus medos como degraus.

24 de abril

MUDANÇA

Esta é minha observação: nunca deveríamos fazer esforço para mudar algo, porque esse esforço irá tornar as coisas difíceis, e não fáceis.

Sua mente está apegada a algo, e agora a mesma mente tenta se desapegar. No máximo ela pode reprimir, mas isso nunca poderá se tornar um autêntico desapego. Para acontecer o autêntico desapego, a mente precisa entender por que o apego está presente. Não há necessidade de ter pressa em abandoná-lo; em vez disso, perceba por que ele está presente. Investigue o mecanismo, como ele funciona, como ele entrou, em que circunstâncias, que inconsciência o ajudou a estar presente. Entenda tudo o que está ao redor e não tenha pressa em abandoná-lo, porque as pessoas que têm pressa em abandonar alguma coisa não dão a si mesmas tempo suficiente para entendê-la.

Uma vez entendida, subitamente você perceberá que ela está escapando de suas mãos; portanto, não há necessidade de abandoná-la. Com exceção da incompreensão, nada desencadeia a sua presença. Algo foi mal entendido, por isso ele está presente. Compreenda-o corretamente, e ele desaparecerá. O que está criando problemas é como a escuridão. Traga-lhe luz, e somente luz, porque, com a própria presença da luz, a escuridão deixa de existir.

25 de abril

ENTENDIMENTO

O problema básico do motivo pelo qual você está aqui desaparecerá somente quando você tiver alcançado o verdadeiro âmago do seu ser, e nunca antes.

A menos que você medite profundamente, o entendimento não surgirá. Ninguém mais poderá dá-lo a você; você precisa merecê-lo, merecê-lo através de árduo esforço, batalha e sacrifício, e somente então os problemas desaparecerão.

O problema básico do motivo pelo qual você está aqui desaparecerá somente quando você tiver alcançado o verdadeiro âmago do seu ser, e nunca antes. No âmago você saberá que sempre esteve aqui. A questão não é o motivo pelo qual você está aqui. Você sempre esteve aqui sob diferentes formas. As formas mudaram, mas você sempre esteve aqui. As formas continuarão a mudar, mas você permanecerá aqui. Você é parte deste todo. O rio deságua no oceano e novamente o oceano se eleva e se torna nuvem. Novamente se torna um rio e deságua no oceano, e de novo se torna nuvem. E assim continua... trata-se de uma roda. Você esteve aqui muitas vezes e estará aqui muitas vezes. Na verdade, você esteve aqui pela eternidade e estará aqui pela eternidade. Não existe começo e não existe fim para a existência. Ela é eterna.

Eu até posso lhe dizer, mas isso não trará entendimento. Quando você penetrar fundo em si mesmo e abrir o santuário mais profundo do seu ser, quando você entrar nesse santuário, repentinamente se dará conta de que sempre esteve aqui.

26 de abril

ALÉM DA LINGUAGEM

Tudo o que é grandioso está além da linguagem.

Quando existe muito a dizer, é sempre difícil dizê-lo. Somente pequenas coisas podem ser ditas, somente trivialidades podem ser ditas, somente o mundano pode ser dito. Sempre que você sente algo transbordante, é impossível dizê-lo, porque as palavras são muito estreitas para conter algo essencial.

Palavras são utilitárias, boas para o dia a dia, para as atividades mundanas. Elas começam a ficar limitadas quando você se move além da vida comum. No amor não são úteis, na prece se tornam completamente inadequadas.

Tudo o que é grandioso está além da linguagem, e, quando você descobre que nada pode ser expresso, então você chegou, então a vida está repleta de grande beleza, de grande amor, de grande deleite, de grande celebração.

27 de abril

UM CASAMENTO REAL

Todo o processo do tantra é unir os opostos, auxiliar as polaridades a se dissolverem em um só ser. E, quando você é inteiro, você é sagrado.

O homem e a mulher não podem se encontrar eternamente; seu encontro pode ser somente momentâneo. Essa é a infelicidade do amor, e o deleite também. O deleite, o êxtase, é devido ao encontro momentâneo. Pelo menos por um momento você se sente inteiro; nada está faltando, tudo entra em harmonia. Existe grande deleite, mas logo ele será perdido.

O tantra diz e usa isto como uma chave: o encontro com o exterior pode ser somente momentâneo. Mas existe uma mulher interior, um homem interior, e o encontro com o interior pode ser permanente, eterno. Assim, aprenda o segredo a partir do exterior e aplique-o no interior. Nenhum homem é apenas homem, e nenhuma mulher é apenas mulher. Esse é um dos maiores *insights* do tantra, porque um homem nasce de um homem e de uma mulher, do encontro dessas duas polaridades. Ele carrega algo do pai e algo da mãe. E esse também é o caso com a mulher. Dessa maneira, no fundo, cada um de nós é também o oposto; se a mente consciente for masculina, a inconsciente será feminina, e vice-versa.

A menos que você aprenda a arte de se encontrar com o outro no interior, o amor permanecerá um círculo vicioso, uma infelicidade e um deleite, e você será despedaçado. Esse encontro interior é possível tanto quanto o encontro exterior é possível. Mas o encontro interior tem algo especial: não precisa terminar, pode ser um casamento real.

28 de abril

AMIZADE

A primeira amizade precisa ser consigo mesmo, mas muito raramente se encontra uma pessoa que seja amistosa consigo mesma. Somos inimigos de nós mesmos enquanto ficamos esperando, em vão, ser amigos de outro alguém.

Ensinaram-nos a condenar a nós mesmos. O amor-próprio foi considerado um pecado. Não é. Ele é a base de todos os outros amores, e é somente através dele que o amor altruísta é possível. Como o amor-próprio foi condenado, todas as outras possibilidades de amor desapareceram. Essa foi uma estratégia muito ladina para destruir o amor.

É como se você dissesse a uma árvore: "Não se alimente da terra, isso é pecado. Não se alimente da lua, do sol e das estrelas; isso é egoísmo. Seja altruísta, sirva outras árvores." Parece lógico, e esse é o perigo. Parece lógico: se você deseja servir os outros, sacrifique-se; servir significa sacrificar-se. Mas, se uma árvore se sacrificar, ela morrerá e não será capaz de servir nenhuma árvore; de maneira nenhuma será capaz de existir.

Ensinaram-lhe: "Não ame a si mesmo." Essa foi praticamente a mensagem universal das pretensas religiões organizadas. Não de Jesus, mas certamente do cristianismo; não de Buda, mas do budismo – de todas as religiões organizadas, este foi o ensinamento: condene a si mesmo, você é um pecador, você não tem valor.

E, por causa dessa condenação, a árvore do ser humano se retraiu, perdeu o brilho, não pode mais festejar. As pessoas estão se arrastando de qualquer jeito, não têm raízes na existência – estão desenraizadas. Elas estão tentando prestar serviço aos outros e não podem, porque nem foram amistosas consigo mesmas.

29 de abril

CORAÇÃO RETRAÍDO

Sempre que você permitir alguma dúvida, ficará tenso em seu coração, porque o coração relaxa com a confiança e se retrai com a dúvida.

Normalmente as pessoas não estão conscientes dessa dinâmica. Na verdade, elas permanecem com o coração retraído e contraído e se esqueceram de qual é a sensação de relaxá-lo. Sem conhecerem o oposto, elas acham que tudo está bem, mas, de cem pessoas, 99 vivem com um coração contraído.

Quanto mais você estiver na cabeça, mais o coração se contrairá. Quando você não está na cabeça, o coração se abre como uma flor de lótus... e é imensamente belo quando ele se abre. Você vive de verdade e o coração fica relaxado. Mas o coração somente pode estar relaxado na confiança, no amor. Com a suspeita, com a dúvida, a mente entra em jogo. A dúvida é a porta da mente, o chamariz para a mente.

Uma vez pego na dúvida, você é pego pela mente. Assim, quando a dúvida vem, ela não vale a pena. Não estou dizendo que sua dúvida esteja sempre errada. Sua dúvida pode estar perfeitamente certa, mas então também ela estará errada, porque ela destrói o seu coração. Então não vale a pena.

30 de abril

DELEITE

O deleite é o antídoto de todo o medo. O medo surge se você não desfruta a vida. Se você desfruta a vida, o medo desaparece.

Seja positivo e desfrute mais, ria mais, dance mais, cante mais. Torne-se mais e mais jovial e entusiasmado com pequenas coisas, mesmo com coisas muito pequenas. A vida consiste em pequenas coisas, mas, se você puder trazer a qualidade da jovialidade a pequenas coisas, a somatória será formidável.

Assim, não espere que algo notável aconteça. Coisas notáveis acontecem – não é que não aconteçam –, mas não espere que algo notável aconteça. Ele acontece somente quando você começa a viver coisas pequenas, comuns, do dia a dia com uma mente nova, com um frescor novo, com uma vitalidade nova, com um entusiasmo novo. Aos poucos você acumula, e esse acúmulo um dia explode em puro deleite.

Mas você nunca sabe quando acontecerá. Você precisa apenas continuar a coletar pedrinhas na praia. A totalidade se torna o grande acontecimento. Quando você apanha uma pedrinha, ela é uma só. Quando todas as pedrinhas estão juntas, de repente se tornam diamantes. Esse é o milagre da vida.

Há muitas pessoas no mundo que perdem porque estão sempre esperando por algo grandioso. Isso não pode acontecer. A grandeza acontece somente através de pequenas coisas: tomando seu desjejum, caminhando, tomando banho, conversando com um amigo, sentado sozinho a observar o céu ou deitado na cama sem nada fazer. A vida é feita dessas pequenas coisas. Elas são a verdadeira matéria da vida.

1º
de maio

ESCURIDÃO

Nunca se perturbe pelo negativo.
Você acende uma vela, e a escuridão vai embora por si mesma.

Não tente lutar contra a escuridão. Não há como, porque ela não existe – como você poderá lutar contra ela? Simplesmente acenda uma vela, e a escuridão se vai. Assim, esqueça-se da escuridão, esqueça-se do medo, esqueça-se de todas essas coisas negativas que em geral perseguem a mente humana. Simplesmente acenda a pequena vela do entusiasmo.

Primeira coisa pela manhã: levante-se com grande entusiasmo, com a decisão de que você realmente irá viver esse dia com grande deleite – e comece a viver com grande deleite. Tome seu desjejum, mas tome-o como se estivesse absorvendo Deus. Então, ele se torna um sacramento. Tome seu banho, mas lembre-se de que Deus está dentro de você; você está dando banho em Deus, e seu pequeno banheiro se torna um templo e a água caindo em você se torna um batismo.

Levante-se todas as manhãs com uma grande decisão, com uma certeza, com uma clareza, prometendo a você mesmo que o dia será imensamente belo e que você irá vivê-lo tremendamente. E todas as noites, quando for para a cama, lembre-se outra vez de quantas belas coisas aconteceram no decorrer desse dia. O simples fato de lembrá-las vai ajudá-las a voltarem no dia seguinte. Lembre-se e adormeça pensando naqueles belos momentos que aconteceram. Seus sonhos serão mais belos, carregarão o seu entusiasmo e você também começará a viver em sonhos com uma nova energia. Torne cada momento sagrado.

2 de maio

ENTRE O PRAZER E O SOFRIMENTO

O único estado no qual a pessoa pode se tornar uma residente permanente é o espaço que nem é este nem aquele.

Nesse espaço, existe uma qualidade de silêncio e serenidade. É claro, no começo parece muito sem sabor, porque não existe sofrimento nem prazer. Mas todos os sofrimentos e todos os prazeres são apenas excitação. A excitação da qual você gosta, você chama de prazer; a excitação da qual você não gosta, você chama de sofrimento. Algumas vezes acontece de você poder começar a gostar de uma certa excitação e ela pode se tornar prazer, e você pode começar a gostar de outra excitação e ela pode se transformar em sofrimento. Assim, a mesma experiência pode se tornar sofrimento ou prazer; depende de seu gostar e desgostar.

Relaxe no espaço entre o prazer e o sofrimento. Esse é o estado mais natural de relaxamento. Quando você começar a estar nele, a senti-lo, aprenderá o seu sabor. Chamo a isso de sabor do *Tao*. Ele é como o vinho; no começo será muito amargo. Você precisa aprender. E esse é o vinho mais concentrado que existe, a mais notável bebida alcoólica do silêncio e da serenidade. Você se embriaga com ele. Aos poucos você entenderá o seu sabor. No começo ele não tem gosto, porque sua língua está repleta de sofrimentos e prazeres.

3 de maio

PAZ

Sempre que você se lembrar, relaxe profundamente e tranquilize-se sempre que possível a cada dia. Sem qualquer ação de sua parte, após alguns dias você sentirá que a paz se estabeleceu. Ela o seguirá como uma sombra.

Há muitas camadas de serenidade. A primeira camada é aquela que você pode produzir apenas ao senti-lo, apenas ao dar a si mesmo uma profunda sugestão de que você está sereno. A segunda camada é aquela da qual você subitamente fica consciente; você não a cria, mas a segunda acontece somente se a primeira estiver presente.

A segunda é a real, mas é a primeira que ajuda a criar o caminho para ela. A paz vem, mas, antes que ela venha, como um pré-requisito, você precisa criar uma paz mental à sua volta. A primeira paz será apenas mental; será como uma auto-hipnose, criada por você. Então, um dia, subitamente você perceberá que a segunda paz aflorou. Ela nada tem a ver com a sua ação ou com você. Na verdade, ela é mais profunda do que você. Ela vem do próprio âmago do seu ser, do ser desidentificado, do ser não dividido, do ser desconhecido.

Nós nos conhecemos somente na superfície. Um pequeno lugar é identificado como você, uma pequena onda recebe um nome, é rotulada como você. Justamente dentro dessa onda, no fundo, está o grande oceano. Assim, lembre-se sempre de criar paz em volta de tudo o que você estiver fazendo. Esse não é o objetivo, mas apenas o meio. Uma vez criada a paz, algo do além a preencherá. Ela não virá a partir de seu esforço.

4 de maio

FÉ E CONFIANÇA

A fé é uma confiança morta. Na verdade, você não confia, mas ainda acredita, e isso é fé. Já a confiança é algo vivo, ela é como o amor.

Todas as fés perderam o que você chama de oração, perderam o que você chama de meditação. Elas esqueceram toda a linguagem do êxtase, todas se tornaram intelectuais: credos, dogmas, sistemas. Existem muitas palavras, mas o significado está faltando, o sentido está perdido. E isso é natural, precisa ser assim.

Quando uma figura como Jesus está vivo, a religião caminha sobre a terra e serão transformados aqueles poucos que são suficientemente felizardos para reconhecê-lo, para caminhar alguns passos com Ele. Não é que você se torne um cristão – isso é superficial –, mas algo de Cristo entra em você. Algo transita entre você e Cristo. Você se torna repleto de oração, tem diferentes olhos para ver, tem um diferente palpitar do coração. Tudo permanece o mesmo, mas você muda.

As árvores são verdes, mas agora de uma maneira diferente; o verdor ficou vivo. Você pode praticamente tocar a vida que o circunda. Mas quando Jesus vai embora, tudo o que Ele disse se reduz a fórmulas, fica sistematizado. Então as pessoas se tornam intelectualmente cristãs, mas o Deus vivo não estará mais presente.

A fé é uma confiança morta. Na verdade, você não confia, mas ainda acredita, e isso é fé. Já a confiança é algo vivo, ela é como o amor.

5 de maio

DÚVIDA E NEGATIVIDADE

A dúvida significa que você não tem qualquer posicionamento; com uma mente aberta, você está disposto a indagar. A dúvida é o melhor ponto por onde começar.

A dúvida não é ruim. A negatividade é algo bem diferente. A negatividade significa que você já adotou um posicionamento – contra. A dúvida significa que você não tem qualquer posicionamento; com uma mente aberta, você está disposto a indagar. A dúvida é o melhor ponto por onde começar. Ela simplesmente significa uma investigação, uma questão; a negatividade significa que você já tem um preconceito, que você é fanático, que você já decidiu. Agora, tudo o que você tem a fazer é de alguma maneira provar que seu preconceito está correto. A dúvida é imensamente espiritual, mas a negatividade é algo doentio.

6 de maio

EGO

Você receia exaltar o ego, caso se aceite? Esqueça-se do ego!

Aceite a si mesmo. Trataremos do ego mais tarde; primeiro, aceite-se totalmente. Deixe que o ego venha; o ego não é um problema tão grande, e quanto maior ele for, mais fácil ele explodirá. Ele é como um balão – ele fica grande, mas com apenas um pequeno furo ele se vai! Deixe que o ego esteja presente, isso é permitido, mas aceite a si mesmo e as coisas começarão a mudar. Na verdade, aceitação total também significa aceitação do ego. Comece por aceitar.

O mundo também precisa de alguns grandes egocêntricos. Precisamos de todos os tipos de pessoas!

7 de maio

PREPARANDO O CAMINHO

Não existe nada que você possa fazer. A iluminação acontece quando ela acontece, mas pela sua ação você prepara o caminho.

Você não pode forçar a iluminação a acontecer. Ela não é algo que tenha causa e efeito. Mas você faz algo: prepara o caminho para ela. Você pode fazer algo que pode atrapalhar o caminho – ela acontece quando acontece, mas, se você não estiver preparado, poderá se desviar dela, poderá nem reconhecê-la.

No curso natural da vida, muitas pessoas se aproximam dos primeiros vislumbres do *satori*, do samádi, da iluminação, mas elas não os reconhecem porque não estão preparadas para eles. É como se um diamante muito grande fosse dado a alguém que nunca ouviu falar de diamantes. Ele achará que se trata de uma pedra, porque ele não tem como reconhecê-lo.

Você precisa se tornar uma espécie de joalheiro, para que possa reconhecer. Quando a iluminação acontece, ela acontece somente naquele momento. Não há como forçá-la ou manipulá-la. Você não pode fazer com que ela aconteça, mas, se acontecer, estará preparado para reconhecê-la. Se você interromper as meditações, sua preparação desaparecerá. Continue com as meditações para que você fique preparado; você está pulsando, está esperando, de tal modo que, quando ela passar a seu lado, estará aberto para recebê-la.

8 de maio

ADORMECIDA EM UM TREM

Há alguns dias li uma frase de Jean-Paul Sartre. Ele diz que a vida é como uma criança que adormeceu em um trem e é acordada pelo cobrador que deseja checar a passagem, mas a criança não tem passagem nem dinheiro para pagá-la.

A criança também não sabe para onde está indo, qual é o seu destino e por que ela está no trem. E, por último, mas não menos importante, a criança não pode descobrir, porque em primeiro lugar nunca decidiu estar no trem. Por que ela está lá?

Essa situação está se tornando cada vez mais comum para a mente moderna, porque de algum modo estamos desenraizados e está faltando o sentido. Você simplesmente pergunta: "Por quê? Para onde estou indo?" Você não sabe para onde está indo e não sabe o motivo de estar no trem. Você não tem passagem e não tem dinheiro para pagá-la e, ainda assim, não pode sair do trem. Tudo parece ser caótico, enlouquecedor.

Isso acontece porque as raízes no amor foram perdidas. As pessoas estão vivendo vidas sem amor, seguindo em frente de qualquer jeito. O que fazer?

Sei que todos um dia se sentem como uma criança em um trem. Mesmo assim, a vida não será um fracasso, porque nesse enorme trem há milhões de pessoas profundamente adormecidas, mas sempre há alguém que está desperto. A criança pode procurar e encontrar alguém que não esteja dormindo e roncando, alguém que entrou conscientemente no trem, alguém que sabe para onde o trem está indo. Estando nas proximidades dessa pessoa, a criança também aprenderá os meios para ficar mais consciente.

9 de maio

SOFRIMENTO

Ninguém quer sofrer, mas carregamos as sementes do sofrimento em nós. Todo o propósito de trabalharmos em nós mesmos é queimar essas sementes. O próprio queimar pode causar um pouco de sofrimento, mas isso não é nada quando comparado com toda uma vida de infelicidade.

Uma vez destruídas as sementes do sofrimento, toda a sua vida se tornará uma vida de deleite. Assim, se você estiver apenas evitando o sofrimento e evitando encarar o sofrimento que está dentro de você, estará criando uma situação na qual ficará cheio de sofrimento por toda a vida.

Quando as feridas que você está carregando vêm à tona, elas começam a se curar. Esse é um processo de cura. Mas, quando você tem uma ferida, sei que não deseja que alguém a toque. Você não deseja realmente saber que a tem; assim, deseja ocultá-la, mas, ao ocultá-la, ela não irá sarar. Ela precisa ser exposta aos raios do sol, aos ventos.

No começo pode ser doloroso, mas, quando ela for curada, você compreenderá. E não há outra maneira de curá-la. Ela precisa ser trazida à consciência, e esse próprio trazer à consciência é o processo de cura.

10 de maio

INTERPRETAÇÃO

O pensar nada mais é do que um hábito de interpretar. Quando o pensar desaparecer, o lago da mente ficará silencioso, sereno e quieto. Então, não haverá mais ondas, não haverá mais ondulações – nada será distorcido, a lua será perfeitamente refletida.

O pensar é como ondulações em um lago, e, devido às ondulações, o reflexo não pode ser verdadeiro; a lua se reflete, mas as ondulações a distorcem. Deus se reflete em todos, nós espelhamos Deus, mas nossa mente está tão cheia de pensamentos, ondas e nuvens que tudo o que percebemos não é mais o mesmo; não é *aquilo que é*. A mente impôs seus próprios pensamentos sobre a realidade, interpretou-a, e toda interpretação é uma distorção. A realidade não precisa de interpretação; ela precisa somente de reflexo. Não faz sentido interpretar; quem interpreta insiste em perder o ponto.

Se você vir uma rosa, ela estará ali e não haverá necessidade de interpretá-la, não haverá necessidade de dissecá-la, não haverá necessidade de saber sobre o seu significado. Ela *é* o significado, não é uma metáfora, não está lá para representar algo. Ela está simplesmente lá! Ela é a realidade, e não um símbolo. Um símbolo precisa ser interpretado, um sonho precisa ser interpretado. O psicanalista está certo, porque ele interpreta sonhos, mas os filósofos não estão certos, porque eles interpretam a realidade. O sonho é simbólico, representa algo. A interpretação pode ser útil para descobrir o que ele significa. Mas uma rosa é uma rosa; representa somente a si mesma. Ela dispensa explicação.

11 de maio

BARULHO

A vida é barulhenta, e o mundo está muito populoso. Mas lutar contra o barulho não é a maneira de se livrar dele; a maneira de se livrar dele é aceitá-lo totalmente.

Quanto mais você lutar, mais nervoso ficará, porque, quanto mais você lutar, mais ele o perturbará. Abra-se e aceite-o; o barulho também é parte da vida. E, quando você começar a aceitá-lo, ficará surpreso: ele não o perturbará mais. A perturbação não vem do barulho, ela vem de nossa atitude em relação a ele. O barulho não é a perturbação, a atitude é a perturbação. Se você for antagonista a ele, ficará perturbado; se você não for antagonista a ele, não ficará perturbado.

E aonde você irá? Aonde você for, algum tipo de barulho fatalmente estará presente; o mundo inteiro é barulhento. Mesmo que você possa encontrar uma caverna no Himalaia e ficar lá, você perderá a vida. O barulho não estará presente, mas todas as possibilidades de crescimento que a vida torna disponíveis também não estarão presentes, e logo o silêncio parecerá monótono e morto.

Não estou dizendo para não desfrutar o silêncio. Desfrute-o, mas saiba que o silêncio não é contra o barulho. O silêncio pode existir no barulho. Na verdade, quando ele existe no barulho, somente então ele é o silêncio verdadeiro. O silêncio que você sente no Himalaia não é o seu silêncio; ele pertence ao Himalaia. Mas, se você puder sentir o silêncio no mercado e ficar completamente tranquilo e relaxado, ele é seu. Então você tem o Himalaia em seu coração, e isso é o que importa!

12 de maio

MUDANDO CLIMAS

As estações mudam. Às vezes é inverno, às vezes é verão. Se você estiver sempre no mesmo clima, você se sentirá estagnado.

Você precisa aprender a gostar daquilo que está acontecendo. Chamo a isso de maturidade. Você precisa gostar daquilo que já está presente. A imaturidade está sempre vivendo nos "poderia" e "deveria" e nunca vivendo no "é" – o "é" é o caso, e o "deveria" é apenas um sonho.

Tudo o que for o caso, é bom. Ame-o, goste dele e relaxe nele. Quando algumas vezes vier a intensidade, ame-a. Quando ela for embora, despeça-se. As coisas mudam... a vida é um fluxo. Nada permanece o mesmo; às vezes há grandes espaços e às vezes não há para onde se mover. Mas ambos são bons, ambos são dádivas da existência. Você deveria ser grato, reconhecido por tudo o que acontece. Desfrute-o. É isso que está acontecendo agora. Amanhã poderá mudar, então desfrute aquilo. Depois de amanhã algo mais poderá acontecer. Desfrute-o. Não compare o passado com as fúteis fantasias futuras. Viva o momento. Às vezes é quente, às vezes muito frio, mas ambos são necessários; de outro modo, a vida desapareceria. A vida existe nas polaridades.

13 de maio

NADA ACONTECENDO

Estar quieto também é um acontecimento – e um acontecimento maior do que outras coisas barulhentas.

Quando você está chorando e gritando, sente que algo está acontecendo. Quando você não está chorando, não está gritando, não está berrando, mas apenas sentindo um profundo silêncio, você acha que nada está acontecendo. Você não sabe que isso também é um grande acontecimento, maior do que os outros. Na verdade, aqueles outros momentos pavimentaram o caminho para esse acontecimento. Esse é o objetivo, e os outros momentos foram apenas os meios. Mas, no começo, parecerá vazio, tudo se foi. Você está acomodado e nada está acontecendo.

Nada está acontecendo, e "nada" é muito positivo. Ele é a coisa mais positiva do mundo. Buda chamou esse nada de nirvana, o supremo. Assim, permita-o, acalente-o e deixe que ele aconteça mais, dê-lhe as boas-vindas. Quando ele acontecer, feche os olhos e desfrute-o, para que ele venha mais frequentemente. Esse é o tesouro. Mas, no começo, posso entender o estranhamento, acontece a todos. Há muitas coisas que as pessoas chamam de explosões. Quando elas desaparecem e o real vem, elas não têm noção do que ele é e simplesmente sentem falta de suas explosões. Elas gostariam que essas explosões acontecessem novamente e podem até começar a forçá-las, mas destruirão toda a coisa.

Assim, espere. Se algo explodir espontaneamente, tudo bem, mas não force. Se o silêncio estiver explodindo, desfrute-o. Você deveria ficar feliz! Esta é a infelicidade do mundo: as pessoas não sabem o que é o que, e algumas vezes ficam felizes quando estão infelizes, e outras vezes, quando deveriam ficar felizes, quando a felicidade está realmente próxima, elas ficam infelizes.

14 de maio

ACREDITE NOS OLHOS

Nunca acredite em coisa alguma, a menos que você a tenha experimentado. Nunca crie qualquer preconceito, mesmo se todo o mundo estiver dizendo que algo é assim, acredite apenas se você mesmo o tenha constatado.

O grande místico indiano Kabir disse: "Nunca acredite nos ouvidos – acredite apenas nos olhos. Tudo o que você ouviu é falso, tudo o que você viu é verdadeiro".

Esse enunciado devia ser carregado como uma lembrança constante, porque somos seres humanos e tendemos a falar falsidades. Somos parte deste mundo louco, e essa loucura está dentro de todos os seres humanos. Não deixe que ela o domine. Você precisa se lembrar continuamente. É árduo, porque os preconceitos são muito confortáveis e fáceis; você não precisa pagar por eles. A verdade custa caro, ela é preciosa, você precisa pagar muito. Na verdade, você precisa colocar toda a sua vida em risco; então, você a alcança. Mas somente a verdade liberta.

Assim, ao olhar para outras pessoas e para o funcionamento de suas mentes, lembre-se sempre de que o mesmo tipo de mente está oculto também em você. Nunca a escute; ela o persuadirá, argumentará e tentará convencê-lo. Diga a ela: "Perceberei por mim mesmo. Ainda estou vivo e posso encontrar tudo o que for necessário".

15 de maio

AUSTERIDADE

Há uma palavra em latim para escutar: obedire. *A palavra portuguesa* obediência *vem dela. Se você escutar corretamente, isso cria a obediência.*

Se você perceber corretamente, essa percepção traz sua própria disciplina. A questão básica é que, por dentro, você deveria estar completamente vazio enquanto escutando, perfeitamente vazio enquanto vendo, enquanto tocando, sem preconceitos contra ou a favor, sem se envolver e sem ter tendências sutis, porque essas tendências aniquilam a verdade. Você deveria ficar sem nenhuma tendência, permitindo que a verdade seja, não a forçando a ser outra coisa, mas permitindo-a, seja ela qual for.

Esta é a vida austera de uma pessoa religiosa, esta é a austeridade real: permitir que a verdade tenha seu próprio discurso – sem perturbá-la, sem colori-la, sem manipulá-la, sem de alguma maneira administrá-la de acordo com as próprias crenças. Quando a verdade tem permissão de ser ela mesma, despida e nova, surge uma grande disciplina em você – a obediência. Surge uma grande ordem em você.

Então você já não mais está no caos; pela primeira vez, você começa a adquirir um centro, um núcleo, porque a verdade conhecida se torna imediatamente a sua verdade. A verdade conhecida como ela é o transforma imediatamente. Você não é mais a mesma pessoa. A própria visão, a própria clareza e a própria experiência do que é a verdade desencadeiam uma mutação repentina. Essa é a revolução da religião autêntica.

16 de maio

ENTRANDO NO MEDO

Sempre que houver medo, nunca tente escapar dele. Na verdade, siga as indicações do medo. É na direção delas que você precisa se movimentar. O medo é simplesmente um desafio. Ele o chama: "Venha!"

Sempre que algo for realmente bom, ele também é amedrontador, porque lhe traz alguns *insights*. Ele o força em direção a certas mudanças, leva-o a um ponto crucial a partir do qual, se você voltar, jamais se perdoará. Você sempre se lembrará de si mesmo como um covarde. E se você seguir em frente, será perigoso. Por isso é amedrontador. Quando houver algum medo, lembre-se sempre de não voltar, porque essa não é a maneira de resolvê-lo. Entre nele. Se você tiver medo da noite escura, entre na noite escura – porque essa é a única maneira de superá-lo, de transcender o medo. Entre na noite; não existe nada mais importante do que isso. Espere, fique ali sozinho e deixe que a noite aja. Se você tiver medo, trema. Deixe que o tremor esteja presente, mas diga à noite: "Faça o que você quiser fazer. Estou aqui." Após alguns minutos, você perceberá que tudo se ajustou. A escuridão não é mais escura, ela se tornou luminosa. Você a desfrutará, poderá tocá-la – o silêncio aveludado, a vastidão, a música. Você será capaz de desfrutá-la e dirá: "Que tolo eu fui de ficar com medo de uma experiência tão linda!"

17 de maio

FALSIFICAÇÃO

Primeiro você precisa se dar conta de que está carregando uma falsificação, uma moeda falsa. É claro, isso o deixa triste. Você sente como se tivesse perdido algo – mas, na realidade, você nunca o teve.

As pessoas acham que têm compaixão. A compaixão é uma qualidade muito rara. Pena é possível, mas a compaixão é algo muito elevado. Porém, quando você vier a sentir que não tem qualquer compaixão, haverá uma possibilidade de tê-la.

Este é o problema com as coisas falsas: se o seu bolso estiver cheio de moedas falsas e você achar que é rico, por que se preocupar? Uma vez ciente de que você é um mendigo e de que todas as moedas são falsas, subitamente você fica triste, porque todo o dinheiro está perdido. Mas agora você pode descobrir onde e como obter dinheiro verdadeiro.

No momento você não pode fazer a distinção entre o que é real e o que é irreal. Somente quando surgir uma consciência muito integrada, você será capaz de fazer a distinção. Não é que algumas coisas sejam reais em sua vida e outras sejam irreais. Nesse estado inconsciente, tudo é irreal como um sonho, mas tudo parece real.

Em um outro estado, quando você acordar, quando se tornar um buda, tudo será real e nada será irreal. Assim, não se trata de algumas coisas serem reais e outras irreais. Se você não estiver consciente, tudo será irreal. Se você estiver consciente, tudo será real. Mas você será capaz de saber o que era irreal somente quando estiver desperto, e não antes.

18 de maio

TORNE-SE POÉTICO

Um poeta vem a conhecer certas coisas que são reveladas somente em um relacionamento poético com a realidade.

No que se refere à esperteza mundana, o poeta é um tolo. Ele nunca se desenvolverá no mundo da riqueza e do poder. Mas, em sua pobreza, ele conhece um tipo diferente de riqueza na vida que ninguém mais conhece.

O amor é possível a um poeta, Deus é possível a um poeta. Somente aquele que é inocente o bastante para desfrutar pequenas coisas da vida pode entender que Deus existe, porque Deus existe nas pequenas coisas da vida: ele existe no alimento que você ingere, na caminhada que você faz pela manhã, no amor que você tem por seu amado ou por sua amada, na amizade que você tem com alguém. Deus não existe nas igrejas; estas não são parte da poesia, mas da política.

Torne-se mais e mais poético. É necessário ter coragem para ser poético; você precisa ser corajoso o bastante para ser chamado de tolo pelo mundo, mas somente então poderá ser poético. E para ser poético, não quero dizer que você precisa escrever poesia. Escrever poesia é apenas uma parte pequena e não essencial de ser poético. Uma pessoa pode ser poeta e jamais escrever uma única linha de poesia, e outra pode escrever milhares de poemas e ainda não ser um poeta.

Ser poeta é um estilo de vida. É amor pela vida, é reverência pela vida, é um relacionamento sincero com a vida.

19 de maio

ANSIEDADE

Crie uma distância entre você e sua personalidade. Todos os seus problemas estão relacionados com sua personalidade, e não com você. Você não tem problemas, ninguém realmente tem problemas. Todos os problemas pertencem à personalidade.

Isto é o que você deve fazer: sempre que você sentir ansiedade, lembre-se de que ela pertence à personalidade. Você sente uma tensão, lembre-se de que ela pertence à personalidade. Você é o observador, a testemunha. Crie uma distância, e nada mais deve ser feito.

Uma vez que haja a distância, repentinamente você perceberá a ansiedade desaparecendo. Quando a distância for perdida, quando você de novo ficar fechado, de novo a ansiedade surgirá. Ansiedade é identificar-se com os problemas da personalidade. E relaxamento é não se envolver, permanecer não identificado com os problemas da personalidade.

Assim, por um mês, observe. Aconteça o que acontecer, permaneça distante. Por exemplo, você tem uma dor de cabeça. Tente ficar distante e observe a dor de cabeça. Ela está acontecendo em algum lugar no mecanismo do corpo. Você está indiferente, um observador sobre a colina, distante, e ela está acontecendo a quilômetros de distância. Crie uma distância, crie um espaço entre você e a dor de cabeça e continue a aumentar cada vez mais o espaço. Chegará um ponto em que você subitamente perceberá que a dor de cabeça está desaparecendo na distância.

20 de maio

PRIMEIRO A CONSCIÊNCIA

Quando a consciência cresce e você fica claramente alerta, a aceitação é uma consequência natural.

A aceitação é um desdobramento da consciência. A ganância está presente, observe-a; a ambição está presente, observe-a; a ânsia pelo poder está presente, observe-a. No momento, não complique as coisas com a ideia da aceitação, porque, se você tentar e não puder aceitar, começará a reprimir. É assim que as pessoas reprimem; elas não podem aceitar, e a única saída é esquecer-se das coisas e colocá-las no escuro. Assim elas ficam bem, sentem que não existem problemas.

Primeiro, esqueça-se da aceitação. Simplesmente fique consciente. Quando a consciência cresce e você fica claramente alerta, a aceitação é uma consequência natural. Ao perceber o fato, você precisa aceitá-lo, porque não existe outro lugar para ir. O que você pode fazer? Ele está ali, como seus dois olhos. Eles não são quatro, somente dois.

Uma vez que você aceite algo, se ele for real, somente então poderá permanecer. Se ele for irreal, ele se dissolverá. O amor permanecerá, o ódio se dissolverá; a compaixão permanecerá, a raiva se dissolverá.

21 de maio

INFELICIDADE

As pessoas dizem que gostariam de ser felizes, mas na realidade não o querem. Elas têm medo de se perder.

Sempre que você fica consciente de alguma coisa, você fica separado dela. Se você está feliz, você fica separado e a felicidade fica separada. Assim, ser realmente feliz significa tornar-se felicidade em vez de tornar-se feliz. Aos poucos você se dissolve. Quando você está infeliz, você *é* demasiadamente infeliz. O ego fica em foco quando você está assim. Por isso, as pessoas que cultuam o ego permanecem muito infelizes, e as pessoas infelizes permanecem cultuando o ego. Há uma interconexão.

Se você deseja cultuar o ego, você precisa ser infeliz. A infelicidade lhe dá a base, e o ego vem dela muito claro, claro como cristal, como um ponto branco em um quadro-negro. Quanto mais feliz você for, menos existirá como ego. É por isso que muitas pessoas desejam ser felizes, mas realmente têm medo. O que observo é que as pessoas dizem que gostariam de ser felizes, mas na realidade não o querem. Elas têm medo de se perder. Felicidade e ego não podem coexistir. Quanto mais feliz você for, menos existirá como ego. Chegará um momento em que somente a felicidade existirá, e seu ego não.

22 de maio

AS DUAS PORTAS

Não é uma questão de escolher entre a verdade e a ilusão, porque todas as portas que estão fora de você levam à ilusão.

A verdade está dentro de você, está no próprio coração do buscador. Assim, se sobre uma porta estiver escrito "ilusão" e sobre outra estiver escrito "verdade", não se preocupe em escolher entre elas. Ambas são ilusórias. *Você* é a verdade. A verdade é sua própria consciência.

Torne-se mais alerta e mais consciente. Não é uma questão de escolher entre portas. A escuridão está presente porque você está inconsciente; dessa maneira, nenhuma luz de fora poderá ajudar. Posso agora mesmo lhe dar um lâmpada, mas ela não ajudará. Quando você chegar ao seu quarto, ela estará apagada.

Você precisa se tornar mais consciente, cada vez mais consciente e alerta, de modo que sua chama interior, e somente ela, iluminará o seu ambiente. Sob essa luz, você perceberá que todas as portas desapareceram. Ambas as portas, a da ilusão e a da verdade, desapareceram. Ambas estavam em conspiração. Na verdade, ambas levam ao mesmo lugar. Elas apenas lhe dão uma ilusão de escolha. Assim, não importa o que você escolha, você sempre escolhe a mesma coisa. Ambas levam à mesma passagem e, no final, você terminará na ilusão. Portanto, esse não é o problema; o problema é como ficar mais alerta.

23 de maio

INVESTIGANDO A ESCURIDÃO

Algumas vezes, quando você entra em seu quarto, ele parece escuro.
Mas você se senta, descansa e aos poucos a escuridão desaparece.
O quarto fica repleto de luz. Não significa que algo tenha mudado.
Apenas seus olhos se acostumaram a investigar a escuridão.

Diz-se que os ladrões começam a ver mais claramente na escuridão do que qualquer outra pessoa, porque eles precisam trabalhar na escuridão. Precisam entrar em casas não familiares e há perigo em cada passo, podem esbarrar em algo. Aos poucos, eles começam a ver no escuro. Para eles, a escuridão não é tão escura. Assim, não tenha medo, seja como um ladrão. Sente-se com os olhos fechados e investigue a escuridão tão profundamente quanto possível. Deixe que essa seja a sua meditação. Todos os dias, por trinta minutos, sente-se em um canto, feche os olhos e crie a escuridão – tão escura quanto puder imaginar – e investigue essa escuridão. Se for difícil, simplesmente pense em um quadro-negro à sua frente, muito escuro e muito preto. Logo você será capaz de imaginar mais escuridão. E você ficará bastante surpreso: quanto mais você investiga a escuridão, mais claramente seus olhos verão.

E se houver medo, permita-o. Na verdade, você deveria desfrutá-lo. Deixe que ele esteja presente; comece a tremer. Se o medo provocar uma certa vibração em você, permita-a. Fique tão apavorado quanto possível, fique praticamente possuído pelo medo... e perceba quão belo ele é. Ele é como um banho; muita poeira será removida. Quando esse tremor passar, você se sentirá muito vivo, rejuvenescido, vibrando com a vida, pulsando com uma nova energia.

24 de maio

AMANDO A SI MESMO

Sempre pensamos no amor em termos dos outros. O homem pensa amar a mulher, a mulher pensa amar o homem; a mãe pensa amar o filho, o filho pensa amar a mãe; os amigos pensam amar uns aos outros. Mas, a menos que você ame a si mesmo, é impossível amar outra pessoa.

Você pode amar outra pessoa somente quando tiver amor dentro de você. Você pode compartilhar algo somente quando o tem. Mas toda a humanidade tem vivido sob uma errônea ideologia e a tomamos como certa – como se já nos amássemos e, agora, toda a questão se torna como amar nosso próximo. Isso é impossível! Por isso existe tanto falatório sobre o amor, e o mundo permanece feio e cheio de ódio, guerras, violências e raiva.

Este é um grande *insight* a que se deve chegar: que você não se ama. É realmente muito difícil amar a si mesmo, porque nos ensinaram a nos condenar e não a nos amar. Ensinaram-nos que somos pecadores, que não temos valor. Por causa disso, ficou difícil amar. Como se pode amar uma pessoa sem valor? Como se pode amar alguém que já está condenado?

Mas isso virá. Se você receber o *insight* de que você não se ama, não há com o que se preocupar. Uma janela se abriu, e você não ficará dentro do quarto por muito tempo – você saltará para fora. Uma vez conhecido o céu aberto, você não poderá ficar confinado a um mundo mofado. Você sairá dele.

25 de maio

PRISÕES

Você é uma imensa liberdade, sem fronteiras a seu ser. Todas as fronteiras são falsas. Por isso, somente no amor nos tornamos saudáveis e inteiros, porque o amor retira todas as fronteiras, todos os rótulos; ele não categoriza você. Ele o aceita, seja você quem for.

Ninguém está realmente doente. Na verdade, a sociedade está doente e os indivíduos são vítimas. A sociedade precisa de terapia, e os indivíduos simplesmente precisam de amor. A sociedade é a paciente e necessita de hospitalização.

Os indivíduos sofrem porque não podem agarrar-se à sociedade; ela permanece invisível. Quando você tenta se apoderar dela, um indivíduo é encontrado e se torna responsável – e ele está simplesmente sofrendo, é uma vítima. Ele precisa de compreensão, e não de terapia; ele precisa de amor, e não de terapia. A sociedade não lhe deu compreensão, não lhe deu amor. A sociedade lhe deu camisas de força, prisões, forçou-o a um compartimento, categorizou-o, rotulou-o: "Isso é você, essa é a sua identidade".

Você é liberdade e não tem identidade. Você não pode ser rotulado, e aí está a sua beleza e glória – você não pode dizer quem é, pois está sempre mudando. No momento em que você se assegura de que é isso ou aquilo, você se move. A cada momento você está decidindo o que ser – ser ou não ser. A cada momento há uma decisão nova, uma liberação nova de vida. Um pecador pode se tornar um santo e um santo pode ser um pecador em um único momento. O não saudável pode se tornar saudável e o saudável pode se tornar não saudável em um único momento. Apenas uma mudança de decisão, uma mudança de discernimento, de visão, e tudo muda.

26 de maio

ILUSÕES DE CONTENTAMENTO

Somente no estado de iluminação existe contentamento; todas as outras formas de contentamento são apenas consolos, apenas ilusões criadas pela mente.

Viver constantemente em descontentamento é tão doloroso que a mente cria ilusões de contentamento; essas ilusões mantêm as pessoas seguindo em frente, ajudam as pessoas. Se você tirar todas as ilusões, o indivíduo não terá qualquer razão de viver nem por mais um momento. Elas são necessárias. Na inconsciência, as ilusões são uma necessidade, porque através delas criamos falsos significados na vida e, naturalmente, até que o real aconteça, precisamos insistir em criar esses falsos significados. Quando nos saturamos com um falso significado, criamos outro. Ficamos saturados com o dinheiro e entramos na política; ficamos saturados com a política e entramos em outra coisa. Mesmo as pretensas religiões nada mais são do que sutis ilusões.

A religião real nada tem a ver com as pretensas religiões – cristianismo, hinduísmo, islamismo... A religião real é o despedaçar de todas as ilusões. É viver em descontentamento, em profundo sofrimento, em completa dor e procurar pelo real.

O caminho é de grande dor, e somente alguns atingem, porque, em primeiro lugar, as pessoas nem podem colocar-se em marcha nesse caminho, nem podem aceitar a dor da vida – mas essa dor é a fonte de todo crescimento. Perceber a crua verdade de tudo isso – sem evitar, sem escapar, investigando completamente – é o começo da inteligência, o começo da perceptividade, o começo da consciência.

27 de maio

PUREZA

A pureza que reside no coração é incorruptível;
o que você faz absolutamente não a afeta.

Mesmo o maior pecador permanece puro no mais profundo do seu ser. Assim, mesmo o maior pecador permanece santo. O pecado somente pode tocar a periferia, a circunferência; não pode ir ao âmago, porque o fazer permanece na superfície, e somente o ser está no âmago.

E quando você começa a olhar para o ser das pessoas, ninguém é pecador, ninguém jamais foi pecador. Isso é impossível. A pureza é tão absoluta que tudo o que fizermos nada mais é do que sonhos; essa é a abordagem oriental. A abordagem oriental não se preocupa muito com o seu fazer. Ela diz que, seja lá o que você faça, você pode simplesmente entrar em si mesmo e ter um contato com o ser, que permanece claro como cristal e sempre puro, não poluído. Na periferia estão apenas faces – santo e pecador, bom e mau, o famoso e o de má reputação. Eles são apenas atos, como se uma peça estivesse sendo encenada. Alguém se tornou um Jesus, e alguém se tornou um Judas. Ambos são necessários: Jesus não pode existir sem Judas, e o que Judas seria sem Jesus? Ambos são necessários para toda a história de Cristo acontecer. Mas, por trás do palco, eles se sentam e bebem chá juntos.

Essa é a realidade. Todo este mundo é um vasto palco, e uma grande peça está sendo encenada. Não se preocupe com ela. Seja qual for a parte que lhe foi dada, desempenhe-a tão alegremente quanto possível e lembre-se sempre de que, no fundo, você permanece puro.

28 de maio

AME ALGO MAIOR

Ame algo mais elevado, algo maior, algo no qual você se perderá; você pode ser possuído por ele, mas não pode possuí-lo.

O amor pode criar um grande problema e também pode criar uma grande alegria. Você precisa estar muito, muito alerta, porque o amor é nossa química básica. Se você estiver alerta a respeito de sua própria energia de amor, então tudo irá bem.

Sempre ame algo mais elevado do que você mesmo, e nunca estará em dificuldades; sempre ame algo maior do que você mesmo. As pessoas tendem a amar algo mais baixo, algo menor do que elas mesmas. Você pode controlar o menor, pode dominar o menor e pode se sentir muito bem com o inferior, porque ele faz com que você pareça superior – o ego fica satisfeito. E, ao começar a criar ego a partir do seu amor, estará rumando para o inferno.

Ame algo mais elevado, algo maior, algo no qual você se perderá e que não possa controlar; você pode ser possuído por ele, mas não pode possuí-lo. Então o ego desaparece, e, quando o amor não tiver ego, ele será prece.

29 de maio

CORAÇÃO COMO MÉTODO

Se você quiser descer da cabeça, precisará passar pelo coração – essa é a encruzilhada. Você não pode ir diretamente ao ser e precisará passar pelo coração. O coração precisa ser usado como um método.

Pensar, sentir e ser – esses são os três centros. Mas certamente o sentir está mais próximo do ser do que o pensar, e o sentir funciona como um método. Sinta mais, e pensará menos. Não brigue com o pensar, porque brigar com o pensar é criar outros pensamentos de briga outra vez. Nunca brigue com os pensamentos; isso é inútil. Em vez disso, mova a sua energia para o sentir. Cante em vez de pensar, ame em vez de filosofar, leia poesia em vez de prosa. Dance, olhe a natureza, e tudo o que você fizer, faça-o através do coração. O coração é o centro negligenciado. Quando você começa a prestar atenção nele, ele começa a funcionar. Quando ele começa a funcionar, a energia que estava automaticamente indo para a mente começa a se mover através do coração. E o coração está mais próximo do centro de energia. O centro de energia está no umbigo – assim, bombear energia para a cabeça é, na verdade, um trabalho árduo.

É para isto que existem todos os sistemas educacionais: para ensiná-lo a bombear energia do centro direto para a cabeça, para ensiná-lo a se desviar do coração. Dessa maneira, nenhuma escola, nenhum colégio, nenhuma universidade ensina a sentir. Eles aniquilam o sentir, porque sabem que, se você sentir, não poderá pensar. Mas é fácil mover-se da cabeça para o coração, e é ainda mais fácil mover-se do coração para o umbigo. No umbigo você é simplesmente um ser, um puro ser – sem sentir, sem pensar; você não se move. Esse é o centro do ciclone.

30 de maio

SEM OPOSTO

Em sânscrito, temos três termos, um para sofrimento, um para alegria e um que transcende ambos: anand, *ou bem-aventurança.*

Anand nem é sofrimento nem é a chamada alegria. Ele é um tipo totalmente diferente de alegria, que de maneira nenhuma tem lembrança do sofrimento, que está completamente não contaminado pelo oposto. Ele é pura unidade, e nele não existe a dualidade.

Normalmente é até mesmo difícil conceber esse estado. A menos que você o saboreie, é difícil até mesmo entendê-lo. Porque tudo o que podemos entender precisa pelo menos de duas coisas; o oposto é uma necessidade. Podemos entender a figura somente devido ao fundo. Chamamos a este momento de noite devido ao dia; chamamos alguém de bom devido ao mau; chamamos alguém de belo devido ao feio. O oposto é uma necessidade, o oposto o define.

Mas *anand* significa o estado ao qual não existe oposto, quando você chegou ao uno, quando não há possibilidade alguma do outro. O oceano de bem-aventurança tem somente uma margem. Isso é muito ilógico – porque como pode haver somente uma margem? O estado de bem-aventurança é ilógico. Aqueles que estão demasiadamente apegados à lógica nunca poderão alcançá-lo. Ele abre a sua porta somente para pessoas malucas.

31 de maio

NEGATIVIDADE

Sempre que você estiver a ponto de criticar algo, primeiro decida o que você dará como alternativa positiva a ele.

Se você não puder pensar em uma alternativa para a sua crítica, espere. Não faça a crítica, porque ela é inútil. Se você diz que esse remédio não é o correto, talvez você esteja certo; mas, então, onde está o remédio correto? A crítica nunca traz revolução. Ela é boa como parte de uma proposta positiva. Assim, primeiro decida sobre a proposta positiva e, mantendo um olho nela, critique. Então sua crítica será muito valiosa, apreciada até mesmo por aqueles que você critica. Ninguém se sentirá ofendido por ela porque, enquanto você estiver criticando, estará continuamente mantendo alguma alternativa positiva em mente e propondo algo.

1º
de junho

SONO

O sono é divino, mais divino do que qualquer outro período.
E se você adormecer meditando, a meditação continuará a ressoar nas camadas do inconsciente.

Você já notou? Seja qual for seu último pensamento na noite, ele será seu primeiro pensamento pela manhã. Observe-o – o último antes de você cair no sono. Você está no limiar – o último pensamento sempre será o primeiro pensamento quando novamente você estiver no limiar, saindo do sono.

É por isso que todas as religiões insistem em que as pessoas orem antes de dormir, para que seu último pensamento seja de prece e se aprofunde no seu coração. Por toda a noite ele permanece como um aroma à sua volta – preenche seu espaço interior e, quando acordar de manhã, de novo ele estará presente. As oito horas de sono podem ser usadas como meditação. Hoje em dia as pessoas não têm muito tempo, mas essas oito horas de sono podem ser usadas como tempo de meditação. Toda a minha abordagem é que tudo pode e deve ser usado – mesmo o sono!

2 de junho

PESADELOS

Sempre que sua mente estiver fazendo algo contra a sua natureza, o inconsciente lhe dará a mensagem – primeiro educadamente, mas, se você não escutar, em forma de pesadelo.

O pesadelo nada mais é do que um berro do inconsciente, um grito de desespero dizendo que você está se distanciando muito de si mesmo e que perderá todo o seu ser. Volte para casa! É como se uma criança estivesse perdida no bosque, e a mãe berrasse seu nome. Pesadelo é exatamente isso.

Assim, comece a se abrir para seus sonhos. Aos poucos perceberá que você e seu inconsciente estão se aproximando. Quanto mais próximos vocês ficarem, menos sonhos terá, porque não haverá necessidade deles. O inconsciente pode transmitir suas mensagens mesmo quando você estiver acordado. Ele não precisa esperar que você durma; ele pode lhe dar sua mensagem em qualquer tempo.

Quanto mais próximos vocês se tornarem, mais o consciente e o inconsciente começam a se sobrepor. Essa é uma grande experiência. Pela primeira vez, você se sente uno. Nenhuma parte de seu ser é negada. Você aceitou sua totalidade, e começa a se tornar inteiro.

3 de junho

JULGAMENTO

O julgamento precisa ser abandonado. Ele é uma doença que jamais lhe permitirá alguma paz.

Quando você julga, nunca pode estar no presente – você está sempre comparando, sempre se movendo para trás e para a frente, mas nunca no aqui e agora. Porque o aqui e agora simplesmente existe; ele nem é bom nem mau. E não há como dizer se ele é melhor, porque não há com o que comparar. Ele simplesmente existe em toda a sua beleza.

Mas a própria ideia de avaliá-lo tem algo do ego. O ego é o grande aperfeiçoador; ele vive do aperfeiçoamento. Ele fica torturando você: "Aperfeiçoe, aperfeiçoe!" E nada há para aperfeiçoar.

Sempre que um julgamento vier, abandone-o no mesmo instante. Abandone-o, ele é um hábito. Não se torture desnecessariamente.

4 de junho

ESTEJA ABERTO A SEUS SONHOS

Aprenda a estar aberto a seus sonhos. Sonhos são comunicações do inconsciente. O inconsciente tem uma mensagem para você. Ele está tentando criar uma ponte para sua mente consciente.

A análise não é necessária para entender os sonhos porque, se você analisar o sonho, o consciente novamente se tornará o mestre. Ele tenta dissecar e analisar, tenta forçar significados que não são os significados do inconsciente. O inconsciente usa uma linguagem poética. O significado é muito sutil, não pode ser encontrado pela análise. Ele somente pode ser encontrado se você começar a aprender a linguagem do sonho. Assim, o primeiro passo é estar aberto ao sonho.

Quando você tiver um sonho que parece significativo – talvez violento, um pesadelo, mas você sente que há alguma importância nele –, pela manhã, ou mesmo no meio da noite, antes de se esquecer dele, sente-se em sua cama e feche os olhos. Esteja aberto ao sonho e diga-lhe: "Estou com você e estou disposto a ir até você. Conduza-me para onde você desejar me conduzir; estou disponível". Entregue-se a ele. Feche os olhos e mova-se com ele, desfrute-o, deixe que ele se revele. Você ficará surpreso com os tesouros que o sonho está ocultando e perceberá que ele continua a se revelar.

5 de junho

SOLITUDE

A solitude tem em si tanto um tipo de tristeza e pesar quanto uma paz e um silêncio muito profundos. Depende de como você olha para ela.

Pode ser muito difícil ter seu próprio espaço, mas, a menos que você tenha seu próprio espaço, nunca ficará familiarizado com seu próprio ser, nunca virá a saber quem é você. Sempre envolvido, sempre ocupado em mil e uma coisas – relacionamentos, assuntos do dia a dia, ansiedades, planos, futuro, passado –, você vive continuamente na superfície.

Quando você está só, pode começar a assentar, a mergulhar em seu íntimo. Por não estar ocupado, você não sentirá da maneira que sempre sentiu. Será diferente, e essa diferença também parecerá estranha. E certamente você sentirá falta da pessoa amada, dos amigos, mas isso não será para sempre. Trata-se apenas de uma pequena disciplina.

E, se você se amar profundamente e penetrar fundo em si mesmo, será capaz de amar os outros ainda mais profundamente, porque aquele que não conhece a si mesmo não pode amar muito profundamente. Se você viver na superfície, seus relacionamentos não poderão ter profundidade. Afinal de contas, trata-se de seu relacionamento. Se você tiver profundidade, seu relacionamento terá profundidade.

6 de junho

VIOLÊNCIA

Ninguém nasce violento; a pessoa aprende isso. Ela é infectada por uma sociedade violenta e se torna violenta. Fora isso, todo bebê nasce absolutamente não violenta.

Não existe violência em seu ser. Somos condicionados pelas situações. Precisamos nos defender contra tantas coisas, e a ofensa é o melhor método de defesa. Quando uma pessoa precisa se defender muitas vezes, ela se torna ofensiva, violenta, porque é melhor bater primeiro do que esperar que alguém lhe bata. Quem bate primeiro tem mais chances de vitória.

É isso que diz Maquiavel em seu famoso livro *O príncipe*. Ele é a bíblia dos políticos. Ele diz que o ataque é o melhor método de defesa. Não espere; antes que alguém o ataque, você deveria atacar. Quando você é atacado, Maquiavel diz que já é tarde demais. Você já está do lado perdedor.

Daí as pessoas se tornam violentas. Se não for assim, muito rapidamente elas entendem que serão esmagadas. A única maneira de sobreviver é brigar e, quando elas aprendem esse truque, aos poucos toda a natureza delas fica envenenada por ele. Mas isso não é natural; portanto, pode ser abandonado.

7 de junho

HUMILHAÇÃO

Seja humilde, e ninguém poderá humilhá-lo.
Não tenha ego, e ninguém poderá ofendê-lo.

Algumas vezes acontece de os outros encontrarem desculpas para jogar para fora a raiva que sentem, mas não há razão para você ficar perturbado. Existem somente duas possibilidades: ou o outro está certo, então você se sente humilhado; ou o outro está errado, logo ele está sendo ridículo e toda a situação é cômica, portanto você poderá desfrutá-la.

Se você sentir que a outra pessoa está certa, aceite tudo o que está sendo dito e seja humilde. Se você for humilde, nunca poderá ser humilhado – esse é o ponto. Você já está no fim da fila e não poderá ser colocado mais para trás. Você não está tentando ser o primeiro, então ninguém poderá obstruí-lo. Nisso se resume a atitude do taoísmo em relação à vida. Seja humilde, e ninguém poderá humilhá-lo. Não tenha ego, e ninguém poderá ofendê-lo.

8 de junho

REVERÊNCIA

A atitude de reverência é algo que precisa ser sentido interiormente. As pessoas esqueceram completamente o que a reverência significa de verdade.

Reverenciar é abordar a realidade com um coração de criança – não calculando, não dissimulando, não analisando, mas com muito respeito, com uma imensa sensação de admiração. Trata-se de uma sensação de mistério que nos envolve, da presença do oculto, da sensação de que as coisas não são o que aparentam. É saber que a aparência é apenas a periferia, que além da aparência está oculto algo de imenso significado.

Quando uma criança corre atrás de uma borboleta, ela está em reverência. Ou quando ela se depara com um caminho e vê uma flor – é apenas uma flor comum de campo, mas a criança fica ali em profunda admiração. Ou quando ela se depara com uma cobra e fica surpresa e repleta de energia. Cada momento traz alguma surpresa. A criança não toma nada como banal; essa é a atitude de reverência.

Nunca tome nada como banal. Quando você começa a tomar as coisas como banais, você está se acomodando, sua criança está desaparecendo, sua capacidade de admirar-se está morrendo, e, quando não existe admiração no coração, não pode haver reverência. A reverência significa que a vida é tão misteriosa que realmente não há como compreendê-la. Ela está além da compreensão; todos os nossos esforços fracassam. E, quanto mais tentamos saber, mais impenetrável parece.

9 de junho

GOSTOS E DESGOSTOS

O dia em que você decidir não pedir as coisas de que gosta e, em vez disso, gostar das coisas que acontecem, nesse dia você se tornará maduro.

Podemos sempre continuar a desejar aquilo de que gostamos. Mas isso o deixará sempre infeliz, porque o mundo não segue de acordo com seus gostos e desgostos. Não há garantia de que o que desejamos é o que a vida deseja também; não há garantia. E a grande possibilidade é de que a vida esteja destinada a algo a respeito de que você nada sabe.

Quando algumas vezes acontece aquilo de que você gosta, você ainda não se sentirá muito feliz, porque tudo o que demandamos já o vivemos em fantasia. Assim, já é de segunda mão. Se você diz que gostaria que certa pessoa fosse o seu ou a sua amante, em muitos sonhos e em muitas fantasias você já amou essa pessoa. E, se acontecer, a pessoa real estará abaixo da sua fantasia; ela será apenas uma cópia, porque a realidade nunca é tão fantástica quanto a fantasia. Então, você ficará frustrado.

Mas, se você começar a gostar daquilo que está acontecendo, se não colocar sua própria vontade contra o todo, se simplesmente disser "tudo bem" – aconteça o que acontecer, você simplesmente dirá sim –, então, nunca poderá ser infeliz. Porque, não importa o que aconteça, você sempre está na atitude positiva, pronto para recebê-lo e desfrutá-lo.

10 de junho

INDEPENDÊNCIA

Uma pessoa que diz: "Seja lá o que acontecer, permanecerei feliz; não fará nenhuma diferença para mim. Descobrirei uma maneira de ser feliz, não importam as circunstâncias", é independente.

Nenhuma política pode fazer qualquer diferença, nenhuma mudança no estado do mundo exterior pode fazer qualquer diferença. Pobre ou rico, mendigo ou rei, a pessoa independente permanece a mesma, seu clima interior não muda.

Este é o objetivo de toda meditação: atingir uma serenidade e uma quietude que são incondicionais. Somente então elas serão suas. Assim, seja lá o que acontecer, deixe que aconteça – você permanece feliz, imensamente feliz. Abandone a sua vontade e perceberá que as coisas pelas quais você ansiava começam a acontecer por conta própria. Subitamente as coisas começam a se desenrolar fluentemente. Tudo se encaixa.

11 de junho

ENTREGA

No fundo, você gostaria de se mover em uma entrega total, na qual todas as suas preocupações são dissolvidas e você possa simplesmente descansar. Mas você tem medo; todos têm medo da entrega.

Normalmente pensamos que somos alguém – e nada somos! O que você tem para entregar? Apenas um falso ego, apenas uma ideia de que você é alguém. Isso é apenas ficção. Quando você entrega a ficção, você se torna o real. Quando entrega aquilo que você realmente não tem, você se torna aquilo que você é. Mas nos apegamos porque por toda a nossa vida fomos treinados a ser independentes. Por toda a nossa vida fomos treinados, programados para lutar, como se a vida toda nada mais fosse do que uma luta para sobreviver.

A vida é conhecida somente quando você começa a se entregar. Então, você para de lutar e começa a desfrutar. Mas, no Ocidente, o conceito do ego é muito forte e todos estão tentando conquistar algo. As pessoas até falam em conquistar a natureza. Tolice absoluta! Somos parte da natureza; como poderemos conquistá-la? Podemos destruí-la, não podemos conquistá-la. Aos poucos, toda a natureza está sendo destruída, toda a ecologia está sendo perturbada.

Nada existe a conquistar. Na verdade, você precisa se mover com a natureza, na natureza e permitir que ela seja ela mesma.

12 de junho

SER FERIDO

Milhões de pessoas decidiram não ser sensíveis. Elas desenvolveram grossas peles à sua volta apenas para evitar que sejam feridas por alguém. Mas isso se dá a um grande custo. Ninguém pode feri-las, mas também ninguém pode fazê-las felizes.

Quando você começa a se abrir, duas coisas ficam disponíveis: às vezes haverá nuvens e às vezes haverá sol. Mas, se você ficar trancado em sua caverna, não haverá nuvem nem sol também. É bom sair, dançar com o sol e, sim, às vezes também se sentir triste com as nuvens – e às vezes haverá muito vento. Quando você sai da caverna, todas as coisas são possíveis, e uma delas é que as pessoas podem feri-lo... mas essa é somente uma das possibilidades.

Não pense demais nisso, ou se fechará novamente. Existem milhões de possibilidades; pense também nas outras possibilidades. Você ficará mais feliz, mais amoroso, mais disponível, e as outras pessoas ficarão mais disponíveis a você. Você será capaz de rir, será capaz de celebrar. Existem mil e uma possibilidades. Por que escolher somente a de que as pessoas o machucarão?

13 de junho

A ALQUIMIA DO AMOR

O amor é divino. Se algo for divino sobre a terra, esse algo é o amor – e o amor também torna tudo divino. O amor é a verdadeira alquimia da vida, porque ele transforma metais básicos em ouro.

Existem histórias antigas, muitas histórias em quase todas as línguas do mundo, em que alguém beija um sapo e este se torna um príncipe. O sapo havia sido amaldiçoado; ele estava simplesmente esperando que lhe dessem um beijo. Ele estava esperando que o amor viesse e o transformasse.

O amor transforma – essa é a mensagem de todas essas histórias. As histórias são belas, muito indicativas, simbólicas. Somente o amor transforma o animal no humano; fora isso, não existe diferença entre humanos. A única diferença, a diferença possível, é o amor. E, quanto mais você vive através do amor, com o amor, mais humanidade nasce em você. O máximo, o ponto ômega, é quando você *se torna* amor. Então, não somente o animal é transcendido, mesmo o humano é transcendido. Então, você é divino, é Deus. Todo o crescimento humano é o crescimento do amor. Sem amor, somos animais; com amor, somos humanos; e, quando o amor se torna seu ser natural, seu próprio sabor, você é Deus.

14 de junho

SELVAGEM

O amor é selvagem e, no momento em que você tenta domesticá-lo, ele é destruído. O amor é um furacão de liberdade, de rebeldia, de espontaneidade.

Você não pode administrar o amor e controlá-lo. Controlado, ele está morto. O amor pode ser controlado somente quando você já o matou. Se estiver vivo, ele controla você, e não o contrário. Se estiver vivo, ele possui você. Você fica simplesmente imerso nele, porque ele é maior do que você, mais vasto do que você, mais fundamental do que você, mais básico do que você.

Da mesma maneira, Deus também vem. Da mesma maneira que o amor vem a você, Deus vem. Ele também é selvagem, mais selvagem do que o amor. Um deus civilizado não é Deus de modo algum. O deus da igreja, o deus do templo, é apenas um falso deus. Há muito tempo, Deus desapareceu desses lugares, porque ele não pode ser aprisionado. Esses lugares são cemitérios de Deus.

Se você desejar encontrar Deus, precisará estar disponível à energia selvagem da vida. O amor é o primeiro vislumbre, o começo da jornada. Deus é o clímax, o apogeu, mas Ele vem como um furacão. Ele o desenraizará, o possuirá, o fará em pedaços, o matará e o ressuscitará. Ele será ambos: a cruz e a ressurreição.

15 de junho

FORÇA

Você pode ficar demasiadamente apegado à posse de um abrigo ou de uma proteção, mas isso não lhe dará força. A força sempre vem quando você encara situações difíceis.

Nos tempos antigos, as pessoas costumavam se mudar para mosteiros, para o Himalaia, para cavernas distantes, e lá elas atingiam certa paz. Mas essa paz era barata, porque, sempre que essas pessoas voltavam ao mundo, ela era imediatamente destroçada. A paz que sentiam era muito frágil, então elas ficavam com medo do mundo. Dessa maneira, seu isolamento era um tipo de fuga, e não de crescimento.

Aprenda a ficar sozinho, mas nunca fique muito apegado à sua solitude. Permaneça capaz de se relacionar com os outros. Aprenda a meditar, mas não se mova para o extremo em que você se torne incapaz de amar. Seja silencioso, pacífico, sereno, mas não fique obcecado por essa quietude, ou não será capaz de encarar o mundo.

É fácil ficar silencioso quando você está sozinho. É difícil ficar silencioso quando você está com as pessoas, mas essa dificuldade precisa ser encarada. Uma vez capaz de ficar em silêncio com as pessoas, você chegou lá; agora, nada pode destruir o silêncio.

16 de junho

PARTICIPAÇÃO

Existem coisas que você pode saber somente se participar.

Observando de fora, você conhece somente coisas superficiais. O que está acontecendo com a pessoa que está dentro? Alguém está chorando e lágrimas estão escorrendo. Você pode observar, mas isso será muito superficial. O que está acontecendo com o coração dele? Por que ele está chorando? É difícil até mesmo interpretar, porque ele pode estar chorando de infelicidade, de tristeza, de raiva, de felicidade ou de gratidão.

E lágrimas são apenas lágrimas. Não há como analisar quimicamente uma lágrima para descobrir de onde ela vem – de uma profunda gratidão, de um estado de bem-aventurança ou de infelicidade –, porque todas as lágrimas são iguais. Quimicamente elas não diferem, e elas parecem as mesmas ao escorrerem na face. Assim, no que se refere aos reinos mais profundos, é praticamente impossível concluir de fora. Uma pessoa não pode ser observada, somente coisas podem ser observadas. Você pode saber de dentro. Isso significa que você precisa conhecer essas lágrimas em você mesmo, ou nunca realmente as conhecerá. Muito pode ser aprendido pela observação, e é bom que você observe, muito bom. Mas isso não é nada, comparado com o que você pode aprender ao participar.

17 de junho

HIBERNAÇÃO

Às vezes você é frio, às vezes não é. Não crie um problema a partir disso. Quando frio, seja frio, e não se sinta culpado por isso.

Não há necessidade de permanecer caloroso vinte e quatro horas por dia. Isso seria cansativo. A gente precisa de um pouco de descanso. Quando você estiver frio, a energia estará se movendo para dentro; quando estiver caloroso, a energia estará se movendo para fora. É claro, as outras pessoas gostariam que você sempre fosse caloroso, porque a sua energia se moveria em direção a elas. Quando você estiver frio, sua energia não estará se movendo em direção a elas, e elas se sentirão ofendidas. Elas lhe dirão que você é frio. Mas cabe a você decidir.

Nesses momentos frios você hiberna, e vai para dentro de seu ser. Esses são momentos meditativos. Assim, esta é minha sugestão: quando você se sentir frio, feche as portas para os relacionamentos e para o estar com as pessoas. Ao sentir que você está frio, vá para casa e medite. Esse é o momento certo para meditar. Com a própria energia se movendo para dentro, você pode montar nela e ir até o âmago do seu ser. Não haverá luta, você poderá simplesmente se mover com a corrente. E, quando você estiver se sentindo caloroso, mova-se para fora. Esqueça-se de tudo sobre meditação e seja amoroso. Use ambos os estados e não se preocupe a respeito.

18 de junho

ESCRITURAS

Existem muitas escrituras e muitas grandes filosofias, mas todas são lixo! Elas existem apenas para deixar os tolos ocupados; elas não são para os buscadores reais.

Aquilo que estou dizendo é absolutamente vivo, novo, fresco e jovem. Isso de maneira nenhuma é tradicional, é um fenômeno bem diferente – precisa ser. Porque escrituras que foram escritas há três mil anos se dirigiram às pessoas para as quais elas foram escritas. Aquela psicologia não funciona mais no mundo. Estou respondendo a você, e aquelas escrituras respondiam àquelas pessoas. Aquelas escrituras não foram escritas para você. Há um intervalo de dois, três, quatro, cinco mil anos entre você e aquelas escrituras. Elas são completamente irrelevantes. Basear-se nelas seria tão absurdo quanto alguém que estuda física parar em Newton e nunca chegar a Albert Einstein.

As escrituras não podem responder a pessoas vivas; elas não podem crescer. Por isso, nos dias antigos, muitos mestres insistiam em que seus dizeres não fossem escritos, de tal modo que eles continuassem a crescer. Os mestres davam suas mensagens a seus discípulos, e os discípulos viveriam em um mundo diferente. Os mestres iriam embora, e os discípulos, por sua própria conta, ensinariam algo a outras pessoas. Eles fariam muitas mudanças, porque as pessoas mudaram, as situações mudaram. Mas, uma vez escrito um livro, ele fica fixo, fica congelado. Ninguém poderá mudá-lo, e, se alguém o fizer, os seguidores do livro ficarão com muita raiva.

19 de junho

TRISTEZA

Quando triste, fique realmente triste, mergulhe na tristeza. O que mais você pode fazer? A tristeza é necessária. Ela é muito relaxante, uma noite escura que o envolve. Adormeça com ela, aceite-a e perceberá que, no momento em que aceita a tristeza, ela começa a ficar bela.

A tristeza é feia porque a rejeitamos; em si mesma, não é feia. Uma vez aceita, você perceberá quanto ela é bela, quanto é relaxante, calma, serena, silenciosa. Ela tem algo a dar que a felicidade nunca poderá dar.

A tristeza dá profundidade, a felicidade dá elevação. A tristeza dá raízes, a felicidade dá ramos. A felicidade é como uma árvore dirigindo-se ao céu, e a tristeza é como as raízes dirigindo-se ao útero da terra. Ambas são necessárias, e quanto mais alto a árvore for, mais fundo ela irá, simultaneamente. Quanto maior a árvore, maiores serão suas raízes. Na verdade, sempre há uma proporção. Esse é o equilíbrio.

Você não pode trazer o equilíbrio. O equilíbrio que você traz não tem utilidade, será forçado. O equilíbrio vem espontaneamente; ele já existe. Na verdade, quando você está feliz, você fica tão animado que se torna cansativo. Você já percebeu? O coração imediatamente se move para a outra direção, ele lhe dá um repouso. Você o sente como tristeza. Ela está dando um repouso a você, porque você estava ficando muito animado. Ela é medicinal, terapêutica. É como quando você trabalha duro durante o dia e, à noite, cai profundamente no sono. Pela manhã, você estará novamente rejuvenescido. Após a tristeza, você ficará novamente rejuvenescido, pronto para ficar animado.

20 de junho

AMOR NÃO ILUMINADO

Amor não significa necessariamente liberdade. Deveria – é o ideal. Lembre-se sempre: se você amar alguém com consciência, somente então será uma bênção.

O amor pode ser destrutivo de muitas maneiras, porque o amor não é necessariamente iluminado. Uma mãe ama o filho, e todo o mundo sofre porque as mães amam seus filhos. Pergunte aos psiquiatras, aos psicólogos. Eles dizem que toda neurose pode ser reduzida ao relacionamento mãe-filho. Muitas pessoas, nos hospitais psiquiátricos, estão sofrendo de amor. Os pais amam seus filhos, os sacerdotes amam, os políticos amam. Todos estão amando, mas o amor não é necessariamente iluminado.

Quando o amor é iluminado, ele é compaixão. Então, ele é de uma qualidade totalmente diferente. Ele lhe dá liberdade. Toda a sua função é dar liberdade, por completo. E ele não só fala de liberdade, mas também faz todo o esforço para torná-lo livre e para destruir todos os obstáculos no caminho da liberdade.

Assim, o amor pode existir, mas, se não for muito alerta, ele será destrutivo. O amor sozinho não é suficiente, ou o mundo já se teria tornado um paraíso. Você ama seu parceiro, seu parceiro o ama, mas o que acontece afinal? Nada, exceto destruição. Seu amor está certo, mas você não está certo. Existe algo no fundo do inconsciente que fica criando coisas das quais você não está ciente.

Não digo que o amor deveria ser negado, mas o amor não deveria vir primeiro. A consciência deveria vir primeiro. O amor precisa seguir como uma sombra.

21 de junho

REPRESENTAÇÃO

Uma vez capaz de desempenhar papéis, você se livra deles.

Qual é a dificuldade em desempenhar um papel? A dificuldade vem porque você está fixo em outro papel e acha que esse é a sua personalidade. Você tem desempenhado um só papel e ficou tão identificado com ele que um papel diferente parece impossível. Você precisará se soltar do passado e entrar em seu novo papel, e é bom entrar em novos papéis. Pense: trata-se apenas de um papel, de um personagem que está interpretando.

Sua essência não tem personalidade, sua essência não tem papéis. Ela pode desempenhar todos eles, mas ela não tem uma marca. É isso que torna bela a liberdade interna. Assim, simplesmente seja um ator. Em um filme, o ator está desempenhando um papel; em outro filme, outro papel. Talvez pela manhã ele esteja em um papel e, ao entardecer, em outro. O ator simplesmente escorrega de um papel a outro – e não há problema, porque ele sabe que é apenas uma representação.

Tudo na vida deveria ser assim. Você deveria ser tão capaz de entrar em papéis e sair deles a ponto de não se fixar em nenhum. Você começará a sentir uma liberdade surgindo em você e começará a sentir sua essência real. Fora isso, você está sempre confinado em um papel.

22 de junho

UM JOGO

Desempenhe o seu papel, desfrute-o; ele é divertido. Mas tome-o de uma maneira leve. Ele não merece que você se preocupe com ele.

Seja qual for o papel que você precise desempenhar em certa circunstância, desempenhe-o em sua mais completa habilidade, desempenhe-o totalmente. Mas, quando ele terminar, é irrelevante se você foi bem-sucedido ou se fracassou. Não olhe para trás, siga em frente. Existem outros papéis que você precisa desempenhar. Fracasso e sucesso não são importantes. O importante é a consciência de que tudo é um jogo.

Quando toda a sua vida fica repleta dessa consciência, você é libertado e nada o prende; você não está mais atado a coisa alguma, não está mais aprisionado por nada. Você usa máscaras, mas sabe que elas não são sua face original. E você pode remover a máscara, pois agora você sabe por que ela está ali. Ela é removível. E agora você também pode conhecer sua face original. A pessoa que está consciente de que a vida é um jogo vem a conhecer a face original. E conhecer a própria face original é conhecer tudo o que vale a pena conhecer.

23 de junho

FUTILIDADE

Tudo é fútil. Você precisa entender isso. Se você não o entender, sempre permanecerá na ilusão. Tudo é fútil, e na vida não há progresso nem aprimoramento, porque a vida está eternamente presente. A vida já é perfeita.

Tudo o que você tenta fazer para tornar a vida mais perfeita é fútil, mas leva tempo para perceber isso. Quando você estiver se sentindo estagnado, poderá fazer duas coisas. Você poderá mudar seu estilo de vida e, por alguns dias, estará mais uma vez em lua de mel, com esperanças, desejos, ambições e com a possibilidade de que amanhã estará animado. Mas, após alguns dias, perceberá que o amanhã nunca chega. De novo você ficará estagnado, e toda a coisa novamente se tornará uma rotina.

É como quando você ama um homem ou uma mulher. Terminada a lua de mel, terminado o amor. Ao final da lua de mel, novamente você estará procurando e buscando outro parceiro. Você pode seguir em frente dessa maneira, de uma lua de mel a outra, mas isso não irá ajudar. Você precisa perceber que nada existe a se alcançar na vida. A vida não é orientada por objetivos, ela está eternamente aqui e agora. Ela já é perfeita, não pode ser aprimorada.

Uma vez percebido isso, não haverá nenhum futuro, nenhuma esperança, nenhum desejo e nenhuma ambição. Você vive este momento, desfruta e se deleita nele.

24 de junho

ALGO A COMPARTILHAR

O amor é um relacionamento entre você e alguém mais. A meditação é um relacionamento entre você e você. O amor é para fora, a meditação é para dentro. O amor é um compartilhar, mas como você pode compartilhar o amor se você não o tem? O que você compartilhará?

As pessoas têm raiva, têm inveja, têm ódio e, em nome do amor, começam a compartilhar essas coisas, porque é isso que elas têm. Quando a lua de mel termina e vocês retiram suas máscaras e a realidade é revelada, o que vocês compartilharão? Vocês compartilharão aquilo que têm. Se raiva, então raiva; se possessividade, então possessividade. Haverá brigas, conflitos, batalhas, e cada um tentará dominar o outro.

A meditação lhe dará algo que você pode compartilhar. Ela lhe dará a qualidade, a energia que pode se tornar amor quando você estiver em relação com alguém. Normalmente você não tem essa qualidade. Ninguém a tem, é preciso criá-la. O amor não é algo com o qual você nasce. Ele é algo que você precisa criar, é algo que você precisa ser. Trata-se de uma batalha, de um esforço e de uma grande arte.

Quando o amor transbordar em seu interior, você poderá compartilhá-lo. Mas isso poderá acontecer somente quando você puder se relacionar consigo mesmo. E meditação nada mais é do que aprender a se relacionar consigo mesmo.

25 de junho

SER UNIVERSAL

A Terra não é dividida. A Índia, o Paquistão, a Inglaterra e a Alemanha existem somente em mapas, e esses mapas são criados por políticos, pessoas loucas por poder. Toda esta Terra é sua.

Não há necessidade de se identificar com coisa alguma. Por que ficar confinado em pequenos territórios? Por que ficar confinado pela política? Reivindique toda a herança da Terra. Ela é sua Terra. Seja um ser planetário, em vez de um ser nacional. Esqueça-se da Índia e da Inglaterra e pense em todo o globo. Pense em todos como irmãos; eles são!

Quando você se considera indiano, está contra os outros. Precisa estar, ou como definirá seu ser indiano? Você é contra a China, contra o Paquistão, contra isso e aquilo; todas as identificações são basicamente *contra*. Quando você é a favor de algo, naturalmente é contra outro algo. Não seja a favor nem contra – simplesmente seja. Existem coisas melhores a se pensar. Você não pergunta: "Com qual doença eu deveria me identificar, tuberculose ou câncer?". Essas identidades nacionais são exatamente como tuberculose e câncer.

Em um mundo melhor, não haveria países; em um mundo mais elevado, não haveria religiões. Ser humano é suficiente, e um dia você precisará ir mesmo além; você se tornará divino. Então, mesmo esta Terra será pequena demais para contê-lo, e as estrelas também serão suas, todo este universo será seu. E, quando você se torna universal, você chegou.

26 de junho

E AGORA?

Enquanto você estiver fazendo algo – entalhando, pintando, esculpindo algo –, você fica imerso no ato. Esse é seu deleite, sua meditação. Mas, quando tiver terminado, naturalmente você volta para a mente, e a mente pode começar a perguntar: "Qual é o sentido disso?"

Diz-se de Gibbon que, quando terminou sua história do mundo, ele chorou. Foi um trabalho de trinta anos, dia e noite, ano após ano, um trabalho contínuo. Ele tinha somente quatro horas de sono e vinte horas para trabalhar todos os dias. Quando terminou, ele chorou. Sua esposa não podia acreditar, seus discípulos não podiam acreditar naquilo. E perguntaram: "Por que você está chorando?" Todos estavam felizes por estar completo o trabalho, por estar completo o maior registro da história. Mas ele estava chorando: "Agora, o que farei? Estou acabado!" E morreu depois de três anos; não havia mais nada para ele fazer. Ele sempre fora jovial; no dia em que seu trabalho terminou, ele ficou velho.

Isso acontece com todo criador. Um pintor está tão envolvido na pintura que, quando termina, surge o sentimento: "E agora? Por que fiz isso?" Uma grande consciência é necessária para perceber que a alegria de pintar está na própria pintura. Não existe resultado – o fim e os meios não estão separados.

Se você estiver desfrutando algo, esse é o ponto; não peça mais nada. De que mais você precisa? A conquista está no próprio processo. Você cresceu através dele, e essa é a conquista. Você se tornou mais profundo através dele, e essa é a conquista. Você se aproximou do centro de seu ser, e essa é a conquista. Se você estiver consciente, a sensação de falta de sentido desaparecerá.

27 de junho

RESPONSABILIDADE

A partir deste momento, comece a pensar em você como a causa de sua vida e de seu mundo. Este é o significado de ser um buscador: assumir total responsabilidade pelo seu próprio ser.

A infelicidade não tem causa externa; a causa é interna. Você insiste em atirar a responsabilidade para fora de si mesmo, mas isso é apenas uma desculpa.

Sim, a infelicidade é desencadeada de fora, mas o exterior não a cria. Quando alguém o insulta, o insulto vem de fora, mas a raiva está dentro de você. A raiva não é causada pelo insulto, não é o efeito do insulto. Se não houvesse a energia da raiva em você, o insulto permaneceria impotente. Ele simplesmente passaria direto, e você não teria se perturbado por ele.

Causas não existem fora da consciência humana, elas existem dentro de você. Você é a causa da sua vida, e entender isso é entender uma das verdades mais básicas, entender isso é começar uma jornada de transformação.

28 de junho

AFLIÇÃO

A natureza pretende que todos sejamos imperadores. A natureza cria somente reis e rainhas, mas nunca aceitamos isso; parece bom demais para ser verdade.

A bem-aventurança é o único critério para saber se você está se aproximando da verdade ou não. Quanto mais perto você estiver da verdade, mais bem-aventurado você estará; quanto mais distante da verdade, mais aflito. A aflição nada mais é do que distância da verdade, e a bem-aventurança é proximidade, intimidade. E, quando você se tornar um com a verdade, haverá a bem-aventurança suprema, a qual não pode ser tirada, porque toda distância desapareceu, todo espaço entre você e a verdade desapareceu.

A verdade existe no âmago central de nosso ser, mas existimos na periferia. Vivemos na varanda do palácio e nos esquecemos completamente do todo. Decoramos nossa pequena varanda e achamos que ela é tudo o que existe. Somos mendigos autocondenados. A natureza pretende que todos sejamos imperadores. A natureza cria somente reis e rainhas, mas nunca aceitamos isso; parece bom demais para ser verdade. Estamos felizes em nossa aflição. A aflição dá algo: o ego. A aflição o gera, e a bem-aventurança o elimina.

Gostaríamos de *ser*, mesmo se formos infelizes; não desejamos desaparecer. E esse é o jogo de azar. Você precisa desaparecer, e somente então a bem-aventurança e a verdade serão possíveis.

29 de junho

DOENÇA PSICOLÓGICA

A patologia humana existe porque precisamos transcender. Se você não puder transcender a humanidade, você se tornará patológico. Você tem uma capacidade interna para ir além, mas se não a permitir, ela se voltará contra você e se tornará destrutiva.

Todas as pessoas criativas são perigosas, porque, se não lhes for permitida a criatividade, elas se tornarão destrutivas.

Os seres humanos são os únicos animais criativos sobre a terra; nenhum outro animal é tão perigoso porque nenhum outro animal cria. Eles simplesmente vivem, têm uma vida programada e nunca saem da trilha. Um cachorro vive como um cachorro e morre como um cachorro. Ele nunca tenta se tornar um Buda e, é claro, nunca se extravia e se torna um Adolf Hitler. O cachorro simplesmente segue a trilha. Ele é muito conservador, ortodoxo, burguês; todos os animais, exceto os seres humanos, são burgueses.

Os seres humanos têm em si algo de excêntrico. Eles desejam fazer algo, ir a algum lugar, ser; e, se não lhes for permitido, se não puderem ser uma roseira, gostariam de ser uma erva daninha – mas gostariam de *ser* algo. Se não puderem ser budas, serão criminosos; se não puderem criar poesia, criarão pesadelos; se não puderem florescer, não permitirão que ninguém mais floresça.

30 de junho

LEMBRANÇA

Tudo é divino! Deixe que esse seja seu primeiro fundamento – ele pode transformá-lo completamente.

É natural você se esquecer muitas vezes de que tudo é divino; não se preocupe com isso. No momento em que você se lembrar novamente, deixe que isso esteja presente. Não se arrependa por ter se esquecido por uma hora. Isso é natural, é um hábito muito antigo; por muitas vidas vivemos no hábito. Assim, é natural, não se sinta culpado por isso. Se você puder se lembrar mesmo por alguns segundos, dentro de vinte e quatro horas, isso será suficiente, porque a verdade é tão potencial, tão poderosa, que uma pequena gota dela é suficiente para destruir todo o seu mundo de inverdades. Apenas um raio de luz é suficiente para destruir a escuridão de milhares de anos.

Não é uma questão de quantidade, lembre-se. Não é uma questão de você se lembrar vinte e quatro horas por dia – como você poderia? Mas um dia você repentinamente perceberá que o impossível se tornou possível.

1º de julho

FLUIDEZ

É bom se envolver em muitas coisas. A pessoa que tem feito uma coisa, e somente uma coisa, torna-se muito fixa e as mudanças ficam difíceis.

É muito bom que as pessoas mudem desse para aquele emprego; isso as mantém fluidas. Em um mundo melhor, tudo se tornará mais móvel do que é hoje, e as pessoas deveriam mudar continuamente, de tal modo que nada se torne uma fixação – fixação é doença.

Cada novo emprego, cada novo projeto, traz uma nova qualidade a seu ser – torna-o mais enriquecido.

2 de julho

FILOSOFIA

Quase sempre acontece que, quando você sente falta de alguma coisa, começa a pensar sobre ela, começa a criar uma filosofia sobre ela.

O que observo é que as pessoas que não amam escrevem livros sobre o amor; é um tipo de substituto. As pessoas que não foram capazes de amar escrevem poesia, escrevem notáveis poesias de amor, mas não têm qualquer experiência de amor; assim, suas poesias são apenas especulações. Elas podem ter grandes voos de imaginação, mas isso nada tem a ver com a realidade do amor. A realidade do amor é totalmente diferente; ela precisa ser experimentada.

3 de julho

UNIDADE ORGÂNICA

Se você não estiver integrado, as coisas que você fizer não poderão ter uma real integração; elas poderão somente ser colocadas superficialmente juntas. E o resultado desse colocar junto será apenas uma unidade mecânica, e não uma unidade orgânica.

Você pode montar um carro, mas não pode montar uma flor da mesma maneira; a flor precisa crescer, ela tem uma unidade orgânica, uma unidade interior – ela tem um centro, e o centro vem primeiro, e depois as pétalas. Em uma unidade mecânica, as partes vêm primeiro, e depois o todo. Em uma unidade orgânica, o todo vem primeiro, e depois as partes.

Uma pessoa pode escrever poesia sem nenhuma poesia, e outra pode escrever uma história sem nenhum centro – uma tempestade em um copo d'água, um conto dito por um idiota, repleto de fúria e barulho, sem nada significar.

O significado vem da pessoa, do poeta; ele não está na poesia. Se o poeta tiver algo transbordando, a poesia se tornará luminosa, terá brilho, uma sutil unidade. Ela pulsa com a vida, tem um coração, e palpita... pode-se ouvir o palpitar do coração. Então ela vive e se desenvolve e segue se desenvolvendo. É como uma criança que nasce de você; você pode morrer, mas ela continuará a se desenvolver. A poesia real continuará a se desenvolver, mesmo quando o poeta se for. É assim que um Kalidas ou um Shakespeare continuam a viver. A poesia tem algo orgânico em si; ela não é apenas a junção de partes.

4 de julho

A GRANDE AMBIÇÃO

Todo ser humano é amor em gestação, daí a aflição, a angústia. A semente não pode ficar satisfeita em ser uma semente. Ela deseja se tornar uma árvore, deseja brincar com os ventos, deseja se erguer ao céu – ela é ambiciosa!

Cada ser humano nasce com uma grande ambição, a ambição de florescer em amor, de desabrochar em amor. Assim, percebo cada ser humano como uma possibilidade, como uma potencialidade, como uma promessa. Algo que não aconteceu ainda precisa acontecer, e, a menos que aconteça, não poderá haver satisfação nem paz; haverá agonia, sofrimento e aflição.

Somente quando uma pessoa chegou a um florescimento no qual sente que agora está realizada – agora ela se tornou aquilo para que nasceu, agora ela atingiu seu destino, agora nada mais ficou por fazer –, somente quando a ambição desapareceu completamente porque foi preenchida, somente então a pessoa está na bem-aventurança, e nunca antes disso.

5 de julho

A QUESTÃO REAL

A questão real é apenas uma cápsula na qual a resposta está oculta, uma dura concha que protege a delicada resposta interna. Ela é uma crosta que envolve uma semente.

Entre cem questões, 99 são lixo, e, por causa dessas 99, você não consegue perguntar a questão realmente valiosa. Como essas 99 bradam à sua volta, gritam e são muito barulhentas, elas não permitem que a questão real surja em você. A questão real tem uma voz muito silenciosa, serena e tênue, e essas irreais são grandes simuladoras. Por causa delas, você não pode perguntar a questão certa e não pode encontrar a resposta certa.

Assim, é um grande discernimento conhecer o lixo como lixo. Então ele começa a sair de suas mãos, porque você não pode segurá-lo por muito tempo se você sabe que ele é lixo. A própria compreensão de que ele é lixo é suficiente para que as suas mãos comecem a ficar vazias, e, quando elas estiverem vazias do lixo, sobrará somente uma questão: a questão real.

E a beleza é que, se somente sobrar a questão real, a resposta não estará distante. Ela está dentro da questão. O próprio centro da questão é a resposta.

6 de julho

INTROVERTIDO-EXTROVERTIDO

Há dois tipos de escravos: os extrovertidos e os introvertidos.

Uma pessoa que não está livre para se mover de acordo com o momento e com a situação é uma escrava. Existem dois tipos de escravos: os extrovertidos e os introvertidos. Os extrovertidos são os escravos do exterior. Eles não podem ir para dentro, esqueceram-se completamente da rota. Se você falar sobre ir para dentro, eles simplesmente olham para você desnorteados. Não entendem do que você está falando e acham que você está falando bobagem.

Uma pessoa que se tornou muito introvertida começa a perder a capacidade de se relacionar, a capacidade de responder e a capacidade de agir, e perde muito com isso. Ela fica fechada em si mesma; é como um túmulo. O extrovertido se torna o político, o introvertido se torna um escapista – e ambos estão doentes, ambos são neuróticos.

Uma pessoa realmente saudável não está fixa em coisa alguma. Entrar e sair é apenas como inspirar e expirar, como a respiração entrando e saindo... Ela é livre em ambos e, ao ser livre em ambos, está além de ambos. Ela tem uma transcendência, é uma pessoa total.

7 de julho

VULNERÁVEL E FORTE

Há pessoas que se sentem fortes somente quando não estão vulneráveis, mas essa força é apenas uma fachada, uma camuflagem. E há pessoas que são vulneráveis, mas se sentem fortes.

Aqueles que se sentem fracos quando estão vulneráveis, não podem se sentir vulneráveis por muito tempo: mais cedo ou mais tarde essa fraqueza os deixará com tanto medo que eles se fecharão. Assim, a abordagem correta é se sentir vulnerável *e* forte. Então, você poderá permanecer vulnerável, a cada dia sua força crescerá e você ficará corajoso o bastante para se tornar cada vez mais vulnerável.

A pessoa realmente valente está absolutamente aberta – esse é o critério da coragem. Somente o covarde está fechado, e a pessoa forte é tão forte como uma rocha e tão vulnerável como uma rosa. É um paradoxo, e tudo o que é real é paradoxal.

Lembre-se sempre: quando você sente algo paradoxal, não tente torná-lo consistente, porque essa consistência será falsa. A realidade é sempre paradoxal: por um lado, você se sente vulnerável; por outro, se sente forte – isso significa que um momento da verdade chegou. Por um lado, você sente que nada sabe; por outro, sente que sabe tudo – um momento da verdade chegou.

Por um lado, você sempre sente um aspecto e por outro, o aspecto exatamente oposto. E quando você tem ambos os aspectos juntos, lembre-se sempre de que algo verdadeiro está muito próximo.

8 de julho

DESCONEXÃO

A culpa sempre cria esquizofrenia. Se a culpa for muito profunda, ela poderá criar uma divisão real.

Não existe divisão entre o mundo e a espiritualidade, mas a divisão surge devido ao fenômeno da culpa. Dessa maneira, a culpa precisa ser abandonada. Não que você precise juntar a espiritualidade e o mundo; eles *estão* juntos. Não há como separá-los. Você precisa entender a sua culpa e abandoná-la; do contrário, a culpa sempre cria desconexão. Se a culpa for muito profunda, ela poderá criar uma divisão real. Uma pessoa pode realmente se tornar duas – e de tal modo que uma pode não ficar ciente da outra. A divisão pode se tornar tão grande que os dois aspectos nunca se encontram; não há encontro.

Você precisa entender a sua culpa. Mova-se tão naturalmente quanto possível e não categorize uma coisa como "espiritual" e outra como "mundana". A própria categorização está errada, porque então a divisão começa. Uma vez rotulado algo como espiritual, subitamente você condenou o mundo. Quando você diz que algo é mundano, a divisão entrou. Não há necessidade disso.

Você não divide a lua quando a vê e desfruta a noite, ou quando vê e desfruta uma criança sorrindo. O que é espiritual e o que é material? Você vê uma flor se abrindo, algo se abre em seu interior e você se deleita com a experiência. A comida está sendo feita, o aroma está ótimo e há um deleite no ar. O que é espiritual e o que é mundano?

9 de julho

ALQUIMIA

A meditação é alquímica; ela transforma todo o seu ser. Ela destrói todas as limitações, todas as estreitezas; ela o torna amplo.

A meditação o auxilia a se livrar de todas as fronteiras: as fronteiras da religião, da nação, da raça... A consciência o auxilia não somente a se livrar de todos os tipos de confinamentos e aprisionamentos lógicos e ideológicos, mas também o auxilia a transcender as limitações do corpo e da mente. Ela o torna ciente de que você é pura consciência e nada mais.

O corpo é somente a sua casa; você não é a casa. A mente é somente um mecanismo a ser usado; ela não é a mestra, mas apenas uma serva. À medida que fica ciente de que você nem é o corpo nem a mente, começa a se expandir, torna-se cada vez mais amplo. Você começa a se tornar oceânico, a ficar vasto como o céu. Essa transformação lhe traz glória e vitória.

10 de julho

ALMEJANDO O POSSÍVEL

Quando você deseja o possível, o impossível também pode acontecer.
Quando você deseja o impossível, mesmo o possível se torna difícil.

Existem dois tipos de pessoas: as de baixa energia e as de alta energia. Não há nada de bom em ter alta energia ou nada de ruim em ter baixa energia. É assim que os dois tipos existem. As pessoas de baixa energia se movem muito lentamente, não saltam, não explodem, simplesmente crescem como as árvores. Elas levam mais tempo, mas seu crescimento é mais consolidado, mais certo, e retroceder é mais difícil. Uma vez atingido um certo ponto, não o perderão facilmente.

As pessoas de alta energia se movem rapidamente, saltam, pulam. Com elas, o trabalho acontece muito rápido. Isso é bom, mas há um problema: elas podem perder o que alcançaram tão facilmente quanto o alcançaram. Elas retrocedem muito facilmente, porque seus movimentos aconteceram aos saltos e não houve um crescimento. O crescimento precisa de um amadurecimento muito lento, de aclimatação, de tempo.

As pessoas de baixa energia serão derrotadas em uma competição mundana. Elas sempre ficarão para trás. É por isso que elas foram condenadas. Há uma grande competição no mundo. Elas perderão a corrida, não serão capazes de permanecer nela, serão empurradas para fora, jogadas fora. Mas, no que se refere ao crescimento espiritual, elas podem crescer mais profundamente do que as pessoas de alta energia, porque elas conseguem esperar e ser pacientes. Elas não estão excessivamente apressadas e não querem algo instantaneamente. A expectativa delas nunca é pelo impossível, elas somente almejam o possível.

11 de julho

QUEBRANDO PONTES

Sempre é bom quebrar pontes que o ligam ao passado. Assim, você retém uma vivacidade, uma inocência e nunca perde a própria infância. Muitas vezes você precisa quebrar todas as pontes para ficar limpo e recomeçar do abecedário.

Sempre que você começa algo, você é de novo uma criança. No momento em que você começa a pensar que chegou, é tempo de novamente quebrar pontes, porque isso significa que um entorpecimento está se estabelecendo. Agora você está se tornando apenas uma entidade, uma comodidade no mercado. E qualquer um que queira ser criativo precisa morrer todos os dias para o passado; na verdade, morrer a cada momento, porque criatividade significa um renascimento contínuo. Se você não renascer, tudo o que você criar será uma repetição. Se você renascer, somente então algo novo poderá vir de você.

Mesmo grandes artistas, como poetas e pintores, chegam a um ponto em que ficam continuamente repetindo a si mesmos. Algumas vezes acontece de seu primeiro trabalho ser o mais notável. Khalil Gibran escreveu *O profeta* quando tinha apenas vinte ou vinte e um anos, e esse foi seu último grande trabalho. Ele escreveu muitos outros livros, mas nada atingiu o apogeu do primeiro. De uma maneira sutil, ele seguiu repetindo *O profeta*.

Assim, um artista, um pintor, um poeta, um músico, um dançarino, alguém que precisa criar algo novo a cada dia, tem uma imensa necessidade de se esquecer tão completamente do passado a ponto de não existir nenhuma lembrança dele. A lousa está limpa e, a partir desse frescor, nasce a criatividade.

12 de julho

O CORAÇÃO NEGLIGENCIADO

Passamos por cima de nosso coração, entramos em nossa cabeça diretamente, sem nos mover através do coração. Escolhemos um atalho. O coração foi negligenciado, ignorado, porque ele é um fenômeno perigoso.

O coração é incontrolável, e sempre tememos algo que seja incontrolável. A cabeça é controlável, ela está dentro de você, em suas mãos, e você pode manipulá-la. O coração é maior do que você. A cabeça está dentro de você, mas o mesmo não é o caso com o coração; você está dentro dele. Quando o coração desperta, você ficará surpreso ao descobrir que você é apenas um minúsculo ponto dentro dele. O coração é maior do que você, ele é vasto. E sempre tememos nos perder em algo vasto.

A função do coração é misteriosa, e o mistério naturalmente o deixa apreensivo. Quem sabe o que irá acontecer? E como você irá enfrentá-lo? No que se refere ao coração, você nunca está preparado. Com o coração, as coisas acontecem inesperadamente. Estranhos são os seus caminhos; assim, o ser humano decidiu se desviar dele, ir diretamente para a cabeça e através dela contatar a realidade.

13 de julho

COMPARAÇÃO

Minha sugestão é que você desfrute a música, desfrute a poesia, desfrute a natureza, mas evite a tentação de dissecá-las. E não faça comparações, porque é inútil comparar.

Não compare uma rosa com uma margarida. Ambas são flores, e certamente têm certas similaridades, mas é aí que suas similaridades terminam. Elas são únicas. Uma margarida é uma margarida... seu amarelo, é um amarelo dançante... A rosa é uma rosa... a cor, a vivacidade... Ambas são flores, e você pode encontrar similaridades, mas não faz sentido investigar essas similaridades. Você pode perder o rastro da singularidade, e a singularidade é bela. Existem pessoas que insistem em encontrar similaridades: o que é similar entre o *Alcorão* e a *Bíblia*, entre a *Bíblia* e os *Vedas*... Essas pessoas são estúpidas, desperdiçam o próprio tempo e desperdiçarão o tempo de outras pessoas. Olhe sempre para o incomparável e evite a tentação de comparar, porque a comparação tornará mundano e medíocre tudo o que você estiver olhando.

Jesus transformou água em vinho. Esse é um mistério de um poeta, isso é poesia – transformar água em vinho. Palavras comuns se tornam tão inebriantes quando vêm de um poeta que a pessoa pode ficar ébria. Mas existem professores, doutores e eruditos que fazem justamente o oposto: eles são especialistas em transformar vinho em água. Eles são os verdadeiros anticristos! Não faça isso. Se você não puder transformar água em vinho, é melhor não fazer coisa alguma.

14 de julho

ETERNIDADE

A eternidade não é a continuidade do tempo para sempre. Este é o significado nos dicionários: para todo o sempre. Mas "para sempre" é parte do tempo – tempo prolongado, indefinidamente prolongado, mas ainda é tempo. Eternidade é pular para fora do tempo; ela não é temporal, ela é não tempo.

O momento presente é a porta para a eternidade. O passado e o futuro são parte do tempo. O presente não é parte do tempo – ele está justamente entre os dois, entre o passado e o futuro. Se você estiver completamente alerta, somente então estará no presente; fora isso, você segue perdendo-o. Se você não estiver alerta, quando você se der conta, o presente já se foi, tornou-se o passado; ele é muito repentino.

Assim, entre o passado e o futuro há uma porta, uma passagem, um intervalo – agora – que é a porta para a eternidade. Somente na eternidade a bem-aventurança é possível; no tempo, no máximo, o prazer e, na pior das hipóteses, o sofrimento – mas ambos são fugazes. Não têm naturezas diferentes, o sofrimento vem e vai, o prazer vem e vai. Eles são momentâneos, bolhas de sabão.

A bem-aventurança não tem contraparte, ela não é uma dualidade de prazer e sofrimento, dia e noite. Ela é não dual, não conhece o oposto. Ela é uma transcendência. Tente estar mais e mais no presente, não se mova demasiadamente na imaginação e na memória. Sempre que você descobrir a si mesmo perambulando na memória, na imaginação, traga a si mesmo de volta para o presente, para aquilo que estiver fazendo, para onde você está, para quem você é. Puxe repetidamente você de volta para o presente. Buda chamou isso de recordação de si mesmo; nessa recordação, aos poucos você entenderá o que é a eternidade.

15 de julho

PONTO ZERO

Ficamos acostumados com altos e baixos. Quando estamos no alto, sentimo-nos bem; quando estamos por baixo, sentimo-nos mal. Mas exatamente no meio existe um ponto que nem é alto nem baixo; esse é o ponto neutro.

Algumas vezes o ponto neutro é muito amedrontador, porque, se uma pessoa se sente mal, ela sabe qual é o caso; se ela se sente bem, ela sabe qual é o caso. Mas, quando ela não pode sentir nenhum dos dois, está simplesmente em um tipo de limbo e fica com medo. Mas esse ponto é muito belo. Se você puder aceitá-lo, esse ponto lhe dará um imenso discernimento em sua vida. Quando você está no alto, o alto o perturba; todos os prazeres trazem agitação, trazem excitação. E quando você está por baixo, novamente fica perturbado de uma maneira negativa. Quando você está no alto, deseja se apegar a esse estado; quando está por baixo, deseja se livrar dele. Há algo ali que deve ser trabalhado e que deve mantê-lo ocupado, mas, quando você está exatamente no meio, toda a agitação desaparece; esse é um ponto zero.

Através desse ponto zero, você pode ter imenso discernimento sobre si mesmo, porque tudo está em silêncio. Não há felicidade, não há infelicidade; portanto, não há barulho de nenhum tipo e há uma completa quietude. Buda usa esse ponto muito profundamente em seu trabalho com todos os seus discípulos. Ele era uma necessidade, todos precisavam atingi-lo primeiro e só depois o trabalho real começava. Ele o chama de *upeksha* – outro nome para a neutralidade.

16 de julho

VULNERABILIDADE

A existência no corpo é muito precária. A qualquer momento, com um pouco mais de oxigênio ou um pouco menos, você desaparece! Um pouco menos de açúcar no sangue, e você desaparece... uma pequena disfunção no cérebro, e você desaparece!

A vida existe na vulnerabilidade, ela existe no perigo, na insegurança. Não há segurança, não pode haver. A segurança é somente para os mortos. Eles são muito fortes. Você pode matar um morto, pode destruir um morto? Você não pode. Os mortos são muito fortes!

Quanto mais elevada a qualidade da vida, mais frágil. Observe uma rosa, observe uma poesia, observe uma canção, observe uma música – ela vibra por um segundo e depois desaparece! Observe o amor: em um momento ele está presente, no próximo ele não está. Observe a meditação. À medida que você se eleva, descobre que as coisas se tornam cada vez mais vulneráveis. Não há nada de errado com a vulnerabilidade; isso é entender como a vida é. Fingir ser forte é tolice. Ninguém é forte, ninguém pode ser forte; isso é apenas um jogo do ego. Mesmo Alexandre, o Grande, não era forte – chegou um dia em que toda a sua força desapareceu.

Assim, aprenda a aceitar sua vulnerabilidade e haverá uma compreensão muito profunda e um fluxo profundo de energia. Você não a sentirá como um problema. Ela não é um problema, ela é algo muito significativo.

17 de julho

ÂNGULOS DIFERENTES

É sempre bom sentir o outro a partir de ângulos diferentes, porque as pessoas têm múltiplos aspectos.

Todos carregamos um mundo dentro de nós, e, se você realmente desejar conhecer uma pessoa, terá de conhecê-la a partir de todos os ângulos possíveis. Então duas pessoas podem permanecer encantadas uma pela outra pela infinidade, porque nenhum papel está fixo. E, após alguns dias, para variar, podem novamente ficar nos papéis de companheira e companheiro, e isso é belo, é algo novo, como se estivessem se reencontrando depois de muitos dias!

Mudanças são sempre boas. Descubra sempre novas maneiras e meios de se relacionar com uma pessoa, novas situações. Nunca caia na rotina. Assim, a união estará sempre fluindo. Sempre existem surpresas, e é bom surpreender o outro e ser surpreendido por ele; então a união nunca estará morta.

18 de julho

VERDADE

A verdade é alcançada somente através da consciência. Ela não é um processo mental, de maneira nenhuma. Não é para você pensar sobre a verdade; ao contrário, para conhecê-la, você precisa interromper todo o pensar; para conhecê-la, você precisa se esquecer de tudo sobre ela.

Você precisa se descarregar de todas as teorias, hipóteses, filosofias e ideologias que aprendeu. O processo de alcançar a verdade é um processo de desaprendizagem, é um processo de descondicionamento. Lentamente você precisa sair da mente, escorregar para fora da mente. Você precisa se tornar um poço de consciência, uma pura percepção, um absoluto estado de observação. Não faça nada. Apenas observe, observe tudo o que estiver acontecendo no mundo exterior e no mundo interior.

Quando você puder apenas observar sem que qualquer julgamento interfira, sem que quaisquer velhas ideias venham, a verdade será revelada. E o milagre é que ela não vem a você de algum outro lugar, nem vem do céu; ela é encontrada dentro de você – ela é sua natureza intrínseca. Conhecer a verdade é realmente uma grande revelação, porque você é ela e nunca a perdeu, nem mesmo por um único momento. Você sempre foi ela. É impossível perdê-la, porque ela é sua natureza, e sua natureza não pode ser perdida. Por isso a chamamos de natureza. Aquilo que não pode ser perdido é a própria definição de natureza. Aquilo que pode ser perdido não é a natureza, mas a educação. A verdade é a sua natureza, seu verdadeiro ser, sua verdadeira existência, seu verdadeiro centro.

19 de julho

INSEGURANÇA

O ser humano é uma flor delicada. Qualquer pedra pode esmagar você; qualquer acidente, e você desaparece. Uma vez entendido isso...

Quando você se sente muito amedrontado, o que fazer? A noite está escura, o caminho é desconhecido, nenhuma luz para iluminar o caminho, ninguém para guiá-lo, nenhum mapa, então o que fazer? Se você quiser chorar e se lamentar, chore e lamente-se, mas isso não ajudará ninguém. Melhor aceitar e tatear no escuro. Desfrute enquanto você estiver vivo. Por que perder esse tempo almejando segurança, quando ela não é possível? Essa é a sabedoria da insegurança. Uma vez entendida, aceite-a e você se livra do medo.

Isso sempre acontece quando soldados vão à guerra e estão com muito medo, porque a morte está esperando por eles. Talvez nunca mais voltem. Tremem, não podem dormir, têm pesadelos. Sonham repetidamente que foram mortos ou mutilados. Mas, quando chegam à fronte, todo o medo desaparece ao perceberem que a morte está acontecendo, que pessoas estão morrendo, que outros soldados estão mortos, que seus amigos podem estar mortos, que bombas estão caindo e tiros estão passando – em vinte e quatro horas eles se acomodam e todo o medo desaparece. Eles aceitam a realidade; começam a jogar baralho enquanto as balas estão passando, bebem chá e o desfrutam como jamais o desfrutaram, pois aquela pode ser a última xícara. Contam piada e riem, dançam e cantam. O que fazer? Quando a morte está ali, ela está ali.

Isso é insegurança. Aceite-a, e ela desaparece.

20 de julho

PALAVRAS

Palavras não são apenas palavras. Elas têm disposições de ânimo, climas próprios.

Quando uma palavra se aloja dentro de você, ela traz um clima diferente à sua mente, uma abordagem diferente, uma visão diferente. Chame a mesma coisa de um nome diferente e perceberá: algo fica imediatamente diferente.

Existem as palavras dos sentimentos e as palavras intelectuais. Abandone cada vez mais as palavras intelectuais, use cada vez mais palavras dos sentimentos. Existem palavras políticas e palavras religiosas. Abandone as palavras políticas. Existem palavras que criam conflito. No momento em que você as pronuncia, surgem discussões. Assim, nunca use uma linguagem lógica e argumentativa. Use a linguagem do afeto, do carinho, do amor, para que não surja discussão alguma.

Se você começar a ficar consciente disso, perceberá uma imensa mudança surgindo. Se você estiver um pouco alerta na vida, muitas infelicidades poderão ser evitadas. Uma única palavra pronunciada na inconsciência pode criar uma longa corrente de aflição. Uma leve diferença, apenas uma virada muito pequena, e isso cria muita mudança. Você deveria ser muito cuidadoso e usar as palavras apenas quando absolutamente necessário. Evite palavras contaminadas. Use palavras arejadas, não controversas, que não são argumentos, mas apenas expressões de suas impressões.

Se você puder se tornar um especialista em palavras, toda a sua vida será totalmente diferente. Se uma palavra trouxer infelicidade, raiva, conflito ou discussão, abandone-a. Qual é o sentido de carregá-la? Substitua-a por algo melhor. O melhor é o silêncio, depois é o canto, a poesia, o amor.

21 de julho

AUSÊNCIA DE PALAVRAS

Se possível, viva uma experiência e não a fixe com quaisquer palavras, porque isso a tornaria estreita.

Você está sentado... é um anoitecer silencioso. O sol se foi, e as estrelas começaram a aparecer. Simplesmente esteja presente. Nem mesmo diga: "Isso é belo", porque, no momento em que você diz que algo é belo, ele não é mais o mesmo. Ao dizer *belo*, você está introduzindo o passado, e todas as experiências que você disse serem belas coloriram a palavra.

Por que trazer o passado? O presente é tão vasto, e o passado tão estreito. Por que olhar por um buraco na parede, se você pode sair e olhar todo o céu?

Tente não usar palavras, mas, se precisar, seja muito cuidadoso em sua escolha, porque cada palavra tem uma nuança própria. Seja muito poético a esse respeito.

22 de julho

ESTRATÉGIAS E PRINCÍPIOS

Todas as religiões nada mais são do que métodos de despertar. Mas todas as religiões se extraviaram devido às doutrinas. Essas doutrinas não são importantes; elas nada mais são do que suportes para os métodos. Elas são arbitrárias.

Os cristãos acreditam em uma só vida. Essa crença é uma estratégia para tornar as pessoas conscientes. Você ficará surpreso, porque normalmente achamos que se trata de um princípio. Não é um princípio, é apenas uma estratégia para forçar a ideia de tocar no ponto vulnerável. É uma maneira de martelar: "Não perca tempo com coisas desnecessárias, não fique atrás de poder, de dinheiro, de prestígio, porque você tem somente uma vida. A morte está vindo; portanto, fique alerta, seja observador e perceba o que você está fazendo". Essa é uma estratégia, não um princípio.

Mas é aí que as coisas saem errado. Os cristãos acharam que esse era um princípio e começaram a construir uma grande filosofia a partir dele. Certamente essa crença é contra o hinduísmo, porque o hinduísmo diz que existem muitas vidas, uma longa cadeia de vidas, um número incalculável de vidas. Agora surge um problema: se esses forem princípios, haverá conflito. Somente um pode estar certo, e não ambos.

Mas essa ideia também é uma estratégia criada para um tipo diferente de pessoas que conheceram muita coisa, que perceberam muitas mudanças e que notaram o fato de que a história se repete. Mas o objetivo é o mesmo. O Oriente diz: "Você tem feito essas coisas repetidamente, por muitas vidas. Você vai continuar esse círculo vicioso, essa repetição entediante? Você já esteve aqui por muito tempo, fazendo repetidamente as mesmas coisas estúpidas. Já é hora, fique alerta!"

23 de julho

APENAS ISTO

Esta é a própria essência da meditação: apenas isto. Permanecer consciente apenas "disto" é meditação – percebê-lo, observá-lo, sem condenação, sem avaliação, apenas permanecendo como um espelho.

A mente pode viver somente no passado e através do passado, ou no futuro e através do futuro. O momento presente se torna seu túmulo: a mente não pode existir no "isto". E estar em um estado de não mente é estar em meditação.

Esse pode se tornar um dos maiores segredos. Ele pode se tornar a própria chave para abrir a porta do divino. Quando algo estiver passando pela mente, lembre-se: *apenas isto.* Não diga que isto é bom, não diga que é ruim; não compare. Não deseje que algo seja diferente. Seja lá o que for, é, e tudo o que não for, não é.

Todo o mundo cria muita infelicidade a partir dessa tensão. As pessoas tentam atingir aquilo que não é e tendem a se esquecer daquilo que é.

Por exemplo, quando você chora, em seu interior faça disso uma meditação. Lá no fundo, simplesmente diga: *apenas isto.* Não avalie, não pense que poderia ser diferente, não pense no que os outros acharão. Deixe acontecer e seja um observador sereno e distante. Chorar não é bom nem mau – nada jamais é bom ou mau, as coisas simplesmente são. Se você não julgar, a mente começará a desaparecer. E perceber a realidade sem a mente é perceber a verdade.

24 de julho

ALÉM DA TERAPIA

A terapia sugere que você lentamente se descarregue. O que estou ensinando está além da terapia, mas a terapia o prepara.

O trabalho da terapia é limitado: ele o ajuda a ser saudável, e isso é tudo. Meu trabalho vai além da terapia, mas ela prepara o caminho. As terapias limpam o terreno; então, posso colocar as sementes. Apenas limpar o terreno não irá fazer o jardim. É aí que a terapia se perde no Ocidente. Você vai a um terapeuta: ele limpa o terreno, ajuda você a se descarregar, e depois você começa de novo a acumular as mesmas coisas, porque o jardim não está realmente preparado. O que você irá fazer com o terreno limpo? Você juntará novamente todos os tipos de lixo.

A terapia prepara o terreno para que as rosas possam crescer em você. Assim, o terapeuta está certo, tudo deve ser expresso e aceito: a agressão, a raiva, a tristeza, o desespero, o amor. Então meu trabalho começa e poderei lhe dizer como abandonar o ego. Não há mais necessidade de carregá-lo.

25 de julho

UNIÃO

Comece a estabelecer todos os contatos possíveis com a existência. Sentado ao lado de uma árvore, abrace-a e sinta que está se encontrando e se fundindo com ela. Ao nadar, feche os olhos e sinta que você está se dissolvendo na água; deixe que haja uma união.

Onde quer que seja possível, encontre meios e maneiras para relaxar e se unir com algo. Quanto mais você unir sua energia com alguma outra energia, em qualquer forma – um gato, um cachorro, um homem, uma mulher, uma árvore –, mais próximo de casa você estará. Essa é uma tarefa agradável; na verdade, é uma tarefa extasiante.

Quando você tiver sentido isso, quando tiver aprendido o jeito para isso, ficará surpreso com o quanto você perdeu em sua vida. Cada árvore pela qual você passou poderia ter-lhe dado um grande orgasmo, e cada experiência – um pôr do sol, um alvorecer, o luar, as nuvens no céu, a grama na terra – poderia ter sido uma experiência de profundo deleite. Deitado na relva, sinta que está se tornando uno com a terra. Dissolva-se na terra, desapareça nela, deixe que ela o penetre.

Isto é uma meditação: atingir a união de todas as maneiras possíveis. Deus tem dez mil portas, e por todas as partes ele está disponível. Mas ele está disponível somente no estado de união. Por isso, algumas vezes acontece de parceiros amorosos conhecerem a meditação no orgasmo profundo. Essa é uma das maneiras de criar a união, mas essa é somente uma das maneiras; existem milhões. Se você continuar procurando, não haverá fim para isso.

26 de julho

SIM

Diga sim à vida; abandone todos os nãos possíveis. Mesmo se você precisar dizer não, diga-o, mas não se deleite em dizê-lo. E, se for possível, diga-o também na forma de sim. Não perca nenhuma oportunidade de dizer sim à vida.

Quando você disser sim, diga-o com grande celebração e alegria. Nutra-o, não o diga com relutância. Diga-o com amor, com entusiasmo, com gosto, coloque-se totalmente nele. Quando você disser sim, torne-se o sim!

Você ficará surpreso ao saber que 99, entre cem nãos, podem ser muito facilmente abandonados. Nós os dizemos apenas como parte de nosso ego; eles não eram necessários, não eram inevitáveis. O único não que permanece será muito significativo; não há necessidade de ser abandonado. Mas, mesmo ao dizermos esse não essencial, precisamos ser muito relutantes, muito hesitantes, porque *não* é morte, e *sim* é vida.

27 de julho

DOMINAÇÃO

A ideia de dominar surge a partir de um complexo de inferioridade; as pessoas dominam porque estão amedrontadas, porque estão incertas sobre si mesmas.

Existe uma história oriental muito famosa. Um cego está sentado sob uma árvore. Um rei vem, toca os pés do cego e pergunta: "Senhor, onde é o caminho para a capital?" Então, o primeiro-ministro do rei vem e, sem tocar os pés do cego, pergunta: "Onde é o caminho para a capital?" Vem a seguir um empregado, bate na cabeça do velho cego e pergunta: "Seu tolo, onde é o caminho para a capital?" O grupo do rei tinha se perdido.

Quando todos se foram, o cego começou a rir. Uma pessoa que estava por perto perguntou: "Por que você está rindo?" O cego respondeu: "Perceba, o primeiro homem devia ser um rei, o segundo devia ser o primeiro-ministro e o terceiro era um pobre guarda". O homem ficou perplexo e perguntou: "Como você sabe? Você é cego!" O cego disse: "Apenas pelo comportamento deles. O rei estava tão seguro de sua superioridade que tocou os meus pés. O empregado estava se sentindo tão inferior que precisou me bater. Ele devia estar em uma situação lastimável".

Não há necessidade de dominar, de maneira nenhuma.

28 de julho

TOLICE

Os momentos em que você sente que está fazendo algo tolo são momentos muito raros de sabedoria.

Procurar é tolice, porque já temos o que estamos procurando. Meditar é tolice, porque a meditação é um estado de não fazer. Perguntar é tolice, porque a resposta não pode vir de fora – ela somente pode vir de seu próprio coração. Na verdade, ela não pode vir como uma resposta, ela virá como um crescimento. Ela será um desabrochar, um florescer de seu ser.

Mas os momentos em que você sente que está fazendo algo tolo são momentos muito raros de sabedoria. Você nem sempre pode se sentir tolo, ou se iluminaria! Na tradição do zen, este incidente se repete continuamente, em todas as épocas e com todos os mestres: alguém vem, diz que gostaria de saber como se tornar um buda, e o mestre bate muito forte nele – porque a questão é tola. Algumas vezes aconteceu de a pessoa se iluminar com a primeira pancada do mestre, se ela estava realmente preparada e no limiar. Ela foi capaz de perceber, naquela pancada, que foi tolice perguntar como ser um buda, porque ela já era um!

Aos poucos, essas coisas irão acontecer a cada buscador. Enquanto estiver meditando, subitamente pode ocorrer um raio de luz e você perceber que isso é tolice. Mas esses são momentos muito raros de sabedoria. Somente um sábio pode se sentir tolo. Tolos nunca sentem que são tolos; eles acham que são sábios. Esta é a definição de um tolo: ele acha que é sábio. E um sábio é aquele que veio a saber que tudo é tolice.

29 de julho

CRIANÇAS

Pense em cada criança como um milagre. Respeite as crianças, reverencie-as, não fique indiferente a elas.

Cada criança é um encontro do céu com a terra. Cada criança é um milagre. Algo acontece que não deveria normalmente acontecer: o encontro da matéria com a consciência, o encontro do visível com o invisível. Assim, pense em cada criança como um milagre. Respeite as crianças, reverencie-as, não fique indiferente a elas.

No momento em que ficamos indiferentes a uma criança, começamos a matá-la. E cada criança é assassinada; é isso que está acontecendo por todo o mundo e que aconteceu em todas as eras; tem havido um enorme massacre. Não foi somente Herodes que matou todas as crianças em Israel; isso está acontecendo todos os dias; estava acontecendo antes de Herodes e tem acontecido depois dele.

Cada criança passa por um assassinato psíquico; no momento em que a criança não é respeitada e é considerada como pertencente a você, como uma propriedade, ela foi morta, foi anulada. A criança precisa ser respeitada como um deus, porque ela é novamente a vinda de Deus ao mundo. Cada criança é uma declaração de Deus de que ele ainda não está cansado, de que ele ainda não está farto da humanidade, de que ele ainda tem esperança, de que ele continuará a criar novos seres humanos, não importa o que nos tornemos. Pecadores ou santos, não importa o que fizermos, ele ainda tem esperança de que o ser humano real será criado. Deus ainda não fracassou! Essa é a declaração em cada criança que vem ao mundo, à existência.

30 de julho

IRRESPONSABILIDADE

Quando você começa a ficar responsável em relação a si mesmo, começa a abandonar suas máscaras. Os outros começam a se sentir perturbados, porque eles sempre tiveram expectativas e você satisfazia essas exigências. Agora eles sentem que você está ficando irresponsável.

Quando os outros dizem que você está sendo irresponsável, estão simplesmente dizendo que você está saindo do controle deles. Você está ficando mais livre. Para condenar o seu comportamento, eles o chamam de irresponsável.

Na verdade, sua liberdade está crescendo e você está se tornando responsável, mas responsabilidade significa a habilidade de responder. Ela não é uma obrigação que precisa ser satisfeita no sentido comum. Ela é responsividade, sensibilidade.

Porém, quanto mais sensível você ficar, mais descobrirá que muitas pessoas acham que você está ficando irresponsável – e você precisa aceitar isso –, porque os interesses delas, os investimentos delas não serão satisfeitos. Muitas vezes você não satisfará as suas expectativas, mas ninguém está aqui para satisfazer as expectativas dos outros.

A responsabilidade básica é para com você mesmo. Assim, um meditador primeiro se torna muito egoísta. Porém, mais tarde, quando ele ficar mais centrado, mais enraizado em seu próprio ser, a energia começará a transbordar. Mas isso não é uma obrigação, não é que a pessoa precise fazê-lo. Ela adora fazê-lo; trata-se de um compartilhar.

31 de julho

INEXPRIMÍVEL

Sempre que algo realmente acontece, ele é sempre inexprimível.

Quando nada acontece, você pode falar muito a respeito. Mas quando algo realmente acontece, então o falar é praticamente impossível. Você simplesmente se sente impotente.

Assim, abençoados são os momentos em que algo acontece e você não pode dizer o que está acontecendo e o que aconteceu; quando você fica perplexo e perde toda a eloquência.

Então, algo realmente aconteceu!

1º
de agosto

FELIZ CONFUSÃO

A clareza é da mente, a felicidade é do total. Tudo o que é vivo sempre é confuso. Somente coisas mortas são claras.

Não busque a clareza, ou começará a se apegar à sua infelicidade, porque a infelicidade é muito clara. Você vai a um médico e, se tiver alguma doença, ele poderá diagnosticá-la de uma maneira muito precisa. Ele pode diagnosticar se você tiver câncer ou mil e uma doenças diferentes. Mas, se você estiver saudável, o médico não tem o que diagnosticar. Na verdade, a ciência médica não tem como definir o que é saúde. No máximo, podem dizer que você não está doente, mas não podem ser muito explícitos sobre o que é a saúde. A saúde não pode ser compartimentada.

A felicidade é maior do que a saúde. A saúde é a felicidade do corpo, e a felicidade é a saúde da alma. Assim, não se preocupe com a clareza. Não estamos fazendo aritmética aqui; esqueça-se disso completamente. A confusão é caótica, certamente, até mesmo amedrontadora, mas a aventura e o desafio estão presentes. Aceite o desafio.

Focalize mais a felicidade e esqueça-se da confusão, porque a confusão fatalmente existirá. Quando você estiver se movendo em um novo território que nunca experimentou, seus velhos padrões ficarão confusos. Escute a felicidade, deixe-a ser a indicadora, deixe-a decidir seu curso e mova-se nessa direção.

2 de agosto

CARÁTER

Uma pessoa de alma não tem caráter.

Uma pessoa é uma abertura. Amanhã... quem sabe quem você será? Mesmo você não pode dizer quem você será, porque ainda não conheceu o amanhã e o que ele trará. Assim, as pessoas que são realmente alertas nunca prometem coisa alguma, pois como você pode prometer? Você não pode dizer a alguém: "Amarei você amanhã também", pois, quem sabe?

A percepção real lhe dará tamanha humildade que você dirá: "Nada posso dizer sobre o amanhã. Veremos, deixe que o amanhã venha. Espero que eu ainda ame você, mas nada é certo". E essa é a beleza.

Se você tiver caráter, poderá ser muito claro, mas, quando você vive em liberdade, isso pode ser muito confuso para você e também para os outros. Mas essa confusão tem uma beleza em si, porque ela é viva, ela está sempre vibrando com novas possibilidades.

3 de agosto

ENERGIA

Quando a árvore está transbordante de vitalidade, ela desabrocha e floresce. As flores são um luxo. Somente quando você tiver bastante e não puder contê-las, elas irromperão.

A espiritualidade é um florescimento, é o luxo supremo. Se você estiver transbordante de vitalidade, somente então algo como uma flor dourada desabrocha em você. William Blake estava certo quando disse: "Energia é deleite". Quanto mais energia você tiver, mais deleite terá.

O desespero surge porque a energia vaza e as pessoas se esqueceram de como contê-la. A energia está vazando em mil e um pensamentos, preocupações, desejos, imaginações, sonhos e memórias. E a energia está vazando em coisas desnecessárias que podem ser facilmente evitadas. Quando não há necessidade de falar, as pessoas insistem em falar; quando não há necessidade de fazer coisa alguma, elas não podem se sentar em silêncio, elas precisam "fazer".

As pessoas estão obcecadas pelo fazer, como se o fazer fosse algum tipo de tóxico; ele as mantém embriagadas. Elas permanecem ocupadas para não terem tempo de pensar nos problemas reais da vida. Elas se mantêm ocupadas para não darem de cara consigo mesmas. Elas estão amedrontadas, amedrontadas com o abismo que está abrindo a boca por dentro delas. É assim que a energia vaza, e é por isso que você nunca tem muito dela.

Você precisa aprender a abandonar o desnecessário. E 90% da vida comum é desnecessária; ela pode ser facilmente abandonada. Seja quase telegráfico, mantendo apenas o essencial, e terá tanta energia de sobra que um dia, subitamente, começará a florescer, subitamente.

4 de agosto

MEDITAÇÃO

Existe uma meditação que simplesmente acontece – não cabe a nós fazê-la. De nossa parte, somente uma coisa é necessária: se ela acontecer, não a impediremos.

A meditação que você pode manipular permanecerá um jogo da mente. É a sua mente que está no controle, é a mente que está fazendo a meditação. Mas essa meditação não poderá levá-lo além da mente. Como poderá, se a mente é a agente dela? Ela é manipulada pela mente e permanece em suas mãos.

A meditação real é aquela que não está em suas mãos; pelo contrário, você está nas mãos dela. Mas técnicas podem ajudar; elas o levam a um ponto de frustração, elas o levam a um ponto de falta de esperança e impotência, elas o levam a um ponto em que, a partir do desespero, ao perceber o círculo vicioso do seu fazer, você se dará conta de que o fazer não leva a lugar algum... Repetidamente você chega ao mesmo ponto, você está de volta à sua mente. Um dia este discernimento desponta: o seu fazer é realmente o seu não fazer. Naquele exato momento ocorre a entrega.

Então, todos os "fazeres" desaparecem, todos os esforços desaparecem. Algo desce do além. Isso é libertação. E mesmo um único momento desse vislumbre é suficiente. Você nunca será o mesmo novamente – não poderá ser o mesmo novamente.

5 de agosto

O NOVO

Lembre-se de que mudança é vida. Em cada momento, permaneça disponível ao novo.

Quando as pessoas se apegam ao passado, as mudanças param, pois elas vêm com o novo. Com o velho, não existe mudança, mas as pessoas se apegam ao velho porque ele parece seguro, confortável, familiar. Você viveu com ele, então o conhece, tornou-se habilidoso nele, tem conhecimentos a respeito dele. Com o novo, mais uma vez você será ignorante; com o novo, você cometerá enganos; com o novo, quem sabe para onde ele irá? Daí surgir o medo, e, a partir desse medo, você se apega ao velho. E no momento em que você começa a se apegar ao velho, você interrompe o fluir.

Permaneça disponível ao novo. Morra sempre para o passado. Ele está terminado! Ontem foi ontem e nunca poderá voltar. Se você se apegar a ele, estará morto com ele; ele se tornará seu túmulo. Abra o coração para o que está vindo. Dê as boas-vindas ao nascer do sol e sempre diga adeus ao pôr do sol. Sinta-se grato, ele deu muito, mas, a partir da gratidão, não comece a se apegar a ele.

Se você puder se lembrar disso, sua vida seguirá desenvolvendo-se, amadurecendo. Cada novo passo, cada nova aventura, traz nova riqueza. E quando a vida toda é movimento, na hora da morte você estará tão enriquecido e terá conhecido algo tão grandioso do supremo, que a morte não poderá tirar coisa alguma. A morte chega apenas para as pessoas pobres, para aquelas que não viveram.

6 de agosto

ESTADO BÚDICO

Nada está faltando, tudo é como deveria ser. Cada um já é perfeito. A perfeição não é para ser alcançada, ela já está presente. No momento em que você aceita a si mesmo, ela é revelada.

Se você não aceitar a si mesmo, ficará perseguindo sombras, miragens, distantes miragens. E elas somente parecem belas quando você está muito distante delas. Quanto mais próximo você chegar, mais descobrirá que nada existe, somente areia; era uma miragem. Então você cria outra miragem, e é assim que as pessoas desperdiçam sua vida inteira.

Simplesmente aceite a si mesmo como você é, nada deve ser condenado, nada deve ser julgado. Não há como julgar, como comparar, porque cada pessoa é única. Nunca existiu uma pessoa como você e nunca existirá novamente; assim, você está sozinho e a comparação não é possível. E essa é a maneira que a existência deseja que você seja, e esse é o motivo de você ser dessa maneira. Não brigue com a existência e não tente se aperfeiçoar, ou criará uma confusão. É assim que as pessoas criaram uma confusão a partir de suas vidas.

Portanto, esta é minha mensagem a você: aceite a si mesmo. Será difícil, muito difícil, porque a mente idealista está sempre observando e dizendo: "O que você está fazendo? Isso não é o correto a ser feito! Você precisa se tornar notável, precisa se tornar um Buda ou um Cristo – o que você está fazendo? Isso não se parece com um Buda, você está se comportando como um tolo. Você ficou maluco?"

Aceite a si mesmo. Nessa aceitação está o estado búdico.

7 de agosto

CANÇÃO DA VIDA

A vida pode ser uma canção, mas você pode perdê-la, ela não é inevitável. O potencial existe, mas ele precisa ser manifesto. Muitas pessoas acham que, no dia em que nascem, tudo está terminado. Nada está terminado.

No dia em que você nasce, as coisas somente começam; é o princípio. O nascimento precisa acontecer milhões de vezes em sua vida. Você precisa continuar a nascer repetidamente.

As pessoas têm um grande potencial, têm muitos aspectos, são multidimensionais, mas elas nunca exploram seu próprio ser, daí a vida permanecer triste, pobre. Essa é a pobreza real. A pobreza exterior não é um grande problema, ela será solucionada. A tecnologia chegou a um ponto em que a pobreza irá desaparecer da Terra; chegou o tempo disso. Mas o problema real é a pobreza interior. Mesmo pessoas ricas vivem uma vida muito pobre. Têm o corpo empanturrado de comidas, mas a alma está passando fome. Elas ainda não conheceram a canção da vida, elas nada ouviram a respeito. De algum jeito elas continuam existindo, administrando, empurrando-se para a frente, arrastando-se, mas não existe alegria.

Uma grande canção é possível, uma grande riqueza é possível, mas você precisa começar a investigar. E a melhor maneira de investigar a canção da própria vida é amar; essa é a verdadeira metodologia. Assim como a lógica é a metodologia para a ciência, o amor é a metodologia para o espírito. Assim como a lógica o torna capaz de se aprofundar cada vez mais na matéria, o amor o torna capaz de se aprofundar cada vez mais na consciência. E, quanto mais fundo você for, canções mais profundas serão liberadas. Quando você atingiu o âmago do seu ser, a vida toda se torna uma celebração, uma completa celebração.

8 de agosto

MANTENHA A INVIOLABILIDADE

Cada pessoa precisa ter seu próprio espaço interior. Então haverá alegria em encontrar o outro, haverá anseio e paixão em encontrar o outro.

Minha impressão é que sempre é bom separar seu trabalho de seu amor. Eles não andam bem juntos. Seus problemas de trabalho começam a afetar o seu amor, e seus problemas de amor começam a afetar o seu trabalho; as coisas se multiplicam. O amor em si mesmo é suficiente, ele é um mundo. Não o sobrecarregue com qualquer outra coisa, ele já é complicado. Mantenha as coisas separadas, e seu trabalho será mais fácil, sua vida amorosa será mais tranquila.

Companheiros amorosos não deveriam estar juntos vinte e quatro horas por dia, ou perdem o interesse. A companheira é tomada como garantida, o companheiro é tomado como garantido. Vocês não têm um espaço próprio e ficam se sobrepondo, se comprimindo e, mais cedo ou mais tarde, isso se torna estressante.

Melhor manter a inviolabilidade da pessoa. Cada pessoa precisa ter seu próprio espaço interior. Então será bom que se encontrem algumas vezes. Então haverá alegria em encontrar o outro, haverá anseio e paixão em encontrar o outro. Tendemos a nos esquecer de quem está muito próximo vinte e quatro horas por dia, o óbvio tende a ser esquecido. Trabalhem separadamente, e a sua proximidade crescerá, sua intimidade crescerá.

9 de agosto

NOITE ESCURA DA ALMA

Todos aprendemos a ser felizes, a rir e a brincar. É assim que toda a sociedade segue em frente em um carrossel. Mas todos estão carregando dentro de si uma profunda e escura noite, e ninguém está nem mesmo consciente dela.

Quando você entra em um estado meditativo, primeiro entrará nessa noite escura da alma. Se você puder passar através dela – e não há dificuldade em passar através dela –, pela primeira vez ficará ciente de que sua felicidade não era verdadeira. A falsa felicidade desaparecerá e a tristeza real virá, e somente depois da tristeza real, emergirá a felicidade real. Então você saberá que a falsa felicidade era até pior do que a tristeza real, porque pelo menos naquela tristeza existia uma realidade.

Se você estiver triste, verdadeira e sinceramente triste, essa tristeza o enriquecerá. Ela lhe dará profundidade, discernimento. Ela o tornará ciente da vida e de suas infinitas possibilidades, ciente dos limites da mente humana, da pequenez da consciência humana ao se encontrar com a infinidade à sua volta, da frágil vida sempre circundada pela morte. Quando você estiver realmente triste, ficará consciente de todas essas coisas, ficará consciente de que a vida não é apenas vida – ela também é morte.

Se você realmente deseja ser feliz, não continue a fingir, a fazer o jogo de ser feliz. Quando a infelicidade vier, logo perceberá que ela se anuviará e se tornará intensa. Mas, quando a noite está escura, a manhã está muito próxima. E, quando você parar de brigar, quando a aceitar, ela lhe dará um silêncio, um profundo sussurro. É claro que ela é triste, mas é bela. Mesmo a noite tem sua beleza própria, e aqueles que não puderem perceber a beleza da noite perderão muito.

10 de agosto

ALIMENTO

Quando a criança nasce, seu primeiro amor e seu primeiro alimento são a mesma coisa: a mãe. Assim, existe uma profunda associação entre alimento e amor; na verdade, o alimento vem primeiro, e depois segue o amor.

No primeiro dia, a criança não pode entender o amor. Ela entende a linguagem do alimento, a linguagem primitiva e natural de todos os animais. A criança nasce com fome e o alimento é imediatamente necessário. O amor não será necessário por um longo período – ele não é uma grande emergência. Uma pessoa pode viver sem amor por toda a sua vida, mas não pode viver sem alimento – esse é o problema.

Aos poucos ela sente que, sempre que a mãe está muito amorosa, ela dá o seio de uma maneira diferente. Quando ela não está amorosa, mas com raiva ou triste, ela dá o seio muito relutantemente, ou não o dá. Assim, a criança fica consciente de que, sempre que a mãe está amando, sempre que a comida está disponível, o amor está disponível. A percepção está no inconsciente.

Quando você está sentindo falta de uma vida de amor, você come mais – torna-se uma substituição. E com o alimento, as coisas são simples, porque o alimento é morto. Você pode continuar a comer tanto quanto quiser – a comida não pode dizer não. Com a comida, você permanece o mestre. Mas, no amor, você não é mais o mestre. Assim, digo-lhe que não se preocupe com a comida, pode comer tanto quanto quiser; mas comece uma vida de amor e imediatamente perceberá que não estará comendo tanto. Você observou? Se você está feliz, não come tanto. A pessoa feliz se sente tão preenchida que não sente espaço dentro; a pessoa infeliz insiste em jogar comida para dentro.

11 de agosto

O DEUS DO AMOR

Entreguem-se a algo mais elevado do que vocês dois – ao deus do amor.

É belo o mito de que existe um deus do amor; essa é uma grande compreensão. Assim, duas pessoas que se amam podem se render ao deus e permanecer independentes. E quando você é independente, há beleza; senão, você se torna apenas uma sombra, ou seu parceiro se torna uma sombra. Caso ele se torne uma sombra, naquele exato momento você começa a perder o interesse – quem ama uma sombra? Caso você se torne uma sombra, seu parceiro começa a perder interesse por você. Desejamos amar seres humanos reais, e não sombras.

Não há necessidade de se tornar a sombra de alguém. Você permanece você mesmo e seu parceiro permanece ele mesmo ou ela mesma. Na verdade, ao se entregar ao deus do amor, você se torna autêntico. E você nunca é tão autêntico como quando se torna autêntico pela primeira vez. Dois seres autênticos podem amar, e podem amar profundamente, e então não haverá necessidade de se conterem.

Deixe-me sublinhar esta ideia: quando você está entregue ao deus do amor, não é tão importante se seu parceiro permanecerá com você ou o deixará, ou se você o deixará. Uma coisa é importante: que o amor permaneça. Sua entrega é para o amor, e não para o seu parceiro. Assim, o único ponto é não trair o amor. As pessoas amadas podem mudar, o amor deve permanecer. Uma vez entendido isso, não haverá medo.

12 de agosto

CELEBREI

Pequenas coisas devem ser celebradas – o sorver o chá precisa ser celebrado. As pessoas do zen criaram uma cerimônia do chá. Esse é o ritual mais belo já desenvolvido.

Existem muitas religiões e muitos rituais, mas não há nada como a cerimônia do chá – simplesmente sorver o chá e celebrá-lo! Apenas cozinhar o alimento e celebrá-lo! Apenas tomar um banho – deitar na banheira e celebrar; ou em pé, sob o chuveiro, e celebrar. Essas são pequenas coisas – se você insistir em celebrá-las, o total de todas as suas celebrações será Deus. Se você me perguntar o que é Deus, direi: o total de todas as celebrações – celebrações pequenas e mundanas.

Um amigo vem e segura a sua mão. Não perca essa oportunidade, pois Deus veio na forma da mão, na forma do amigo. Uma pequena criança passa e ri. Não perca isso, ria com a criança – porque Deus riu por meio da criança. Você passa na rua e uma fragrância vem dos campos. Pare ali por um momento e se sinta grato – porque Deus veio como fragrância.

Se você puder celebrar momento a momento, a vida se tornará religiosa – e não existe outra religião, não há necessidade de ir a qualquer templo. Então, onde você estiver é o templo, e tudo o que você estiver fazendo é religião.

13 de agosto

MANTENHA-SE SALTANDO

Um dia acontecerá, posso percebê-lo abaixo do horizonte. A qualquer momento o alvorecer é possível, mas mantenha-se saltando, não adormeça.

Alguém perguntou a Rothschild: "Como você ficou tão rico?" Ele respondeu: "Sempre esperei por minha oportunidade, e, quando ela veio, eu simplesmente saltei sobre ela". O homem disse: "Também estou esperando por uma oportunidade, mas somente sei que ela veio quando ela já se foi! É tão raro ela vir, e, quando estou pronto para saltar sobre ela, ela se foi". Rothschild riu e respondeu: "Fique saltando, ou você a perderá! É isto que tenho feito por toda a minha vida: saltar. Uma oportunidade pode vir ou não, esse não é o ponto; mantenho-me saltando. Quando ela vier, ela me encontrará sempre saltando. A oportunidade vem e se vai em um momento, e, se você estiver pensando a respeito dela, você a perderá".

Assim, mantenha-se saltando – meditação é isso. Algum dia a coincidência acontecerá: você estará saltando e o momento certo se aproximará. Algo dá um clique e algo acontece. Trata-se de um acontecimento, e não de um fazer. Mas se você não estiver saltando, você perderá a oportunidade. É difícil, e algumas vezes também entediante, porque você chega repetidamente no mesmo espaço, e ele se torna circular. Mas continue a saltar.

14 de agosto

USO MEDICINAL

Sempre que houver pressão do exterior, entrar direto em meditação fica difícil. Assim, antes de meditar, por quinze minutos faça algo para anular a pressão.

Por quinze minutos, sente-se simplesmente em silêncio e pense no mundo inteiro como um sonho – e ele é! Pense que o mundo inteiro é um sonho e que não há nada de significativo nele. Em segundo lugar, lembre-se de que, mais cedo ou mais tarde, tudo desaparecerá – você também. Você não esteve sempre aqui e não ficará sempre aqui. Nada é permanente. E em terceiro lugar: você é apenas uma testemunha. Esse é um sonho que passa, é um filme. Lembre-se destes três pontos, que todo este mundo é um sonho e que tudo passará, mesmo você; a morte está se aproximando e a única realidade é a testemunha; você é apenas uma testemunha. Relaxe o corpo, testemunhe por quinze minutos e depois medite. Você será capaz de entrar em meditação e não haverá problema.

Mas, sempre que você sentir que essa meditação se tornou simples, interrompa-a, ou ela se tornará habitual. Ela precisa ser usada somente em condições específicas, quando for difícil entrar em meditação. Se você a fizer todos os dias, o efeito será perdido e não funcionará mais. Portanto, use-a como um remédio. Quando as coisas não estiverem indo bem, faça-a, para que clareie o caminho e você seja capaz de relaxar.

15 de agosto

FAZENDO O BEM

Faça tudo o que for necessário na vida; apenas permaneça distante. Deixe que aconteça na periferia; o centro permanece intocado.

Você precisa fazer coisas, então siga em frente fazendo-as, mas você não deveria ser perturbado por elas. O que você faz é exatamente um ato, uma representação. Uma vez entendido isso, você pode estar em qualquer lugar, em qualquer tipo de trabalho, e permanece sereno; você pode se manter absolutamente não contaminado.

O problema é que, através dos tempos, nos ensinaram a fazer o bem e não o mal, a fazer isso e não aquilo. Deram-nos mandamentos, sins e nãos. Não lhe dou mandamentos, não estou preocupado com o que você faz – toda a minha preocupação é com o seu ser.

Se você estiver silencioso, repleto de bem-estar e centrado, faça o que for preciso fazer, e não haverá problema. Se você não estiver centrado, sereno e integrado por dentro, se não estiver em um estado meditativo, então até fazer o bem não ajudará. É por isso que muitas pessoas que insistem em fazer o bem nada mais são do que "boazinhas", e o resultado final é prejudicial.

A ênfase precisa estar não no fazer, mas no ser, e ser é um fenômeno totalmente diferente. Não importa se você é um advogado, um médico, um engenheiro, uma prostituta ou um político; não importa o que você faz. Tudo o que importa é: você está centrado em seu ser? E isso mudará muitas coisas.

16 de agosto

MORRER E MEDITAÇÃO

Se você soubesse que iria morrer dentro de alguns dias, imediatamente este mundo – o dinheiro, o banco, o negócio, isso e aquilo – se tornaria inútil. Tudo não passaria de um sonho, e você já estaria despertando.

Quando alguém sabe que vai morrer dentro de um certo período – de uma maneira, a pessoa já está morta e começa a pensar sobre o futuro –, a meditação é possível. Quando uma pessoa sabe que irá morrer, espontaneamente abandonará muito lixo e imediatamente toda a sua visão será transformada.

Se você precisar partir amanhã, começará a fazer as malas e não se preocupará mais com este quarto de hotel. Na verdade, você já não estará aqui e arrumará suas malas e suas coisas pensando na jornada. O mesmo acontece com uma pessoa quando lhe dizem que ela irá morrer, que a morte é certa e que não poderá ser evitada, e que ela não deveria perder tempo; o momento decisivo chegou, e ela já desperdiçou muita vida. Imediatamente a pessoa volta as costas para o mundo e começa a espreitar a escuridão do futuro.

Naquele momento, se você lhe falar sobre meditação, ela ficará com vontade de praticá-la – e essa poderá ser uma das maiores dádivas.

17 de agosto

MAL NECESSÁRIO

Quando você vive com cegos, viva como um cego. Você não pode mudar o mundo.

Sei que a burocracia existe, mas ela precisa existir porque as pessoas são absolutamente irresponsáveis. Não há como, de uma hora para outra, abandonar a burocracia, o tribunal, a lei e os policiais. Não há como, porque você não será capaz de viver por um único momento. Trata-se de um mal necessário. Você precisa aprender a viver com pessoas que não estão alertas, que estão dormindo profundamente, que estão roncando. Pode ser perturbador para você, mas nada pode ser feito com relação a isso.

No máximo, o que você poderá fazer é não forçar o mesmo comportamento estúpido que lhe foi imposto pela sociedade. Não o imponha a ninguém. Você pode ter um companheiro, uma companheira, filhos – não o imponha a eles ou a seus amigos. Isso é tudo o que você pode fazer. Mas você precisa viver em uma sociedade e precisa seguir as regras.

Assim, não condene as coisas. Tente entender, existem muitos males que são necessários. A escolha não é entre o certo e o errado. Na vida real, a escolha sempre é entre um mal maior e um mal menor, entre um erro maior e um erro menor.

18 de agosto

VIDA E MORTE

Estas duas – as meditações da vida e da morte – podem ajudá-lo imensamente.

À noite, antes de ir dormir, faça esta meditação por quinze minutos. Ela é uma meditação da morte. Deite-se e relaxe o corpo. Sinta-se como se estivesse morrendo e sinta que não pode mover o corpo, porque você está morto. Crie a sensação de que está desaparecendo do corpo. Faça isso por dez ou quinze minutos e começará a ficar sonolento depois de aproximadamente uma semana. Medite dessa maneira e adormeça. Não interrompa a meditação. Deixe que ela se prolongue até você dormir, e, se o sono o tomar, entre nele.

Pela manhã, no momento em que você percebe que acordou, não abra os olhos – faça a meditação da vida. Sinta que você está ficando completamente vivo, que a vida está voltando e que todo o corpo está repleto de vitalidade e energia. Comece a se mover, balançando-se na cama com os olhos fechados. Sinta que a vida está fluindo em você, que o corpo tem uma grande energia fluente – exatamente o oposto da meditação da morte. Com a meditação da vida você pode respirar profundamente. Sinta-se repleto de energia e sinta que a vida está entrando com a respiração. Sinta-se repleto e muito feliz, vivo. Então, depois de quinze minutos, levante-se.

Estas duas meditações – da vida e da morte – podem ajudá-lo imensamente.

19 de agosto

ATALHO

Algo precisa ser lembrado sobre a meditação: ela é uma longa jornada e não existe atalho. Quem disser que existe atalho estará enganando você.

A meditação é uma longa jornada, porque a mudança é muito profunda e é alcançada depois de muitas vidas, de muitas vidas de hábitos, de rotinas, de pensamentos, de desejos e de estruturação da mente. Tudo isso precisa ser abandonado através da meditação. Na verdade, é praticamente impossível, mas acontece.

Tornar-se um meditador é a maior responsabilidade do mundo. Não é fácil e não pode ser instantâneo. Desde o princípio, não comece a esperar demais; assim, nunca ficará frustrado e sempre ficará feliz, porque as coisas crescerão muito lentamente.

A meditação não é uma flor de estação que floresce depois de semanas. Ela é uma árvore muito grande e precisa de tempo para irradiar suas raízes.

20 de agosto

PÉS

Sinta cada vez mais os seus pés.

Algumas vezes fique em pé sobre a terra, sem calçado, e sinta o frescor, a textura, o calor. Tudo o que a terra estiver disposta a dar naquele momento, sinta-o e deixe-o fluir através de você. E permita que sua energia flua para dentro da terra. Esteja conectado com a terra.

No máximo, as pessoas respiram até o umbigo, mas não além disso. Dessa maneira, metade do corpo fica praticamente paralisada, e, devido a isso, metade da vida também é paralisada. Então, muitas coisas se tornam impossíveis... porque a parte inferior do corpo funciona como raízes. As pernas são as raízes e elas o conectam com a terra. Assim, as pessoas estão penduradas como fantasmas, desconectadas da terra. Você precisa voltar aos pés.

Lao Tzu costumava dizer a seus discípulos: "A menos que vocês comecem a respirar a partir das solas de seus pés, não serão meus discípulos". Respirar a partir das solas dos pés – ele está perfeitamente correto. Quanto mais fundo você for, mais profunda será a sua respiração. Pode-se considerar como verdadeiro que a fronteira de seu ser é a fronteira de sua respiração. Quando a fronteira aumenta e toca seus pés, sua respiração praticamente alcança os pés – não no sentido fisiológico, mas no sentido psicológico – e você reivindica todo o seu corpo. Pela primeira vez você é inteiro, uma só peça.

21 de agosto

MENTE VELHA

Se você escutar seus gostos, estará escutando sua velha mente. Você precisa fazer coisas contra os próprios gostos, e então crescerá.

O crescimento não é tão suave como as pessoas pensam. Ele é doloroso... e a maior dor vem quando você tem que ir contra seus gostos e desgostos.

Mas quem é este que fica dizendo: "Disso eu gosto, daquilo eu não gosto?" É sua velha mente, e não você. Se ela tiver permissão, não haverá como mudar. A mente lhe dirá para ficar na velha rotina, porque ela gosta disso. Assim, você precisa sair desse padrão. Algumas vezes você precisa ir contra os gostos e desgostos.

Sempre que alguém muda um velho estilo, é doloroso, machuca. É como aprender uma nova habilidade. Você conhece muito bem a velha habilidade, então tudo segue facilmente. Quando você aprende uma nova aptidão, é difícil. E não é somente aprender uma nova habilidade, é aprender um novo ser. Será difícil, o velho precisa morrer para que o novo nasça; precisa partir para que o novo venha. Se você insistir em se apegar ao velho, não haverá espaço para que o novo entre.

22 de agosto

IDEAIS

Sempre que ensinam grandes ideais às pessoas, elas começam a se sentir sujas e culpadas, porque esses ideais são tolos e impossíveis; ninguém pode satisfazê-los.

Com ideais, não importa o que faça, você nunca consegue, sempre fracassa, porque o ideal é impossível, é desumano. Eles o chamam de "super-humano" – ele é *des*umano! Mas se torna uma autotortura, e tudo o que você fizer estará errado. É isso que pode criar problemas para você. Assim, abandone os ideais e apenas seja você mesmo.

Torne-se realista. Uma vez realista, tudo parecerá ser belo e perfeito. Quando você não tiver nenhum ideal de perfeição, tudo é perfeito, porque nada existe com o que comparar e condenar.

Não vejo o que condenar. Mas, por séculos, a mente foi condicionada a condenar. Essa é uma grande estratégia nas mãos dos políticos e dos sacerdotes – eles criam a culpa em você e assim podem manipulá-lo. E manipular um ser humano é o maior crime que alguém pode cometer.

23 de agosto

EXPECTATIVAS

Se não houver desejo, se você não tiver ideia do que deveria acontecer, as coisas acontecem.

As pessoas que têm grandes desejos nunca podem se sentir gratas, porque, comparado com os seus desejos, tudo o que acontece é sempre minúsculo. E porque você não pode se sentir grato, muito do que poderia acontecer, não acontecerá, porque isso acontece somente através da gratidão. Assim, você fica preso em um círculo vicioso: você deseja muito e, devido a isso, não pode se sentir grato. Aconteça o que acontecer, você não pode considerar, você simplesmente o ignora. E então você fica cada vez mais fechado.

Se não houver desejo, se você não tiver ideia do que deveria acontecer, as coisas acontecem. Essas coisas já estão acontecendo, mas agora você as observa. Você se sente imensamente entusiasmado porque isso aconteceu e você nada esperava. Se você espera que, quando for para a rua, encontrará mil reais, mas encontra somente uma nota de dez, você dirá: "O que estou fazendo aqui?" Mas, se você não espera aqueles mil reais, uma nota de dez cairá bem. E se você for grato, da mesma fonte de onde veio aquela nota de dez reais, dez milhões poderão vir. Mas você permanece aberto em agradecimento.

24 de agosto

OUVIR E ESCUTAR

A arte da escuta divina – meditação é isso. Se você puder aprender a escutar corretamente, aprenderá o segredo mais profundo da meditação. Ouvir é uma coisa, escutar é totalmente diferente; eles são mundos separados. Ouvir é um fenômeno físico; você ouve porque tem ouvidos. Escutar é um fenômeno espiritual; você escuta quando tem atenção, quando seu ser interior se une a seus ouvidos.

Escute os sons dos pássaros, o vento passando através das árvores, o rio fluindo, o oceano rugindo, as nuvens, as pessoas, o distante trem passando, os carros na rua – cada som precisa ser usado. E escute sem impor coisa alguma ao que você está escutando – não julgue, pois, no momento em que você julga, o escutar para.

Uma pessoa realmente atenta permanece sem tirar conclusões, nunca conclui algo sobre coisa alguma, porque a vida é um processo – nada jamais termina. Somente os tolos podem concluir; o sábio hesitará em tirar conclusões. Assim, escute sem tirar conclusões, simplesmente escute – alerta, silencioso, aberto, receptivo. Simplesmente esteja presente, envolto no som que o circunda.

E você ficará surpreso: um dia subitamente o som estará presente, você estará escutando e, ainda assim, haverá silêncio. Esse é o silêncio verdadeiro que acontece através do som.

25 de agosto

ABELHUDAS

As pessoas se tornaram completamente passivas. Você escuta música, lê um livro, assiste a um filme – em lugar nenhum você é um participante, apenas um observador dos outros, um espectador. Toda a humanidade se reduziu a ser espectadora.

É como se outra pessoa estivesse fazendo amor e você estivesse assistindo à cena – e é isso que está acontecendo. Praticamente todas as pessoas se tornaram abelhudas. Outra pessoa está fazendo as coisas, e você é um espectador. É claro que você está fora disso, assim não há envolvimento, compromisso ou perigo. Mas como você poderá entender o amor só por assistir a alguém que está fazendo amor?

Minha impressão é que as pessoas se tornaram a tal ponto espectadoras que, quando fazem amor, são observadoras. As pessoas começaram a fazer amor no claro – todas as luzes acesas, espelhos por toda a volta, para que possam assistir a si mesmas fazendo amor. Há pessoas que têm câmeras fixas em seus quartos para que, com as imagens sendo gravadas automaticamente, elas possam depois se ver fazendo amor.

Quando você participa, algo irracional começa a funcionar. Faça amor e seja como os animais selvagens. Se você escutar música, dance – quando a música se torna uma dança, a razão é colocada de lado. E a razão somente pode ser uma espectadora, nunca uma participante. Ela sempre está do lado seguro, assistindo de algum lugar onde não haja perigo.

Assim, todos os dias encontre algo que você possa fazer sem pensar. Cave um buraco na terra; isso servirá. Transpire sob o sol quente e cave – seja apenas aquele que cava. Na verdade, não seja aquele que cava, mas o cavar. Perca-se por completo nisso, torne-se um participante e repentinamente perceberá uma nova energia surgindo.

26 de agosto

RESPIRAÇÃO

Uma vez perfeita a respiração, tudo o mais entra nos eixos. Respiração é vida, mas as pessoas a ignoram, não lhe prestam nenhuma atenção. E toda mudança que acontecer, acontecerá através da mudança em sua respiração.

Todos respiram de uma maneira errada, porque toda a sociedade está baseada em condições, noções e atitudes muito erradas. Por exemplo, uma criancinha está chorando, e a mãe lhe diz para não chorar. O que a criança fará? Ela começará a prender a respiração, porque essa é a única maneira de parar de chorar. Se você prender a respiração, tudo para: o choro, as lágrimas, tudo. Então, aos poucos isso se torna fixo – não fique com raiva, não chore, não faça isso, não faça aquilo.

A criança aprende que, se ela respirar superficialmente, permanecerá no controle. Se respirar perfeita e totalmente, como toda criança nasce respirando, ela se tornará selvagem. Assim, ela se mutila.

Toda criança brinca com seus genitais, porque a sensação é prazerosa. A criança não está ciente dos tabus e das tolices sociais, mas, se a mãe ou o pai a veem brincando assim, eles lhe dizem para parar. Uma grande condenação está nos olhos dos pais, e a criança fica chocada e com medo de respirar profundamente, porque, se respirar profundamente, a respiração irá massagear seus genitais por dentro. Isso se torna problemático, e ela deixa de respirar profundamente; sua respiração fica superficial e, assim, ela se isola de si mesma.

As pessoas de todas as sociedades sexualmente reprimidas têm a respiração superficial. Respiram perfeitamente somente as pessoas que não têm uma atitude repressiva em relação ao sexo. Sua respiração é bela, completa e inteira. Elas respiram como os animais, como as crianças.

27 de agosto

VICIADO EM TRABALHO

O trabalho é bom, mas ele não deveria se tornar um vício. Muitas pessoas transformaram seu trabalho em uma droga, a fim de que possam se esquecer de si mesmas nele – como um alcoólico se esquecendo de si mesmo no álcool.

Você deveria ser capaz tanto de não fazer quanto de fazer coisas – assim, você é livre. Você deveria ser capaz de se sentar, sem nada fazer, tão perfeita, bem-aventurada e belamente como quando está trabalhando duro e fazendo muitas coisas; dessa maneira, você é flexível.

Existem dois tipos de pessoas: algumas fixadas em suas letargias e, no outro extremo, as fixadas em suas ocupações. Ambos estão aprisionados. Você deveria ser capaz de se mover sem esforço de um a outro tipo. Então você teria certa liberdade, certa graça e espontaneidade em seu ser.

Não sou contra o trabalho, não sou contra coisa alguma, mas nada deveria se tornar um vício; senão, você fica em um estado muito confuso. Se o trabalho for uma ocupação e você estiver simplesmente se escondendo nele, ele se tornará algo repetitivo, mecânico, uma obsessão, e você será possuído por um demônio.

28 de agosto

AMOR E LIBERDADE

Este é todo o problema dos seres humanos: amor e liberdade. Essas duas palavras são as palavras mais importantes da linguagem.

É muito fácil escolher uma só – escolher o amor e abandonar a liberdade –, mas então você sempre será perseguido pela liberdade e ela destruirá o seu amor. O amor parecerá ser contra a liberdade, inimigo da liberdade, antagonista. Como você pode abandonar a liberdade? Ela não pode ser abandonada, mesmo pelo amor. Aos poucos você ficará saturado do amor e começará a se mover para o outro extremo.

Um dia você deixará o amor e correrá em direção à liberdade. Mas apenas para ser livre e sem amor, como você poderá viver? O amor é uma necessidade enorme. Ser amado e amar é praticamente um respirar espiritual. O corpo não pode viver sem a respiração, e o espírito não pode viver sem o amor.

Dessa maneira, você se move como um pêndulo – da liberdade ao amor, do amor à liberdade. Dessa maneira, a roda pode continuar por muitas vidas, e é justamente assim que ela tem continuado. Chamamos a isso de roda da vida. Ela fica girando, o mesmo raio de roda subindo, descendo... A libertação vem quando você atinge uma síntese entre o amor e a liberdade. Escolha o paradoxo, não escolha as alternativas que o paradoxo lhe deu. Escolha todo o paradoxo. Não escolha um, escolha ambos, escolha-os juntos. Entre no amor e permaneça livre. Permaneça livre, mas nunca torne sua liberdade contrária ao amor.

29 de agosto

INOCÊNCIA

Se você meditar, fatalmente ficará mais inocente. Um pouco de meditação, e você começará a se sentir mais rejuvenescido. E com isso vem um tipo de irresponsabilidade – irresponsabilidade no sentido de que você não considera mais as obsessões dos outros.

Como o percebo, tornar-se inocente é uma grande responsabilidade. Você começa a ficar responsável por si mesmo e começa a abandonar suas máscaras, suas faces falsas. Os outros podem começar a se sentir perturbados, porque eles sempre tiveram expectativas e você satisfazia as exigências deles. Agora sentem que você está ficando irresponsável. Quando eles dizem que você está sendo irresponsável, estão simplesmente dizendo que você está saindo do controle deles. Você está ficando mais livre. Para condenar o seu comportamento, eles o chamam de infantil ou de irresponsável.

Na verdade, sua liberdade está crescendo e você *está* se tornando responsável – mas responsabilidade significa a habilidade de responder. Ela não é uma obrigação que precisa ser satisfeita no sentido comum. Ela é responsividade, sensibilidade.

Porém, quanto mais sensível você ficar, mais descobrirá que muitas pessoas acham que você está ficando irresponsável – e você precisa aceitar isso –, porque os interesses delas, os investimentos delas não serão satisfeitos. Muitas vezes você não satisfará as suas expectativas, mas ninguém está aqui para satisfazer as expectativas dos outros.

30 de agosto

SEXO VIRGEM

Existe um tipo de sexo que de maneira nenhuma é sexual. O sexo pode ser belo, mas a sexualidade nunca pode ser bela.

O foco deveria ser o amor. Você ama uma pessoa, compartilha o ser dela, compartilha o seu ser com ela, compartilha o espaço. Amor é exatamente isto: criar um espaço entre duas pessoas – um espaço que não pertence a nenhuma, ou pertence a ambas, um pequeno espaço entre duas pessoas onde ambas se encontram, se misturam e se fundem. Esse espaço nada tem a ver com o espaço físico. Ele é simplesmente espiritual. Nesse espaço você não é você, e o outro não é o outro. Ambos entram nesse espaço e se encontram.

Existe um tipo de sexo que de maneira nenhuma é sexual. O sexo pode ser belo, mas a sexualidade nunca pode ser bela. Sexualidade significa sexo cerebral – pensar sobre ele, planejá-lo, administrá-lo, manipulá-lo, mas o básico que permanece no fundo da mente é que a pessoa está abordando a outra como um objeto sexual.

Quando a mente nada tem a ver com sexo, então ele é um sexo puro, inocente, um sexo virgem. Esse sexo pode algumas vezes ser mais puro do que o celibato, porque, se um celibatário pensa continuamente em sexo, não se trata de celibato.

31 de agosto

LUZ

Sinta-se cada vez mais repleto de luz. Essa é a maneira de se aproximar da fonte original.

Sinta-se cada vez mais repleto de luz. Sempre que você fechar os olhos, perceba a luz percorrendo todo o seu ser. No começo será imaginação, mas a imaginação é muito criativa.

Assim, simplesmente imagine uma chama próxima ao coração e imagine-se repleto de luz. Continue aumentando essa luz, ela se torna quase ofuscante! E não somente você começará a senti-la; outros também começarão a senti-la. Sempre que você estiver próximo a eles, eles começarão a senti-la, porque ela vibra.

Ela é um direito nato de todos, mas você precisa reivindicá-la. Ela é um tesouro não reivindicado. Se você não o reivindicar, ele permanece morto, enterrado sob o solo. Uma vez reivindicado, você recupera seu próprio ser interior. Assim, sempre que você vir alguma luz, sinta profunda reverência. Apenas algo comum – uma vela está queimando, e você sente uma profunda reverência, um certo respeito. À noite aparecem as estrelas – observe-as simplesmente e sinta-se conectado com elas. Pela manhã, o sol se ergue. Observe-o e deixe o sol interior se erguer com ele. Sempre que você vir alguma luz, imediatamente tente estabelecer contato com ela – e logo você será capaz disso.

1º
de setembro

VIRTUDE

As pessoas se tornam boazinhas. Essa não é a verdadeira virtude – é uma camuflagem.

Fazer boas coisas traz respeitabilidade, dá a você uma boa sensação no ego, faz com que você sinta que é importante, significativo – não somente aos olhos do mundo, mas também aos olhos de Deus –, que você pode ficar de pé e até mesmo encontrar Deus e mostrar todos os seus bons feitos. Isso é exaltar o ego, e a religiosidade não pode exaltar o ego.

Não que uma pessoa religiosa seja imoral, mas ela não é moral – ela é amoral. Ela não tem caráter fixo. Seu caráter é líquido, vivo, movendo-se momento a momento. Ela responde às situações não de acordo com uma atitude, ideia ou ideologia fixa; ela simplesmente responde a partir de sua consciência. Sua consciência é seu único caráter, e não há outro caráter.

2 de setembro

ANSEIO

Um desejo se torna um anseio quando você está disposto a arriscar tudo por ele. Um anseio é mais elevado do que a vida: você pode morrer por ele. Desejos são muitos; o anseio pode ser somente um, porque ele necessita de sua energia total, necessita de você como você é, em sua totalidade.

Você não pode reter nenhuma parte de si mesmo, não pode se mover de uma maneira cautelosa, astuta e calculista em direção a seu anseio. Precisa ser um salto louco.

As pessoas são muito fragmentárias: um desejo as leva ao norte, outro ao sul, e todos os desejos as estão levando a todas as direções e deixando-as malucas. Daí as pessoas nunca chegam a lugar algum – não é possível –, porque parte se move nessa direção e outra parte se move em outra direção, diametralmente oposta. Como você pode chegar? Para chegar, sua totalidade será necessária. É por isso que você vê pessoas se arrastando. Elas não têm qualquer intensidade de vida; isso não é possível. Elas estão vazando em muitas direções – não podem ter muita energia.

Mas esse anseio precisa ser muito alegre; você não deveria realizá-lo de uma maneira séria porque, no momento em que você fica sério, você fica tenso. O anseio precisa ser intenso, mas de maneira nenhuma tenso. Precisa ser brincalhão, precisa ser divertido, precisa estar repleto de riso, de dança, de canção. Ele não deveria se tornar uma obrigação. Você não está sendo cortês com Deus ou com alguém – simplesmente está vivendo da maneira que você quer viver, daí a razão de você estar feliz. É dessa maneira que você escolheu viver, é dessa maneira que você quer se tornar chamejante... mas precisa ser uma chama dançante.

3 de setembro

REFLEXÃO

É um bom sinal, uma boa indicação, quando você começa a refletir sobre si mesmo – sobre o que você fez, por que você o fez.

Quando você começa a indagar sobre os próprios atos, compromissos, direções e objetivos, surge uma grande confusão. Para evitar essa confusão, muitas pessoas nunca pensam sobre o que estão fazendo; elas simplesmente seguem em frente. Insistem em correr de uma coisa à outra para não ver o tempo passar. Cansadas, elas adormecem e, no início da manhã, começam novamente a perseguir sombras. Esse processo segue em frente e, um dia, elas morrem sem saber quem eram, o que estavam fazendo e por quê.

É provável que fique hesitante a respeito de tudo. Esse é o início da sabedoria. Somente pessoas estúpidas nunca hesitam. Perceba que essa é uma das dádivas de ser um buscador. Muito mais dádivas estão a caminho.

4 de setembro

INQUIETAÇÃO

O ser humano foi criado pela natureza para aproximadamente oito horas de árduo trabalho. Aos poucos, à medida que a civilização progrediu e a tecnologia assumiu muito do trabalho humano, não temos muita coisa que requeira um árduo trabalho, e isso se tornou um problema.

No passado, as pessoas sofriam por não terem suficiente energia para lutar. Agora, estamos sofrendo por termos mais energia do que podemos usar. Isso pode se tornar inquietação, neurose, loucura. Se a energia estiver presente e não for usada corretamente, ela azeda, fica amarga. Criamos energia todos os dias, e ela precisa ser usada todos os dias. Você não pode acumulá-la, não pode ser avarento em relação a ela.

No passado, as pessoas trabalhavam duro como caçadoras e agricultoras. Aos poucos, esse tipo de trabalho diminuiu, as sociedades estão mais ricas e têm cada vez mais energia; assim, a inquietação fatalmente estará presente. Daí os americanos serem as pessoas mais inquietas que existem no mundo, e parte disso se deve ao fato de eles terem a sociedade mais rica.

Deveríamos abandonar a ideia de utilidade, porque ela é do passado. Quando a energia era menor e o trabalho era maior, a utilidade tinha sentido. Agora ela não é mais um valor. Assim, encontre maneiras de usar sua energia – jogos, caminhada, corrida – e deleite-se com elas. Use a energia e se sentirá muito calmo. Essa calma será totalmente diferente da quietude forçada. Você pode se forçar, pode ter energia e reprimi-la, mas está sentado em um vulcão e existe um constante tremor por dentro. Quanto mais energia você usar, mais energia fresca estará disponível.

5 de setembro

VELHOS HÁBITOS

Velhas tendências e velhos hábitos o forçarão a entrar no futuro e no passado. No momento em que você se lembrar, relaxe – relaxe no agora.

Ria do ridículo que são os velhos hábitos. Não estou dizendo para lutar contra eles. Se você lutar, criará ansiedade. Estou dizendo para simplesmente rir. Sempre que você se pegar em flagrante – preso no futuro ou no passado –, escorregue para fora dele, como uma cobra escorrega para fora de sua velha pele. Não há necessidade de lutar; a luta nada resolve, ela pode criar mais complexidade. Simplesmente entenda. O amanhã tomará seu próprio curso; quando ele vier, você estará presente para encará-lo. E ele nunca vem como amanhã, sempre vem como hoje. Assim, aprenda a estar no aqui e agora.

6 de setembro

MUDANÇA DE ENDEREÇO

A manhã é muito frágil, e os novos raios do sol não são muito fortes, mas eles provarão ser cada vez mais fortes a cada momento. Nutra-os, acalente-os e não se identifique com o passado.

A partir deste momento, pense em si mesmo como um recém-nascido. A noite acabou, e você nasceu para a manhã. Não será fácil, porque o domínio do passado é profundo. A manhã é muito frágil, e os novos raios do sol não são muito fortes, mas eles provarão ser cada vez mais fortes a cada momento. Nutra-os, acalente-os e não se identifique com o passado. Se qualquer velho hábito surgir, observe-o simplesmente. Permaneça à distância, como se ele pertencesse a outra pessoa, como se o carteiro tivesse entregue uma carta para a casa errada. Ela não foi endereçada a você, e você a devolve ao correio.

A mente continuará a acreditar apenas devido ao velho hábito, porque levará tempo para ela saber que o endereço mudou. A mente se move muito lentamente, e o inconsciente se move ainda mais lentamente. O corpo é muito letárgico. Eles têm sistemas de tempo diferentes.

7 de setembro

CORAÇÃO PARTIDO

A dor no coração é boa; aceite-a com alegria, permita-a, não a reprima. A tendência natural da mente é reprimir tudo o que seja doloroso. Mas, ao reprimi-lo, você destruirá algo que estava crescendo.

O coração é feito para ser partido. Seu propósito é este: ele deveria se dissolver em lágrimas e desaparecer. O coração é para evaporar, e, quando ele evapora, exatamente no mesmo lugar onde ele estava, você virá a conhecer o coração real.

Esse coração precisa ser partido. Uma vez despedaçado, subitamente você virá a conhecer um coração mais profundo. É como uma cebola: você a descasca, e uma nova camada estará presente.

8 de setembro

TERMOSTATO

Ensinaram-nos a nunca sairmos do controle em coisa alguma – na gargalhada, no choro, no amor, na raiva –, a nunca irmos além do limite.

Há um limite para tudo, e permitiram-nos chegar somente até o limite; depois disso, precisamos nos conter. Após um longo condicionamento, isso se tornou automático, como um termostato. Você vai até certa extensão e, de repente, algo acontece no inconsciente, algo dá um clique e você para.

Ensino a "descontrolar", porque somente no descontrole você ficará livre. E, quando a energia estiver se movendo espontaneamente, sem a mente por trás para manipular, para dirigir, para ditar, haverá uma imensa bem-aventurança.

As árvores existem em um plano mais baixo, porém elas são mais bem-aventuradas. E assim são os animais; eles existem em um plano mais baixo, porém são mais bem-aventurados. E a razão é que eles não sabem como controlar. Podemos ser mais bem-aventurados do que as árvores, as flores e os pássaros, mas precisamos evitar uma armadilha: a armadilha de controlar a nós mesmos.

9 de setembro

SEXO

A profundidade de sua experiência sexual decidirá a profundidade de todas as suas experiências. Se você não puder penetrar profundamente na experiência sexual, nunca poderá aprofundar-se em qualquer outra coisa, porque o sexo é a experiência mais fundamental, mais natural.

Sua biologia está pronta para o sexo, não se espera que você aprenda nada sobre ele. Se você aprende música, isso não está dado, você precisa aprendê-la. Se você aprende poesia, pintura ou dança, você precisa aprendê-la. O sexo já está ali – o texto já está escrito em sua biologia.

Assim, se você não puder se aprofundar no sexo, que é algo tão natural, como poderá se aprofundar na música, como poderá se aprofundar na dança? Se você se contiver no sexo, também se conterá na dança. Você também não será capaz de penetrar em qualquer relacionamento, porque o relacionamento tende a se tornar sexual. As pessoas têm muito medo, e particularmente a mente moderna fica com medo, porque muitas coisas passaram a ser conhecidas, e o conhecimento não as ajudou a irem fundo; ele ajudou a deixá-las com medo.

Nunca antes na história da humanidade o homem teve receio, mas, após as pesquisas no campo da sexologia feitas por Masters e Johnson, todo homem tem receio de não ser homem o bastante. E a mulher tem receio de não ser capaz de ter orgasmo. Ela passou a achar que, se não puder ter orgasmo, é melhor nem fazer sexo, porque seria muito humilhante, ou ela precisaria fingir o orgasmo. E, por dentro, o homem está com medo, nervoso e trêmulo por não saber se será capaz de provar à mulher que ele é o homem mais incrível do mundo. Que tolice! É suficiente que você seja você mesmo.

10 de setembro

IMAGINAÇÃO

Nunca negue a imaginação. Ela é a única faculdade criativa nos seres humanos, a única faculdade poética, e você não deveria negá-la.

Negada, a imaginação se torna muito vingativa; negada, ela se torna um pesadelo; negada, ela se torna destrutiva. Fora isso, ela é muito criativa. Ela é criatividade e nada mais. Porém, se você negá-la, se não admiti-la, começará um conflito entre sua própria criatividade e você mesmo, e você perderá.

A ciência nunca poderá ganhar da arte; a lógica nunca poderá ganhar do amor; a história nunca poderá ganhar do mito; e a realidade, comparada com os sonhos, é pobre, muito pobre. Assim, se você carrega alguma ideia contra a imaginação, abandone-a, porque todos nós a carregamos – esta época é muito contrária à imaginação. Ensinaram as pessoas a serem factuais, realistas, empíricas e todos os tipos de tolices. As pessoas deveriam ser mais sonhadoras, mais inocentes, mais extasiadas. Elas deveriam ser capazes de criar euforia, e somente através disso você alcançará sua fonte original.

Deus deve ser uma pessoa imensamente imaginativa. Olhe para o mundo! Seja lá quem for que o tenha criado ou sonhado, deve ser um grande sonhador... tantas cores e tantas canções... Toda a existência é um arco-íris; ele deve ter vindo de uma profunda imaginação.

11 de setembro

DIFICULDADES

As dificuldades sempre existem, são parte da vida. E é bom que existam, ou não haveria crescimento.

Dificuldades são desafios. Elas o incitam a trabalhar, a pensar, a descobrir meios de sobrepujá-las. O próprio esforço é essencial. Assim, sempre tome as dificuldades como bênçãos.

Sem dificuldades, estaríamos perdidos. Dificuldades maiores virão, e isso significa que a existência está cuidando de você, está lhe dando mais desafios. E, quanto mais você os soluciona, maiores desafios estarão esperando por você. As dificuldades desaparecem somente no último momento, mas esse último momento chega apenas devido às dificuldades. Assim, nunca tome negativamente qualquer dificuldade. Descubra algo positivo nela. A mesma rocha que bloqueia o caminho poderá funcionar como um degrau. Se não houvesse uma rocha no caminho, você nunca se elevaria. E o próprio processo de ir acima dela, tornando-a um degrau, dá-lhe uma nova altitude de ser. Quando você pensa criativamente sobre a vida, tudo é útil e tudo tem algo a lhe dar. Nada é sem sentido.

12 de setembro

CANÇÃO DE DEUS

Todos nós somos diferentes canções de um mesmo cantor, diferentes gestos de um mesmo dançarino.

Cada ser é uma canção de Deus: única, individual, incomparável, que não se repete, mas, ainda assim, vinda da mesma fonte. Cada canção tem sua própria fragrância, sua própria beleza, sua própria música, sua própria melodia, mas o cantor é o mesmo. Todos nós somos diferentes canções de um mesmo cantor, diferentes gestos de um mesmo dançarino.

Começar a sentir isso é meditação. Então, os conflitos desaparecem, as invejas se tornam impossíveis e a violência fica inimaginável, porque, por todo o mundo, ninguém mais existe além de nossos próprios reflexos. Se pertencemos à mesma fonte, como todas as ondas do oceano, então qual é o sentido do conflito, da competição, de se sentir superior ou inferior e todas essas tolices? Ninguém é superior e ninguém é inferior, todos são simplesmente eles mesmos.

E cada um é tão único que nunca antes houve algum indivíduo como você, e não existe possibilidade de haver um indivíduo como você novamente. Na verdade, você próprio não é o mesmo em dois momentos consecutivos. Ontem você era uma pessoa diferente, hoje você é outra pessoa. Amanhã, não dá para saber.

Cada ser é um fluxo, uma mudança constante, um rio fluindo. Heráclito diz que você não pode pisar no mesmo rio duas vezes. E eu lhe digo: você não pode pisar no mesmo rio nem mesmo uma vez, porque o rio está constantemente fluindo. E o rio representa a vida.

13 de setembro

DESESPERANÇA

Você tem todos os dispositivos que a tecnologia pode lhe oferecer; assim, o que lhe poderá dar o amanhã que você já não tenha hoje?

O futuro é um fiasco, e, com o fiasco do futuro, surge uma grande desesperança. Até o momento, o mundo viveu com grande esperança, mas de repente a esperança está desaparecendo e o desespero está se instalando. Para mim, isso é de imensa importância; essa crise na consciência humana é de grande significação. Ou a humanidade terá de desaparecer da Terra, ou ela terá um ser totalmente novo, um novo nascimento. E meu trabalho consiste em dar um novo nascimento à consciência humana.

O mundo nos frustrou; agora nada mais existe para almejar sobre a Terra, e o anseio pode pairar alto. Agora o visível está terminado, e poderemos procurar no invisível. Agora o tempo não faz sentido, e precisaremos penetrar no não temporal. Agora a vida mundana comum não tem charme, ela perdeu toda a alegria. Nós atendemos todos os desejos, todos os desejos possíveis, e eles não nos satisfizeram. Agora o descontentamento real é possível, e estar realmente descontente é uma grande bênção.

14 de setembro

CONVERSA

Se você não sentir vontade de conversar, não converse – não diga uma única palavra que não esteja vindo espontaneamente de você. Não se preocupe se as pessoas acharem que você está ficando maluco. Aceite isso. Se elas acharem que você ficou mudo, aceite isso e desfrute sua mudez!

O problema real é com as pessoas que falam continuamente e não sabem o que estão dizendo nem por quê. Elas continuam a falar porque não podem parar. Mas, se você ficar um pouco consciente de toda a tolice e do problema que se passa na mente, se você ficar consciente de que nada existe para dizer, de que tudo parece trivial, então você hesitará.

No início parecerá que você está perdendo a capacidade de se comunicar – não é o caso. Na verdade, as pessoas não conversam para se comunicar, mas para evitar a comunicação. Logo você será capaz de realmente se comunicar. Espere e não force. Não se preocupe com o silêncio. Você se preocupa, contudo, porque toda a sociedade se sustenta sobre a conversa, sobre a linguagem, e as pessoas muito eloquentes se tornam muito poderosas na sociedade – líderes, eruditos, políticos, escritores. Você fica com receio de estar perdendo o domínio da linguagem, mas não se preocupe. O silêncio é o domínio de Deus, e, quando você souber o que é o silêncio, terá algo a falar.

Quando você entrar profundamente no silêncio, pela primeira vez suas palavras carregarão significado. Então elas não serão apenas palavras vazias, mas estarão repletas de algo do além. Elas têm uma poesia em si, uma dança; elas carregam consigo a graça que você traz em seu interior.

15 de setembro

SONHO

Quando você for dormir, uma coisa deveria permanecer na consciência enquanto você estiver adormecendo – que tudo é um sonho; tudo, incondicionalmente, é um sonho.

O que você vê com os olhos abertos, isso também é um sonho. O que você vê com os olhos fechados, isso também é um sonho. O sonho é a matéria da qual a vida é feita. Assim, adormeça nesse clima, com esta constante lembrança de que tudo – tudo sem exceção – é um sonho. Quando tudo é um sonho, não há com o que se preocupar.

Esse é todo o conceito de *maya* – que o mundo é ilusório. Não que o mundo *seja* ilusório – ele tem sua própria realidade –, mas essa é apenas uma técnica para ajudá-lo a se acomodar profundamente em si mesmo. Então, nada o perturbará. Se tudo for um sonho, não terá sentido ficar perturbado. Pense: se neste momento você achar que tudo é um sonho – que as árvores, a noite e os sons noturnos são um sonho –, subitamente você será transportado para um mundo diferente. Você existe, o sonho existe, e não vale a pena preocupar-se com coisa alguma.

Assim, comece esta noite a adormecer com essa atitude. E pela manhã também, a primeira coisa de que você precisará se lembrar é que tudo é um sonho. Deixe que isso se repita muitas vezes durante o dia, e você se sentirá relaxado.

16 de setembro

INTIMIDADE

Quando você sabe como se relacionar – mesmo como se relacionar com as coisas – toda a sua vida muda.

Quando você coloca os sapatos, você pode se relacionar com aqueles sapatos de uma maneira muito amigável, ou você pode ser indiferente, ou mesmo antagônico. Para o sapato, nada será diferente, mas muito será diferente para você.

Não perca nenhuma oportunidade de ser amoroso. Mesmo ao colocar os seus sapatos, seja amoroso. Esses momentos em que você está repleto de amor o ajudarão. Relacione-se com as coisas como se elas fossem pessoas. E as pessoas estão fazendo justamente o oposto: relacionam-se com as pessoas como se elas fossem coisas. Um marido se torna uma coisa, um filho se torna uma coisa, uma esposa se torna uma coisa, uma mãe se torna uma coisa.

As pessoas se esqueceram completamente de que esses são seres viventes. Elas usam e manipulam. Mas você pode se relacionar até mesmo com as coisas como se elas fossem pessoas – mesmo com a cadeira você pode ter um certo relacionamento amoroso, e assim com as árvores, com os pássaros, com os outros animais e com as pessoas.

Quando a qualidade de relacionamento muda, toda a existência alcança uma personalidade, deixa de ser impessoal, indiferente – surge uma intimidade.

17 de setembro

LIBERTAÇÃO DE SI MESMO

A iluminação não é um estado de êxtase; está além do êxtase.

A iluminação não tem excitação em si; o êxtase é um estado de excitação. O êxtase é um estado da mente – um belo estado da mente, mas ainda um estado da mente. O êxtase é uma experiência, e a iluminação não é uma experiência, porque não sobrou ninguém para experimentar.

O êxtase ainda está dentro do ego, mas a iluminação está além do ego. Não é que você se torne iluminado – você não "está", então a iluminação "está". Não é que você seja libertado, não é que você permaneça nessa libertação – trata-se de uma libertação de si mesmo.

18 de setembro

CORRER

Se você puder correr uma longa distância, essa é uma meditação perfeita. Correr em ritmo lento, correr apressadamente, nadar – qualquer coisa em que você possa ficar totalmente envolvido –, é muito bom.

Somente a atividade permanece, você não, porque o ego não pode funcionar. Quando você estiver correndo, existe realmente somente o correr, e não aquele que corre. E meditação é isso.

Se houver somente a dança, e não o dançarino, isso é meditação. Se você estiver pintando e houver somente a pintura e não o pintor, isso é meditação. Torna-se meditação qualquer atividade que seja total e na qual não haja divisão entre aquele que faz e o que é feito.

19 de setembro

AUTOCENTRALIZAÇÃO

Acontece: as pessoas que ficam interessadas em sua própria natureza e desejam saber quem são tornam-se autocentradas; isso é natural.

Quando você se torna muito autocentrado, sua própria autocentralização se torna a última barreira; ela precisa ser abandonada. Nada precisa ser mudado nela; em vez disso, algo precisa ser adicionado a ela, e isso trará equilíbrio.

Buda costumava insistir na meditação e na compaixão juntas. Ele costumava dizer que, se ao meditar você sentir êxtase, imediatamente deve banhar de êxtase toda a existência. Diga imediatamente: "Deixe que meu êxtase seja de toda a existência". Não o armazene, ou isso se tornará um ego sutil. Compartilhe-o, ofereça-o imediatamente, para que novamente você fique vazio. Siga esvaziando, mas nunca acumule. Da mesma forma que você acumula dinheiro, você pode acumular êxtases e experiências grandiosas, e o ego pode ser muito fortalecido.

E esse segundo tipo de ego é mais perigoso, porque ele é mais sutil – é um ego muito piedoso, puro veneno.

20 de setembro

RETROCEDER

Não existe retorno e não existe necessidade de retornar. Você precisa ir para a frente, e não para trás.

Repetidamente você pensará em como retornar. Não existe retorno e não existe necessidade de retornar. Você precisa ir para a frente, precisa atingir sua própria luz, e isso pode ser feito. Não há possibilidade de retornar, e, ainda que houvesse, a mesma experiência não o satisfaria mais. Ela seria apenas uma repetição – ela não lhe daria a mesma excitação, pois a excitação estava em sua novidade. Agora, a mesma experiência não lhe daria qualquer alegria. Você diria: "Isso eu conheço, mas o que existe além disso? O que tem de novo nisso?" E, se ela se repetir algumas vezes, você ficará entediado.

Você precisa ir para a frente, e a cada dia existem novas experiências. A existência é tão eternamente nova que você nunca terá novamente o mesmo vislumbre. Ela tem tantos milhões de aspectos que a cada dia você pode ter uma nova visão – portanto, por que se preocupar com o velho? Não há necessidade.

21 de setembro

PERCEPÇÃO

Não há para onde irmos, precisamos apenas perceber onde estamos. Se você ficar consciente, repentinamente reconhecerá que você já está lá, exatamente aonde estava tentando chegar.

Você nasce como deveria ser – nada precisa ser acrescentado, nada precisa ser aperfeiçoado e nada pode ser aperfeiçoado. Todos os esforços para aperfeiçoar criam mais confusão e nada mais. Quanto mais você tentar se aperfeiçoar, mais estará em dificuldades, porque o próprio esforço vai contra sua realidade. Sua realidade é como deveria ser, não há necessidade de aperfeiçoá-la. Você simplesmente cresce em percepção, e não existencialmente.

É como se, não tendo verificado o seu bolso, você achasse que é um mendigo; fica, então, a mendigar... e em seu bolso você está carregando um valioso diamante que lhe poderia dar tesouros suficientes para toda a sua vida. Então, um dia você coloca a mão no bolso e, subitamente, é um imperador. Existencialmente nada mudou, a situação é a mesma: o diamante estava ali antes, o diamante está aqui agora. A única coisa que mudou é que você ficou consciente de que o possui.

Assim, todo crescimento é crescimento em percepção, e não em ser. O ser permanece exatamente como ele é. Um Buda ou um Cristo, você ou qualquer um, têm exatamente o mesmo estado, o mesmo espaço – mas um fica consciente e se torna um Buda, e o outro permanece inconsciente e mendigo.

22 de setembro

NEUROSE

A neurose só vem quando você não pode aceitar o fracasso. Ela nunca vem quando você está sendo bem-sucedido.

Quando as coisas estão indo perfeitamente bem, quando você está no topo do mundo, por que devia ficar neurótico? O problema surge somente quando você descobre que não está mais no topo. Você está na vala escura e lúgubre, agora as coisas não estão indo bem. É nesse momento que a neurose entra. A mesma energia que estava se tornando ambição e que estava sob seu controle se volta contra você como fracasso, começa a matá-lo, a destruí-lo.

Se todo neurótico fosse bem-sucedido, não haveria mais neurose no mundo. Enquanto Hitler foi bem-sucedido, ninguém suspeitou de que ele fosse louco. Mas, no último momento, ele próprio soube que era louco – suicidou-se. O problema surge somente quando você não é bem-sucedido. Você precisa apenas ser brincalhão enquanto estiver sendo bem-sucedido. Desenvolva essa atitude de diversão. O sucesso e o fracasso não são o ponto – desfrutar tudo o que você estiver fazendo é o ponto.

Cada sucesso é seguido pelo fracasso, cada dia é seguido por uma noite, e cada amor é seguido por uma escuridão. A vida é progressão, movimento, nada é estático. Agora você é jovem, um dia ficará velho. Agora você tem muitos amigos, um dia não terá nenhum. Agora você tem dinheiro, um dia não terá. Se você for brincalhão, nada estará errado. Apenas uma qualidade precisa ser desenvolvida: a da diversão.

23 de setembro

REPETIÇÃO

A repetição não existe. A existência é sempre nova, completamente nova.

Cada dia é diferente, e, se algumas vezes você não puder perceber a diferença entre um dia e outro, isso apenas significa que você não está percebendo corretamente. Nada jamais se repete. A repetição não existe. A existência é sempre nova, completamente nova. Mas, se olharmos através do passado, de pensamentos acumulados, da mente, poderá parecer repetição. Por isso, a mente é a única fonte do tédio. Ela o deixa entediado, porque nunca permite que o frescor da vida se revele a você. Ela insiste em perceber as coisas no mesmo padrão.

Se parecer que a vida está se repetindo, lembre-se sempre de que isso não é a vida, mas a sua mente. A mente torna tudo monótono, plano, unidimensional; a vida é tridimensional, é muito colorida. A mente é apenas preto e branco; a vida é como um arco-íris. Entre o preto e o branco existem milhões de nuanças de luz, cor e sombra. A vida não está dividida entre o sim e o não; a mente está. Ela é aristotélica; a vida não é.

24 de setembro

SUAVIDADE

O suave sempre supera o rígido. O suave é vivo; o rígido é morto. O suave é como uma flor; o rígido é como uma rocha. O rígido parece poderoso, mas é impotente; o suave parece frágil, mas é vivo.

Tudo o que é vivo sempre é frágil, e quanto mais elevada a qualidade da vida, mais frágil ela é. Assim, quanto mais fundo você for, mais suave se tornará, ou quanto mais suave você se tornar, mais fundo irá. O âmago mais profundo é absolutamente suave.

Este é todo o ensinamento de Lao Tzu, o ensinamento do *Tao*: seja suave, seja como a água e não como a rocha. A água cai sobre a rocha, e ninguém pode imaginar que finalmente a água irá vencer. É impossível acreditar que a água irá vencer. A rocha parece ser tão forte, tão agressiva, e a água parece ser tão passiva... Como a água irá vencer a rocha? Mas, no momento devido, a rocha simplesmente desaparece. Aos poucos, o suave penetra no rígido.

Assim, deixe que isso seja uma lembrança constante. Sempre que você começar a sentir que está se tornando rígido, imediatamente relaxe e torne-se suave, seja qual for a consequência. Mesmo se você for derrotado e momentaneamente perceber que haverá uma perda, deixe que haja a perda, mas torne-se suave – porque, a longo prazo, a suavidade sempre vence.

25 de setembro

VELOCIDADE

Todos nós temos nossa própria velocidade. Deveríamos nos mover de acordo com nossa própria velocidade, com aquela que nos é natural.

Uma vez encontrado seu ritmo certo, você será capaz de fazer muito mais. Suas ações não serão agitadas, correrão com mais tranquilidade e você será capaz de fazer muito mais. Existem trabalhadores lentos, mas a lentidão tem suas próprias qualidades. E, na verdade, essas são qualidades superiores. Um trabalhador rápido pode ser quantitativamente bom, pode produzir quantitativamente mais, porém qualitativamente nunca pode ser muito bom. Um trabalhador lento é qualitativamente melhor. Toda a sua energia se move em uma dimensão qualitativa. A quantidade pode não ser muita, mas a quantidade não é realmente o ponto.

Se você puder fazer poucas coisas, mas realmente belas, praticamente perfeitas, você se sentirá muito feliz e satisfeito. Não há necessidade de fazer muitas coisas. Se você puder fazer mesmo uma só coisa que lhe dê satisfação total, isso é suficiente; sua vida estará preenchida. Você pode seguir fazendo muitas coisas sem que nada o satisfaça. Qual é o sentido?

Alguns pontos básicos precisam ser entendidos. Não existe algo como a natureza humana. Existem tantas naturezas humanas quantos forem os seres humanos; assim, não há um critério único.

26 de setembro

PERMITINDO

O grande segredo da ciência espiritual é permitir que algo aconteça sem fazê-lo. É necessário grande entendimento e percepção para permitir que as coisas aconteçam.

O que se requer de nossa parte é o não-fazer, porque tudo o que fazemos, é a partir de nossa mente confusa. Não poderá ser algo realmente profundo, porque a própria mente é muito superficial.

Ao perceber isso, ao compreendê-lo, surge uma nova abordagem: a abordagem da entrega. O grande segredo da ciência espiritual é permitir que algo aconteça sem fazê-lo. É necessário grande entendimento e percepção para permitir que as coisas aconteçam. A mente está constantemente tentada a interferir. Ela traz seus desejos, quer que as coisas sejam de acordo com ela, e aí está todo o problema.

Somos partes minúsculas deste vasto universo. Ter alguma ideia isolada é ser idiota. Este é exatamente o significado da palavra idiota: ter alguma ideia isolada do todo. É como uma onda no oceano tentando fazer algo por conta própria. Ela é apenas parte de um imenso oceano, não é independente nem dependente, porque ela não está separada. A onda não existe, é somente uma manifestação do oceano.

Assim somos nós; e, se compreendermos isso, toda a ansiedade desaparecerá. Então, não haverá para onde ir, não haverá objetivo a ser atingido e não haverá possibilidade de falhar ou de ficar frustrado. Um grande relaxamento vem... esse é o significado do entregar-se, do confiar. Então, a vida toma uma cor totalmente nova. Ela deixa de ter a tensão que em geral está sempre presente, e você vive relaxadamente, sereno e sossegado, à vontade.

27 de setembro

TRUQUES DA MENTE

Este é o problema de todos os buscadores espirituais: mais cedo ou mais tarde a mente começa a fazer truques.

Alguém perceberá luzes, alguém começará a escutar sons, alguém começará a experimentar algo mais, e o ego diz: "Isso é fantástico, está acontecendo somente comigo. Isso é raro. Sou especial, por isso está acontecendo comigo". E você começa a cooperar.

Não preste muita atenção a isso, deixe-o de lado! Você precisa ficar completamente vazio. A única experiência espiritual digna de ser chamada de espiritual é a experiência do nada, do vazio, do que os sufis chamam de *fana*, o desaparecimento do ego. Essa é a única experiência espiritual, e tudo o mais são apenas jogos da mente. A mente pode criar muitas coisas; ela pode começar a alucinar, pode ter visões, pode ver Cristo ou Buda. A mente tem a capacidade de sonhar – mesmo com os olhos abertos, ela pode sonhar. Quando você vê Jesus à sua frente, como não acreditar? E não existe nenhum Jesus à sua frente – é sua projeção.

É por isso que os mestres do zen dizem: "Se você encontrar Buda na rua, mate-o!" Eles estão absolutamente certos. Soa como um sacrilégio, como um desrespeito dizer que você deveria matar Buda se o encontrar, mas isso é verdadeiro. Você encontrará Buda no caminho, ou Jesus, ou Maomé – esse não é o ponto –; você se deparará com qualquer coisa a que você foi condicionado desde sua infância. Grandes mestres espirituais e lamas tibetanos aparecerão, e você considerará que algo grandioso está acontecendo. E você encontrará tolos apreciando-os, e eles dirão: "Seu *status* está crescendo a cada dia que passa; você está atingindo patamares mais elevados". Não lhes dê ouvidos.

28 de setembro

IGNORÂNCIA

Ao ignorar o interior, você permanece ignorante. Não ignorar o interior é o começo da sabedoria. Gosto desta palavra ignorância. *Ela significa que algo foi ignorado, algo foi desviado, você não prestou atenção a ele.*

Algo está presente, sempre esteve presente, mas você tem sido negligente com ele. Talvez por estar sempre presente, ele possa ser facilmente ignorado. Sempre ignoramos aquilo que está sempre presente, e sempre prestamos atenção ao novo, porque o novo traz mudança. O cachorro pode continuar sentado se nada se mover à sua volta – ele pode descansar, pode sonhar. Basta que algo se mova, e ele fica imediatamente alerta. Mesmo se uma folha seca se mover, ele começará a latir. Esse é exatamente o estado da mente; ela presta atenção somente quando algo muda; depois adormece novamente.

E nosso tesouro interior sempre esteve conosco. É muito fácil ignorá-lo; aprendemos a ignorá-lo. Esse é o significado da palavra *ignorância*. Deixe que sua busca seja o começo do não mais ignorar o interior, e o despertar virá por si mesmo. E, quando o amor estiver desperto, a vida terá um sabor totalmente diferente: o sabor do néctar, da imortalidade, da vida eterna.

29 de setembro

VELHO E MEDÍOCRE

A mente segue encolhendo – à medida que você envelhece, a mente fica cada vez menor e cada vez mais medíocre. Não é por acaso que os velhos comecem a ser um pouco medíocres.

Muitos velhos estão sempre raivosos, irritados e incomodados sem uma razão particular. A razão é que eles perderam o coração em sua vida. Eles viveram somente pela mente, que não sabe como se expandir; ela sabe somente como se encolher. Quanto mais você conhece, menor a sua mente.

O ignorante tem uma mente maior do que o erudito, porque o ignorante nada tem na mente, e há espaço. O erudito está muito cheio de conhecimento, e não há espaço. O coração é outro nome para o espaço interior.

Assim como existe o espaço exterior – o céu sem fronteiras, não existe limite para ele –, exatamente da mesma maneira o céu interior: ilimitado. Precisa ser assim; se o exterior é infinito, o interior não pode ser finito, ele precisa equilibrar o exterior, ele é o outro polo. O céu interior é tão grande quanto o exterior, exatamente na mesma proporção.

A meditação não deve acontecer na cabeça. Ela não pode acontecer ali, e tudo o que acontecer ali será somente uma imitação da meditação, não a verdadeira, não a real. A real sempre acontece no coração. Assim, lembre-se: quando falo de despertar, estou falando do despertar do coração. Isso não deve ser entendido somente como uma doutrina; isso precisa ser experimentado, precisa se tornar seu estado existencial.

30 de setembro

RAIVA E SOFRIMENTO

A raiva surge como uma proteção contra o sofrimento. Se alguém o machuca, você fica com raiva, como uma proteção de seu ser contra o sofrimento. Assim, todo sofrimento é suprimido pela raiva – camadas e camadas de raiva por cima do sofrimento.

Continue a trabalhar com a raiva e a qualquer momento sentirá que a raiva desapareceu – você ficará triste, e não raivoso. O clima mudará da raiva para a tristeza, e, quando isso acontece, pode estar certo de que agora você está próximo do sofrimento; ele eclodirá.

É como se cavássemos um buraco na terra para fazer um poço. Primeiro precisamos remover a terra e muitas camadas de pedra, e depois a água surge. No início, a água não é limpa, é lamacenta; aos poucos, fontes mais limpas ficam disponíveis. Primeiro a raiva surgirá, e ela tem muitas camadas, como a terra. Então a tristeza virá como a água enlameada, e depois o sofrimento – limpo e puro – estará disponível. E o puro sofrimento é imensamente belo, porque ele lhe dará outro nascimento.

1º de outubro

DESILUSÃO

Um dos discernimentos mais significativos é entender que não era amor o que você até então chamou de amor. Quando isso acontece, muito se torna possível.

As pessoas insistem em achar que amam, e essa se torna sua maior ilusão – e quanto mais cedo elas ficarem desiludidas, melhor. O amor é algo tão raro que não pode estar facilmente disponível a todos. Ele não está; é tão raro quanto o estado búdico, e não menos do que isso.

Saber que você não conhece o amor é um bom discernimento, mas isso o deixará triste e até mesmo lhe dará certo desânimo. Mas não se preocupe, porque, a partir de uma noite escura, nasce a manhã. Quando a noite estiver mais escura, a manhã estará mais próxima. Você ficará muito sombrio, porque tudo o que você considerava como amor não era amor, e você viveu em sonhos e perdeu a realidade. Quando esse discernimento despontar em você, você ficará muito triste, quase morto. Não tente escapar desse estado, relaxe nele, deixe-se mergulhar nessa tristeza, e logo sairá dela completamente novo.

A tendência humana é não permitir a tristeza, é escapar dela – ir ao restaurante, ao cinema, encontrar amigos ou fazer qualquer outra coisa que o leve a escapar desse estado. Mas, se você escapar, novamente perderá algo que iria acontecer. Assim, relaxe nesse estado.

2 de outubro

O FALSO E O VERDADEIRO

Na primeira vez em que a mente fica meditativa, o amor parece uma escravidão. E, de certa maneira, isso é verdadeiro, porque uma mente que não é meditativa não pode realmente amar. Esse amor é falso, ilusório, mais um encantamento do que amor.

Você não tem com que comparar o amor falso, a menos que o real aconteça; assim, quando a meditação começa, o amor ilusório aos poucos se dissipa, desaparece. Não fique abatido e não faça do desapontamento uma atitude permanente.

Se alguém for um criador e meditar, toda a criatividade desaparecerá por um tempo. Se você for um pintor, subitamente não se encontrará na pintura. Você pode continuar, mas aos poucos não terá energia e entusiasmo. Se você for um poeta, a poesia deixará de fluir. Se você estava amando, essa energia simplesmente desaparecerá. Se você se forçar a entrar em um relacionamento, ou se forçar a ser seu velho eu, esse esforço será muito perigoso. Você estaria fazendo algo contraditório: por um lado tentando entrar, e por outro tentando sair. É como se você estivesse dirigindo um carro e ao mesmo tempo pisasse no acelerador e no freio. Pode acontecer um desastre, porque você está fazendo duas coisas opostas ao mesmo tempo.

A meditação é somente contra o amor falso. O falso desaparecerá, e essa é a condição básica para o real aparecer. O falso deve ir embora, ele precisa deixar você completamente desocupado; somente então você estará disponível ao real. Muitas pessoas acham que o amor é contra a meditação e que a meditação é contra o amor – isso não é verdade. A meditação é contra o falso amor, mas é totalmente a favor do verdadeiro amor.

3 de outubro

IMPOTÊNCIA

O mundo é vasto, e os seres humanos são impotentes. É difícil, muito difícil, mas, uma vez aceito o sofrimento humano básico, você ficará absolutamente sereno.

É mais fácil aceitar a própria infelicidade do que a infelicidade de outra pessoa. É possível aceitar o sofrimento de alguém, mas a infelicidade de uma criança – inocente, impotente, sofrendo sem razão alguma, sem poder retaliar, sem nem mesmo poder protestar ou se defender – parece tão injusta, tão feia e horrível que fica difícil aceitar.

Lembre-se de que não somente a criança é impotente, você também é. Uma vez entendida sua própria impotência, a aceitação seguirá como uma sombra. O que você pode fazer? Você também é impotente. Não estou dizendo para ficar duro como uma pedra. Sinta, mas saiba que você é impotente. O mundo é vasto, e os seres humanos são impotentes. No máximo, podemos sentir compaixão. E, mesmo se fizermos algo, não existe certeza de que o nosso fazer irá ajudar – ele pode causar até mais infelicidade.

Assim, não estou dizendo para perder sua compaixão. Perca somente o seu julgamento de que o sofrimento humano está errado. E abandone a ideia de que você precisa fazer algo a respeito, porque, quando torna-se executor da ação, perde-se a testemunha. A compaixão é boa, e a impotência também é boa. Chore, não há nada de errado nisso. Deixe as lágrimas rolarem, mas permita-as sabendo que você também é impotente, e é por isso que está chorando. A própria ideia de que podemos fazer alguma mudança é muito egocêntrica, e o ego perturba as coisas. Assim, abandone esse ego e apenas observe.

4 de outubro

INALTERÁVEL

Lembre-se sempre de que você não é o momentâneo, mas o eterno; não o que muda, mas o inalterável.

Em uma flor existem dois componentes: um que está sempre mudando – a parte do corpo, a forma – e, oculto atrás da forma, o amorfo, que é inalterável. As flores vêm e vão, mas a sua beleza permanece. Algumas vezes ela é manifesta em uma forma, outras vezes ela se dissolve e volta ao amorfo. Novamente haverá flores, e a beleza se afirmará. Então as flores murcharão e a beleza se moverá para o não manifesto.

E o mesmo está acontecendo com os seres humanos, com os pássaros, com os outros animais, com tudo. Temos duas dimensões: a parte do dia, quando nos tornamos manifestos, e a parte da noite, quando nos tornamos não manifestos – mas somos eternos. Sempre estivemos e sempre estaremos. O ser está além do tempo e além da mudança.

No começo lembre-se disso "como se fosse real", e depois começará a sentir a sua realidade.

5 de outubro

MUDANÇA

Desejamos mudar se não houver risco, e isso é impossível. Esta condição – de que não haja risco – torna impossível mudar, porque tudo precisa ser colocado em jogo, e somente então a mudança será possível.

A mudança não pode ser parcial. Ou ela é ou não é – ela somente pode ser total. Assim, a decisão é entre ser ou não ser. Trata-se de um salto, e não de um processo gradual. Se você estiver realmente saturado da vida que você tem vivido, se estiver realmente saturado dos seus velhos padrões, então não haverá problema. É fácil, muito fácil mudar se você entender que tem vivido uma vida que não vale muito, que não trouxe coisa alguma, que nunca lhe permitiu florescer.

Não é uma questão de reconhecimento mundano. As pessoas podem considerar que você foi bem-sucedido, que você tem todas as qualidades que elas próprias gostariam de ter, mas esse não é o ponto. No fundo, você sente uma estagnação, um congelamento, um encolhimento, como se já estivesse morto, como se algo estivesse fechado. O sabor da vida, a poesia, o fluxo, a canção desapareceram; a fragrância já não está presente. Você segue em frente porque precisa seguir. O que você pode fazer? Você parece quase uma vítima das circunstâncias, do acaso, como um fantoche, sem saber o que está fazendo, aonde está indo, de onde veio e quem é.

Se você realmente achar que isso tem sido assim, a mudança será muito fácil. Na verdade, ela é um fenômeno tão espontâneo que nada precisa ser feito a respeito. A própria compreensão traz a mudança. A compreensão é uma revolução radical, e não existe outra revolução.

6 de outubro

DESAPEGO

Não sou a favor da renúncia. Desfrute tudo o que a vida dá, mas sempre permaneça livre. Se os tempos mudarem, se as coisas desaparecerem, não fará diferença para você. Você pode viver em um palácio ou em uma cabana... você pode viver igualmente feliz sob o céu.

A constante consciência de que não deveríamos nos apegar a nada torna a vida bem-aventurada. Podemos desfrutar imensamente tudo o que está disponível, e é sempre mais do que podemos desfrutar, e está sempre disponível! Mas a mente é demasiadamente apegada às coisas – tornamo-nos cegos à celebração que está sempre disponível.

Há uma história de um mestre zen. Uma noite um ladrão entrou em sua cabana, mas não havia nada para roubar. O mestre ficou muito preocupado com o que o ladrão iria pensar. Ele tinha vindo da cidade, cerca de seis a sete quilômetros de distância, e a noite estava muito escura... O mestre tinha somente um cobertor, que levava com ele – aquela era a sua roupa, a sua coberta, tudo. Ele colocou o cobertor em um canto, mas o ladrão não o enxergou no escuro; assim, o mestre precisou dizer-lhe que pegasse o cobertor, implorou que o ladrão o recebesse como um presente, insistindo que ele não deveria voltar com as mãos vazias. O ladrão ficou muito perplexo e se sentiu tão constrangido que simplesmente escapou com o cobertor. O mestre escreveu um poema dizendo que, se fosse capaz, teria dado ao homem à lua. E sob a lua naquela noite, nu, ele desfrutou o luar mais do que nunca.

A vida está sempre disponível, ela é sempre mais do que você pode desfrutar; você sempre tem mais do que pode dar.

7 de outubro

VISLUMBRES

Sempre começa com vislumbres, e é bom que seja assim; uma abertura repentina do céu seria demasiada, insuportável. Se a realização acontecesse muito repentinamente, você poderia enlouquecer.

Algumas vezes você pode ser tolo o bastante para entrar em alguma realização de uma maneira muito repentina, o que pode ser perigoso, porque ela será demasiada para você; você não será capaz de absorvê-la. A questão não é a realização em si, mas como digeri-la aos poucos, de tal modo que ela não seja uma experiência, mas que se torne seu ser. Se for uma experiência, ela virá e irá embora, e permanecerá como um vislumbre. Nenhuma experiência pode ser permanente – somente o seu ser pode ser permanente.

E não seja ambicioso em relação a questões interiores. A ambição é ruim mesmo em questões exteriores, e muito ruim nas interiores. Ela não é tão perigosa se você for ambicioso em relação a dinheiro, poder e prestígio, porque essas coisas são fúteis, e, se você for ambicioso ou não, não faz muita diferença. Mas, quando você se move no caminho interior, a ambição interna pode ser muito perigosa. Muitas pessoas ficaram praticamente loucas. Pode ser ofuscante demais para seus olhos, e elas podem ficar cegas.

Sempre é bom ir e vir. Deixe que seja um ritmo constante, de tal modo que você nunca esteja fora do mundo e nunca dentro do mundo. Aos poucos você perceberá que o transcendeu. Esse processo precisa ser muito gradual – como o de uma flor, que se abre muito gradualmente a ponto de não se perceber quando a abertura realmente aconteceu.

8 de outubro

O CORPO

Sempre escute o seu corpo. Ele sussurra, nunca grita.

O corpo lhe dá mensagens somente em sussurros. Se você ficar alerta, será capaz de entendê-lo. E o corpo tem uma sabedoria própria, que é muito mais profunda do que a da mente. A mente é imatura. O corpo permaneceu sem a mente por milênios. A mente chegou mais tarde, ela ainda não sabe muito. Tudo o que é básico, o corpo ainda o mantém sob seu controle. Somente coisas inúteis foram dadas à mente – pensar sobre filosofia, Deus, inferno, política.

Assim, escute o corpo e nunca se compare com mais ninguém. Nunca antes houve uma pessoa como você e nunca haverá. Você é absolutamente único – no passado, no presente e no futuro. Assim, você não pode comparar características com ninguém e não pode imitar ninguém.

9 de outubro

ESTRELA POLAR

A estrela polar é a mais permanente e imóvel. Tudo se move, mas essa é a única estrela que não se move.

O amor é a estrela polar. Tudo se move, exceto o amor. Tudo muda, somente o amor permanece. Neste mundo em mutação, somente o amor é a substância imutável. Tudo o mais é um fluxo, é momentâneo; somente o amor é eterno.

Assim, você precisa se lembrar destes dois pontos. Um é o amor, porque essa é a única coisa não ilusória, a única realidade; tudo o mais é sonho. Se você puder se tornar amoroso, você se tornará real; se atingir o amor total, você se tornará você mesmo, a verdade, porque o amor é a única verdade.

E o segundo ponto de que você deve se lembrar é que, quando estiver caminhando, há algo em você que nunca caminha. Essa é a sua alma, sua estrela polar. Você come, mas algo em você nunca come; você fica com raiva, mas algo em você nunca fica com raiva; você faz mil e uma coisas, mas algo em você permanece absolutamente além do fazer. Essa é sua estrela polar. Ao caminhar, lembre-se daquilo que nunca caminha; ao se mover, lembre-se do imóvel; ao conversar, lembre-se do silêncio; ao fazer coisas, lembre-se do ser.

Lembre-se sempre do que é absolutamente permanente, daquilo que nunca estremece, que nunca oscila, que nunca conhece mudança. Esse algo imutável dentro de você é o real, e o amor é a maneira de encontrá-lo.

10 de outubro

DE VOLTA AO CENTRO

Se você sente um tipo de oscilação para a direita e para a esquerda e não sabe onde está o seu centro, isso simplesmente mostra que você não está mais em contato com o seu hara*; assim, você precisa estabelecer esse contato.*

À noite, quando você for dormir, deite-se na cama, coloque as mãos cinco centímetros abaixo do umbigo e pressione um pouco. Depois, comece a respirar profundamente e sentirá esse centro subindo e descendo com a respiração. Sinta toda a sua energia ali, como se você estivesse encolhendo, encolhendo e apenas existindo ali como um pequeno centro, como uma energia muito concentrada. Faça isso por dez a quinze minutos e depois adormeça. Se você adormecer assim, isso ajudará muito. Por toda a noite essa centralização persistirá, e repetidamente o inconsciente se centrará ali. Assim, por toda a noite, sem o seu saber, de muitas maneiras você estabelecerá profundo contato com o centro.

Pela manhã, no momento em que você sentir que o sono se foi, não abra os olhos de imediato. De novo, coloque as mãos abaixo do umbigo, pressione um pouco, comece a respirar e novamente sinta o *hara*. Faça isso por dez a quinze minutos e, depois, levante-se. Faça isso todas as noites e todas as manhãs. Em três meses, você começará a se sentir centrado.

11 de outubro

DESCONDICIONAMENTO

O amor é um descondicionamento. Ele simplesmente leva embora os velhos padrões e não lhe dá novos.

O fato de pessoas que se amam se tornarem inocentes é muito frequente – porque o amor aceita você. Ele nada exige de você, não diz: "Seja isso, seja aquilo". O amor simplesmente lhe diz para ser você mesmo, que você é bom assim como é, que você é belo assim como é. O amor o aceita. Subitamente você começa a abandonar seus ideais, seus "deverias", suas máscaras. Você abandona sua velha pele e novamente se torna uma criança.

O amor rejuvenesce as pessoas. Quanto mais você ama, mais jovem fica. Quando não ama, você começa a ficar velho, porque, quando não ama, você perde contato consigo mesmo. O amor nada mais é do que entrar em contato consigo mesmo por meio do outro, de alguém que o aceita, de alguém que o espelha como você é.

O amor pode ser a situação certa na qual se podem abandonar todos os condicionamentos. O amor é um descondicionamento. Ele simplesmente leva embora os velhos padrões e não lhe dá novos. Se ele lhe desse um novo padrão, não seria amor, mas política.

12 de outubro

MARAVILHAR-SE

O conhecimento destrói a capacidade de maravilhar-se. O maravilhar-se é uma das experiências mais valiosas da vida, e o conhecimento o destrói. Quanto mais você conhece, menos você se maravilha, e quanto menos você se maravilha, menos a vida significa para você.

Você não está animado com a vida, não está surpreso – você começa a ficar indiferente às coisas. O coração inocente está continuamente maravilhado, como uma criancinha juntando conchas ou pedras coloridas na praia, ou correndo para lá e para cá em um jardim atrás de borboletas e se surpreendendo com tudo. É por isso que as crianças fazem muitas perguntas.

Se você for dar um passeio com uma criança, começará a se sentir exausto, porque a criança fica perguntando sobre isso e aquilo, fazendo perguntas que não podem ser respondidas: "Por que as árvores são verdes?"; e: "Por que a rosa tem essa cor?". Mas por que a criança está perguntando? Ela está intrigada, está interessada em tudo. A palavra *interesse* vem de uma raiz que significa "estar envolvido". A criança está envolvida com tudo o que está acontecendo.

Quanto mais você se torna culto, menos permanece envolvido com a vida. Você simplesmente passa... não está interessado na vaca, no cachorro, na roseira, no sol e no pássaro; você não está interessado. Sua mente ficou muito estreita; você apenas vai ao escritório e volta para casa, está apenas correndo atrás de mais e mais dinheiro, e isso é tudo. Ou atrás de poder, mas você não está mais relacionado com a vida em sua multidimensionalidade. Estar maravilhado é relacionar-se com tudo e estar constantemente receptivo.

13 de outubro

EM QUALQUER TEMPO, EM QUALQUER LUGAR

A meditação nada tem a ver com tempo ou espaço. Ela tem algo a ver com você, com seu espaço interior. Assim, sempre que você estiver livre da rotina diária, relaxe e permita que ela aconteça. A meditação pode acontecer em qualquer lugar e em qualquer tempo, porque ela não é temporal nem espacial.

A meditação certa não conhece limitação e, lentamente, o fluxo se torna cada vez mais consciente. Então, tudo o que você estiver fazendo permanece na superfície e, no fundo, o rio segue fluindo. Mesmo no mercado, cercado por todos os tipos de tumultos, você está completamente em silêncio. Mesmo quando alguém o insulta, o ofende, tenta provocá-lo, no fundo existe uma serenidade, algo permanece imperturbado. Mesmo quando houver mil e uma distrações, no centro nada é distraído. Mas essa meditação não pode ser administrada pela mente; ela somente pode ser permitida pelo coração.

Este momento é meditação – ela está aqui! Você nada fez para que ela acontecesse; ela está acontecendo por conta própria. Neste momento, não existe tempo; neste momento, você é transportado; neste momento, você pode sentir esta quietude, esta serenidade, esta transcendência.

14 de outubro

VIDA SOCIAL

Noventa por cento das atividades das pessoas são completamente inúteis; e não apenas inúteis, mas danosas também. O que você chama de vida social – encontrar-se com pessoas, relacionar-se, conversar – é praticamente tudo lixo. É bom que isso seja abandonado; quando você ficar um pouco alerta, isso será abandonado!

É como se você estivesse com uma febre alta – 42°C – e estivesse gritando e se debatendo em sua cama. Depois a temperatura abaixa para 36°C – normal –, e você acha que tudo da vida se foi, porque você não está mais se debatendo, não está mais dizendo que sua cama está voando no céu, que fantasmas estão à sua volta. Você não está mais delirando. Certamente parecerá um pouco desprovido, porque todas essas pessoas estavam à sua volta e você estava voando no céu e conversando com deuses, e agora tudo se foi e você está apenas normal!

É isso que acontece quando a socialização é deixada para trás: o delírio se foi – você está se tornando normal. Em vez de conversar por todo o dia, fofocas desnecessárias, você falará telegraficamente. Você pode não falar muito, pode se tornar uma pessoa de poucas palavras, mas essas poucas palavras serão significativas. E agora permanecerão somente os relacionamentos reais, e eles valem alguma coisa.

Você não precisa ter uma multidão à sua volta. Alguns relacionamentos profundos e íntimos são suficientes; eles são realmente preenchedores. Na verdade, pelo fato de as pessoas não terem relacionamentos íntimos, elas têm muitos relacionamentos para substituir. Mas não existe substituto para a intimidade real. Você pode ter mil amigos, mas isso não equivale a um amigo real. E é isto que as pessoas estão fazendo: elas acham que a quantidade pode se tornar uma substituta da qualidade. Não pode, isso nunca acontece.

15 de outubro

DEIXAR ACONTECER

Uma vez que você saiba como soltar-se, pela primeira vez a vida começará a acontecer. Desnecessariamente estamos nos empenhando em atingir algo; na verdade, o próprio esforço para atingi-lo é a barreira.

A vida acontece – não pode ser atingida. Quanto mais você se empenha em atingi-la, menos a tem. Você não precisa ir a ela; ela vem por si mesma. Tudo o que é necessário é um estado de total receptividade, de abertura. Você precisa ser um anfitrião da vida. A vida não precisa ser perseguida. Na perseguição está a infelicidade; quanto mais você a persegue, mais distante ela fica.

E a vida contém tudo. Ela contém Deus, a bem-aventurança, a bênção, a beleza, o bom, a verdade, tudo o que você quiser chamar – ela contém tudo; nada mais existe a não ser a vida. Vida é o nome da totalidade da existência.

Você precisa aprender a ser paciente e relaxado, e o milagre dos milagres acontece: um dia, quando você estiver realmente relaxado, algo de repente muda; uma cortina desaparece e você percebe as coisas como elas são. Se seus olhos estiverem muito cheios de desejos, de expectativas, de ambições, eles não poderão perceber a realidade. Os olhos estão encobertos com a poeira dos desejos. Toda busca é fútil, é um subproduto da mente. Estar em um estado de não busca é o grande momento de transformação.

Todas as meditações são apenas preparações para esse momento. Elas não são meditações reais, mas apenas preparações para que um dia você possa simplesmente sentar, sem nada fazer, sem nada desejar.

16 de outubro

O GUIA

Todo rio chega ao oceano sem guias e sem mapas. Nós também podemos chegar ao oceano, mas ficamos emaranhados no caminho.

O guia, o mestre, não é necessário para levá-lo ao oceano – isso pode acontecer por si mesmo –; o mestre é necessário para mantê-lo alerta, a fim de que você não fique emaranhado no caminho, porque existem mil e uma atrações.

O rio se move, chega a uma bela árvore, desfruta-a e segue em frente; ele não se apega à árvore, ou o movimento pararia. Ele chega a uma bela montanha, mas ele prossegue, completamente agradecido, grato à montanha pelo deleite de passar por ela e por todas as canções que acontecem, e pela dança... O rio está grato, certamente grato, mas de maneira nenhuma aprisionado. Ele segue se movendo, seu movimento não para.

O problema com a consciência humana é que você se depara com uma bela árvore e deseja fazer ali a sua moradia; agora você não deseja ir a lugar algum. Você se depara com um belo homem ou com uma bela mulher e fica aprisionado. O mestre é necessário para repetidamente lembrá-lo a não se prender a coisa alguma. Não quero dizer para não desfrutar nada. Na verdade, se você se prender, não será capaz de desfrutar; você pode desfrutar somente se permanecer desapegado, solto.

17 de outubro

MOMENTOS CERTOS

Quando você estiver se sentindo feliz, amoroso, desprendido – esses são os momentos certos, quando a porta está muito próxima. Apenas uma batida será suficiente.

Quando as pessoas estão infelizes, ansiosas, tensas e nervosas, com muita frequência elas tentam a meditação – mas assim é difícil entrar. Quando você estiver se sentindo ferido, raivoso ou triste, lembrará da meditação, mas isso é praticamente ir contra a corrente, e será difícil.

Quando você estiver se sentindo feliz, amoroso, desprendido – esses são os momentos certos, quando a porta está muito próxima. Apenas uma batida será suficiente. De repente em uma manhã você está se sentindo bem, e por nenhuma razão visível. Algo deve ter acontecido fundo no inconsciente, algo deve ter acontecido entre você e o cosmo, alguma harmonia; talvez tenha acontecido à noite, no sono profundo. Pela manhã você está se sentindo bem; não desperdice esse momento. Alguns minutos de meditação valerão mais do que dias de meditação quando você está infeliz.

Ou, de repente, à noite, deitado na cama, você se sente à vontade... ambiente aconchegante, o calor da cama... Sente-se por cinco minutos, não desperdice esse momento. Uma certa harmonia está presente – use-a, embale-se nela, e essa onda o levará para longe, mais longe do que você poderia ir por conta própria. Aprenda a usar esses abençoados momentos.

18 de outubro

UNIDADE

Fora e dentro são falsas divisões, como todas as divisões são falsas. Elas são úteis, porque é difícil falar sem palavras. Mas você virá a entender que existe somente o uno. Ele não tem o exterior a si nem o interior. Ele é uno, e você é isso.

Essa unidade é o significado de *Tattwamasi Swetaketu*, referido no Upanixade: "isto és tu". *Isto* significa o exterior, *tu* significa o interior; eles estão unidos. Isto se torna tu, e tu se torna isto. Subitamente não existe divisão.

Não existe divisão – morte é vida, e vida é morte. Todas as divisões existem porque a mente é incapaz de perceber que o contraditório pode ser uno. Devido à sua lógica, a mente não pode perceber como uma coisa pode ser duas. A mente pensa em termos de "ou... ou"; ela diz ou isso ou aquilo. E a vida é as duas coisas, a existência é as duas coisas, ao mesmo tempo – tanto é assim que afirmar que a existência é ambas as coisas não está correto. Ela é uma tremenda unidade.

19 de outubro

MÁSCARAS

Em tudo o que você estiver fazendo, simplesmente esteja consciente. Se você estiver usando uma máscara, esteja consciente; use-a conscientemente. Ela não deveria ser uma coisa automática.

Se o seu estado de ânimo está entristecido e, mesmo quando alguém se aproxima, você permanece triste, você o deixará triste também. E ele nada fez. De maneira alguma o mereceu; então, por que deixá-lo desnecessariamente triste? Sorria, converse e você simplesmente controla a situação, sabendo bem que isso é uma máscara. Quando seu amigo for embora, fique triste de novo. Essa foi apenas uma formalidade social. Se você a usar conscientemente, não haverá problema.

Se você tiver uma ferida, não há necessidade de mostrá-la a todo o mundo; ela não diz respeito aos outros. Por que torná-los infelizes contando-lhes sobre a sua ferida? Por que ser um exibicionista? Deixe que a ferida esteja com você, cuide dela, tente curá-la. Mostre-a ao médico, mas não há necessidade de mostrá-la a cada um que passa pela rua. Esteja consciente.

Você precisa usar muitas máscaras, elas funcionam como lubrificantes. Uma pessoa vem, pergunta como você está, e você começa a lhe contar todos os seus problemas. Não foi para isso que ela perguntou, ela estava apenas dizendo alô. Agora, por uma hora ela precisa escutá-lo. Isso é demais! Da próxima vez ela nem dirá alô, ela fugirá.

Na vida, muitas formalidades são necessárias porque você não está sozinho. Se você não viver de acordo com os padrões formais da sociedade, criará mais infelicidade para você, e nada mais.

20 de outubro

SURPRESA

Tudo o que for belo e verdadeiro sempre vem como uma surpresa. Assim, conserve a capacidade de se surpreender. Essa é uma das maiores bênçãos da vida.

Uma vez perdida a capacidade de se surpreender, você estará morto. Se as coisas puderem surpreendê-lo, você ainda estará vivo. E quanto mais você se surpreender, mais vivo estará. Essa é a vivacidade das crianças; elas ficam surpresas por trivialidades. Você nem pode acreditar que elas estão surpresas – basta apenas uma árvore comum, ou um pássaro, um cachorro, um gato ou uma pedra na praia. As crianças ficam até mais surpresas do que você ficaria se encontrasse um grande diamante – até porque, você não ficaria surpreso. No entanto, porque as crianças têm a capacidade de ficar surpresas, cada pedra se torna um diamante. Se você não se surpreende, mesmo um diamante se torna uma pedra comum.

A vida carrega tanto significado quanto você carrega a capacidade de se surpreender, de se maravilhar. Assim, permaneça sempre aberto. Lembre-se repetidamente de que a vida é infinita. Ela é sempre um processo contínuo, nunca chega a um fim. É uma jornada eterna, e cada momento é novo, cada momento é original. Quando digo isso, quero dizer que cada momento lança você de volta à sua origem, cada momento faz de você novamente uma criança.

21 de outubro

O INCOGNOSCÍVEL

A mente é o conhecido, a meditação é ficar no desconhecido, e a divindade é o incognoscível – como um horizonte fazendo fronteira com o desconhecido. Quanto mais próximo você chegar, para mais distante ele recuará. Ele é sempre um arco-íris; você nunca pode apanhá-lo.

Você pode tentar alcançar o incognoscível – todo esforço deveria ser feito para alcançá-lo –, mas ele sempre é inatingível.

Deus é incognoscível, e porque o incognoscível existe, a vida é bela. Porque o impossível existe, a vida é uma aventura de descobrimento imensamente bela. Quando algo se torna conhecido, possível, ele perde seu significado. É por isso que no Ocidente a vida está perdendo mais significado do que no Oriente. Como a ciência levou-o a ser mais instruído, como a ciência colocou poeira sobre você, sua capacidade de se surpreender está ficando cada vez menor. Você está ficando praticamente insensível ao incognoscível. Esse é o único túmulo, a única morte – você achar que sabe. Permaneça sempre disponível ao desconhecido e ao incognoscível.

22 de outubro

A VOZ CRÍTICA

Essa voz crítica nunca é sua. Quando você era criança, seu pai dizia: "Não faça isso"; e sua mãe dizia: "Não faça aquilo". Aquilo que você queria fazer estava sempre errado, e aquilo que você nunca queria fazer era o que eles queriam que você fizesse, e era o certo.

Você está em um impasse. Você sabe qual é o "certo" a fazer, mas não quer fazê-lo; assim, se terminar fazendo, será como uma obrigação. Então não haverá alegria e você sentirá que está se destruindo, que está desperdiçando a sua vida. Se você fizer aquilo de que gosta, você se sentirá culpado, sentirá que está fazendo algo errado. Assim, você precisa se livrar de seus pais, e isso é tudo. E isso é algo muito simples, porque agora você está crescido e seus pais já não estão presentes; eles estão apenas dentro de sua mente.

Não estou dizendo para matar seus pais – o que quero dizer é que você tem de matar essa remanescência do passado. Você não é mais uma criança, reconheça esse fato. Tome a responsabilidade em suas próprias mãos, é a sua vida. Assim, faça o que quiser fazer e nunca faça o que não quiser fazer. Se você precisar sofrer por isso, sofra. Precisamos pagar o preço por tudo, nada é de graça na vida.

Se você gosta de algo e todo o mundo condena esse algo, bom! Deixe que eles condenem. Aceite essa consequência; vale a pena. Se você não gosta de algo e o mundo todo chama esse algo de belo, isso não tem importância, porque você nunca desfrutará a sua vida se for seguir os outros. Ela é a sua vida, e, quem sabe?, amanhã você poderá morrer. Portanto, desfrute-a enquanto estiver vivo! Esse não é o assunto de ninguém mais – nem de seus pais, nem da sociedade, nem de qualquer outra pessoa. Trata-se da sua vida.

23 de outubro

TÉCNICA

O amor é o que funciona, a técnica é apenas uma desculpa.
O terapeuta funciona, e não a terapia.

Algumas vezes, com um homem como Fritz Perls, o fundador da Gestalt-terapia, algo começa a acontecer. Não é a *Gestalt*, mas a personalidade do homem – sua imensa coragem, sua imensa compaixão. Ele tenta ajudar, tenta alcançar a outra pessoa. Mas nossa mente lógica diz que deve ser a Gestalt-terapia que está ajudando; e esse tem sido o engano através dos tempos. Não é o cristianismo que ajuda, mas Cristo. Não é o budismo, mas Buda. Por dois mil e quinhentos anos as pessoas têm pensado que foi o budismo que ajudou as pessoas, mas foi Buda. Se Buda tivesse dito algo diferente, isso também teria ajudado. Mesmo se ele tivesse dito justamente o oposto de tudo o que disse, então também isso teria ajudado. Foi a força de vida daquele homem, sua compaixão, seu amor e sua compreensão que ajudaram.

Mas nossa mente imediatamente agarra as técnicas, agarra o superficial. Então, o superficial se torna importante, e perdemos contato com o essencial. E há problemas: o essencial não pode ser ensinado, somente o não essencial pode ser ensinado. Dessa maneira, você não pode ensinar Fritz Perls – você pode somente ensinar *Gestalt*. Um Fritz Perls acontece quando ele acontece; não há como ensinar isso! Mas a sociedade deseja estar certa sobre algo, então ela começa a ensinar, e somente o não essencial pode ser ensinado.

Assim, todo ensinamento vai contra o professor, porque o professor traz o essencial, e o ensinamento ensina o não essencial.

24 de outubro

QUEBRAR A PRISÃO

Posso estar errado. Posso realmente não estar fora da prisão, talvez esteja enganado. Posso eu mesmo ser o carcereiro! Ninguém jamais poderá estar seguro sobre isso. Assim, trata-se de um jogo de azar, uma questão de confiança. A confiança é sempre um jogo de azar.

Se você decidir por si mesmo parar de fumar e não disser nada a ninguém, há 99 chances entre cem de que você continuará a fumar. Alguém mais decide parar de fumar, e ele diz a seus amigos. Há noventa chances entre cem de que ele continuará a fumar. A terceira possibilidade é juntar-se, a pessoa, a uma sociedade de não fumantes. Agora há 99 chances entre cem de que ela parará de fumar.

Gurdjieff costumava dizer que, se você quiser fazer algo, deveria encontrar alguns amigos para que possam fazê-lo juntos. É como se você estivesse preso em uma cadeia; você deseja escapar, mas escapar sozinho seria muito difícil. Se você organizasse uma quadrilha, a possibilidade aumentaria; juntos, vocês poderiam imobilizar o guarda, mas sozinho seria muito difícil. Juntos, vocês poderiam quebrar a parede, mas sozinho seria muito difícil. Mas ainda haveria a possibilidade de você não ser bem-sucedido, porque sua quadrilha seria uma pequena quadrilha de prisioneiros impotentes. As forças que administram a cadeia seriam maiores do que vocês.

O melhor é estabelecer contato com as pessoas que estão fora, que já estão livres, que não estão na cadeia, que podem fornecer recursos a você, que podem lhe dar o mapa, que podem subornar os guardas, que podem levar o carcereiro a um piquenique.

25 de outubro

RITMO CORPORAL

É muito importante compreender o ritmo corporal. E ele não pode ser alterado. Ele se consolida no momento em que você nasce.

Observe o seu ritmo. Se você sentir vontade de ir para a cama cedo, vá para a cama cedo e levante-se cedo pela manhã. E, uma vez entendido qual é o tempo que se ajusta a você, é melhor ser fiel a ele. Se for possível, seja fiel; se algumas vezes não for possível, tudo bem, mas não faça da irregularidade uma rotina.

Não foram feitas muitas pesquisas sobre o ritmo corporal, mas parece não haver possibilidade de alterá-lo. Ele está embutido nas próprias células, elas têm uma programação para ele. Existem pássaros que adormecem quando o sol se põe. Esses pássaros foram colocados em câmaras artificiais e enganados: quando era noite lá fora, havia luz lá dentro, e vice-versa e eles permaneceram nessas câmaras por meses. Eles foram ficando neuróticos, começaram a se suicidar e a matar uns aos outros, mas seu ritmo corporal não foi alterado. Eles adormeciam enquanto estava claro na câmara e ficavam despertos quando estava escuro. E, é claro, era muito estranho para o corpo ficar acordado no escuro – eles começaram a sentir algo estranho, algo esquisito, e isso começou a afetar-lhes o sistema.

Simplesmente siga seu próprio ritmo.

26 de outubro

SOMBRA

Ninguém pode matar o ego, porque o ego não existe. Ele é uma sombra – não se pode matar uma sombra.

Mesmo lutar com uma sombra é tolice, você será derrotado – não porque a sombra seja muito poderosa, mas porque ela não existe! Se você começar a lutar com uma sombra, como poderá vencer? Ela é inexistente, e assim é o ego.

O ego é a sombra do eu. Assim como o corpo cria uma sombra, o eu também cria uma sombra. Não se pode lutar contra ela e não se pode matá-la; na verdade, quem deseja matá-la é o próprio ego.

Você pode somente entender. Se você desejar matar a sombra, traga luz, e a sombra desaparecerá; traga mais percepção, e o ego desaparecerá.

27 de outubro

A CHAVE MESTRA

A aceitação total é a chave, a chave mestra; ela abre todas as portas.

Não existe fechadura que não possa ser aberta pela aceitação. Ela é a chave que se ajusta a todas as fechaduras, porque, no momento em que você aceita algo, uma transformação começou em seu ser, pois agora não existe conflito. Você não é dois. Na aceitação, você se torna um só, você se torna uma unidade.

Lembre-se de sua unidade, de sua complexidade. Ela é bela. Desejos são belos; a paixão é boa – se você aceitá-la, ela se tornará compaixão. Se você aceitar os desejos, aos poucos perceberá que a mesma energia está se tornando transcendência de desejos. Trata-se da mesma energia que estava envolvida nos desejos. Quando você aceita os desejos, aos poucos relaxa e a energia começa a circular mais naturalmente. Você começa a perceber as coisas como elas são. E não fica demasiadamente envolvido com esse ou aquele desejo. Você aceitou, então não haverá problema.

Tudo o que você chama de desejo se tornará transcendência de desejo. No momento é como carvão; ele pode ser transformado em diamante, pode se tornar precioso. Pense em uma pessoa que não tenha desejos – ela será impotente. Na verdade, ela não estará viva, porque como ela viverá sem desejos? Assim, a transcendência de desejo não é negativa, ela é a positividade suprema de todos os desejos. Quando os desejos são conhecidos, entendidos, vividos e experimentados, você foi além deles e chegou à maturidade.

28 de outubro

PAIS

É sempre bom chegar a um entendimento com os seus pais.

Gurdjieff costumava dizer: "A menos que você esteja em boa comunhão com seus pais, você perderá a sua vida". Se alguma raiva persiste entre você e seus pais, você nunca se sentirá à vontade. Onde estiver, você se sentirá um pouco culpado. Você nunca será capaz de perdoar e esquecer. Os pais não são apenas um relacionamento social, pois foi deles que você veio. Você é parte deles, um ramo da árvore deles. Você ainda está enraizado neles.

Quando os pais morrem, morre algo profundamente enraizado dentro de você. Quando os pais morrem, pela primeira vez você se sente sozinho, sem raízes. Assim, enquanto eles estiverem vivos, faça tudo o que puder para que uma compreensão possa surgir e você possa se comunicar com eles e eles possam se comunicar com você. Assim, as coisas se ajustam e as contas se encerram, e, quando eles deixarem o mundo – e algum dia eles deixarão –, você não se sentirá culpado, não se arrependerá e saberá que as dificuldades se resolveram. Eles ficarão felizes com você, e você ficará feliz com eles.

29 de outubro

REENCARNAÇÃO

O conceito oriental da reencarnação é belo, e não importa se ele é ou não verdadeiro. Ele lhe dá uma atitude muito relaxada em relação à vida, e é isso que importa.

No Ocidente existe muita pressa devido ao conceito cristão de que há somente uma vida e de que com a morte você partirá e não será capaz de voltar. Isso criou uma ideia muito louca na mente das pessoas, e todos estão com pressa, correndo rápido. Ninguém se importa com o lugar para onde está indo; as pessoas pensam apenas em andar mais depressa, e isso é tudo. Assim, ninguém está desfrutando coisa alguma; como se pode desfrutar a uma tal velocidade? A vida toda se tornou uma sequência de eventos rápidos.

Para desfrutar algo, você precisa de uma atitude muito relaxada. Para desfrutar a vida, você precisa da eternidade. Como se pode desfrutar, quando a morte virá em breve? Você tenta desfrutar tanto quanto puder, mas, nesse próprio esforço, toda a paz é perdida, e sem paz não existe desfrute. O deleite é possível somente quando você saboreia as coisas muito lentamente. Quando você tem tempo suficiente para gastar, somente então o deleite é possível.

O conceito oriental da reencarnação é belo, e não importa se ele é ou não verdadeiro. Ele lhe dá uma atitude muito relaxada em relação à vida, e é isso que importa. Não estou preocupado com a metafísica. Ela pode ou não ser verdadeira, e esse absolutamente não é o ponto. Para mim, isso é irrelevante, mas ela lhe dá um belo pano de fundo.

30 de outubro

HISTÓRIA

A História é tão feia. O ser humano não atingiu o nível em que a História deveria começar. Ela tem sido só pesadelos.

A humanidade ainda não tem nada a escrever sobre si mesma – apenas alguns casos, em algum lugar um Buda, em outro lugar um Jesus, apenas estrelas distantes.

A humanidade tem vivido na violência, nas guerras e na loucura; assim, de certa maneira é bom esquecer o passado. O passado é muito pesado e não ajuda. Na verdade, ele corrompe a mente. Ao olhar para o passado, parece que a humanidade não pode crescer. Ele faz as coisas parecerem muito sem esperanças.

A História ainda não é digna de ser escrita ou lida. E o próprio interesse da História não é bom. A História está preocupada com o passado, com o morto, com o que já não está presente. Todo o interesse deveria ser com aquilo que existe exatamente agora, neste exato momento.

Não somente se esqueça da História, mas esqueça-se também de sua biografia, e a cada manhã comece seu dia como se você fosse completamente novo, como se você nunca tivesse existido antes. Meditação é isto: começar cada momento de outra forma, fresco como uma gota de orvalho, sem nada saber do passado. Quando você nada sabe do passado e nada carrega dele, você não projeta qualquer futuro. Você nada tem a projetar. Quando o passado desaparece, o futuro também desaparece. Eles estão unidos. Então, sobra o puro presente, e essa é a pura eternidade.

31 de outubro

ENRAIZADO

Se você estiver enraizado no amor, você estará enraizado. Não existe outra maneira de se enraizar.

Você pode ter dinheiro, pode ter uma casa, pode ter segurança, pode ter uma boa conta bancária, mas essas coisas não lhe darão enraizamento. São apenas substitutos, pobres substitutos para o amor. Elas podem aumentar ainda mais sua ansiedade, porque, uma vez que tenha segurança física – dinheiro, *status* social –, você fica cada vez com mais medo de que essas coisas possam ser tiradas de você. Ou fica preocupado em ter cada vez mais dessas coisas, porque o descontentamento não conhece limite. E sua necessidade básica era estar enraizado.

O amor é a terra onde precisamos nos enraizar. Assim como as árvores estão enraizadas na terra, os seres humanos estão enraizados no amor. Nossas raízes são invisíveis; portanto, qualquer coisa visível não irá ajudar. O dinheiro é muito visível, uma casa é muito visível, o *status* social é muito visível, mas somos árvores com raízes invisíveis. Você terá de encontrar alguma terra invisível – chame-a de amor, de divindade, de prece –, mas será algo assim, algo invisível, intangível, impalpável, misterioso. Você não poderá se apoderar dele. Pelo contrário, você precisará permitir que ele se apodere de você.

1º
de novembro

DEDICAÇÃO

A vida precisa se tornar uma dedicação; somente então haverá sentido. O sentido vem através da dedicação, e quanto maior o objeto da dedicação, maior será o sentido.

Existem pessoas que são dedicadas a países – à terra-mãe, à pátria. Um país é algo muito pequeno e tolo ao qual se entregar, e algum Adolf Hitler explorará essa entrega.

Existem pessoas que são dedicadas a religiões – hinduísmo, cristianismo, islamismo. Essas são melhores do que países, mas ainda são um dogma, um credo, algo feito pelo homem e algo que basicamente divide a humanidade. Uma pessoa se torna cristã, outra se torna hindu, e há divisão, há conflito, há violência – e a ironia disso é que a violência é em nome do amor!

Assim, nunca se dedique a algo que divida.

2 de novembro

VAZIO-CHEIO

Com uma das mãos crie o vazio, com a outra crie a plenitude, de tal modo que, quando você estiver realmente vazio, sua plenitude possa descer nele.

Algumas vezes acontece de você ficar fixado em um tipo de meditação. Essa fixação traz uma espécie de empobrecimento. Você deveria permitir que muitas dimensões penetrassem em você. Você deveria permitir pelo menos duas meditações: uma inativa e outra ativa. Essa é a requisição básica; do contrário, a personalidade fica assimétrica.

Observar é um processo passivo, nada há a fazer; não é um fazer, é um tipo de não fazer. Essa é uma meditação budista – muito boa, mas incompleta. Dessa maneira, os budistas ficaram muito inclinados para um lado só. Eles se tornaram muito quietos e serenos, mas perderam algo, aquilo a que chamo de bem-aventurança.

O budismo é uma das abordagens mais belas, mas é incompleta. Algo está faltando. Ele não tem misticismo em si, nenhuma poesia, nenhum romance; ele é praticamente só matemática, uma geometria da alma, mas não uma poesia da alma. E, a menos que você possa dançar, nunca se satisfaça. Seja silencioso, mas use o seu silêncio como uma abordagem para a bem-aventurança.

Faça algumas meditações dançantes, cantantes, com música, para que, ao mesmo tempo, sua capacidade de desfrutar e de ser feliz também aumente.

3 de novembro

FRONTEIRAS

Amar significa abandonar fronteiras territoriais. Essa linha invisível precisa desaparecer, daí surge o medo, porque essa é nossa herança animal. Por isso, quando está em um estado amoroso da mente, você vai além da herança animal. Pela primeira vez você se torna humano, realmente humano.

Se você realmente deseja viver uma vida rica, preenchida, imensamente vibrante, não há outra maneira, exceto abandonar as fronteiras. A única maneira é estabelecer cada vez mais contato com as pessoas. Permita que mais e mais pessoas invadam o seu ser, permita que mais e mais pessoas entrem em você.

Podemos nos machucar – esse é o medo –, mas é um risco que precisa ser assumido, vale a pena. Se você se proteger por toda a sua vida e ninguém tiver permissão de estar próximo a você, qual é o sentido de estar vivo? Você estará morto antes de morrer. Você absolutamente não viverá. Seria como se você nunca tivesse existido, porque não há outra vida além do convívio. Assim, é preciso correr o risco.

Todos os seres humanos são como você. Essencialmente o coração humano é o mesmo. Portanto, permita que as pessoas se aproximem. Se você permitir, elas permitirão que você se aproxime delas. Quando as fronteiras se sobrepõem, o amor acontece.

4 de novembro

TEORIZAR

O filósofo inventa a verdade; ela não é uma descoberta, mas a invenção intelectual do filósofo.

A verdade não é para ser inventada. Tudo o que for inventado não será verdadeiro. A verdade já está aqui. Você precisa expô-la, descobri-la. Não há necessidade de inventá-la, porque tudo o que você inventa será falso. Você não sabe o que é a verdade; como a inventará? Na ignorância, tudo o que for inventado será apenas uma projeção da ignorância. A verdade não pode ser inventada; pode somente ser descoberta, porque já existe.

O segundo ponto é que nenhuma cortina está cobrindo a verdade. A cortina está sobre seus olhos. A verdade não está oculta; ela é absolutamente clara, bem na sua frente. Para onde você olhar, estará olhando para a verdade. Tudo o que você fizer, estará fazendo para a verdade. Você pode ou não conhecê-la, esse não é o ponto.

O autêntico buscador da verdade é aquele que não inventará, que não suporá, que não inferirá, que não fará um silogismo lógico, que será simplesmente receptivo, aberto, responsivo, vulnerável e disponível à verdade. Um buscador da verdade precisa aprender a ser infinitamente passivo e paciente, a ter a atitude de quem espera. A verdade lhe acontece sempre que você estiver aberto.

5 de novembro

MOMENTO ATÔMICO

Cada momento é atômico. Não há necessidade de que dois momentos tenham alguma sequência.

É a mente unidimensional que continuamente procura algum significado, algum sentido que corre através de todos os momentos, que deseja que tudo esteja conectado por uma corrente de causa e efeito, que deseja que tudo se mova para algum lugar, para alcançar algum lugar, para terminar em algum lugar. Essa é a mente lógica, a mente unidimensional.

A vida é multidimensional. Ela não tem um objetivo realmente, nenhum destino. E, na verdade, não tem significado – significado no sentido de que todos os momentos estão seguindo outro em uma fila, alcançando algum lugar. Não, a vida não está se dirigindo a algum lugar. Ela está simplesmente dançando aqui. A palavra certa é *dança*, e não *movimento*.

Cada momento é uma dança, e deveríamos desfrutar cada momento como ele vem, como acontece. Então o seu fardo desaparecerá completamente. Liberdade é isto: estar no momento, ser do momento, nunca se preocupar com o passado, nunca se preocupar com o que ainda não veio e nunca tentar fazer uma sequência lógica de coisa alguma.

6 de novembro

CREPÚSCULO

Muitas pessoas entraram na existência através do crepúsculo.

Na Índia, a palavra *sandhya* – "crepúsculo" – tornou-se sinônima de prece. Se você abordar um hindu ortodoxo que está rezando, ele dirá: "Eu estava fazendo *sandhya* – eu estava fazendo o meu crepúsculo". Quando o sol se ergue, exatamente antes do alvorecer, existe uma grande mudança. Toda a existência passiva se torna ativa. O sono é quebrado, os sonhos desaparecem. As árvores, os pássaros e a vida em todos os lugares surgem novamente. Trata-se de uma ressurreição, de um milagre todos os dias. Se você se permitir fluir com isso naquele momento, poderá se erguer a um ponto muito elevado.

E a mesma mudança acontece de novo quando o sol se põe. Tudo se aquieta, se acalma. Uma tranquilidade, um profundo silêncio permeia a existência. Naquele momento você pode atingir a própria profundidade. Pela manhã você pode atingir grandes alturas, e ao anoitecer pode atingir grandes profundidades, e ambas são belas. Eleve-se ou aprofunde-se. De ambas as maneiras você transcende a si mesmo.

7 de novembro

MONTANHA INTERIOR

Quando você está completamente silencioso e sereno e não há movimento na mente, começa a se sentir como o grande ponto culminante da montanha, coroado de neve.

As montanhas sempre atraíram os meditadores. Existe algo nas montanhas – silêncio, serenidade, absoluta imobilidade, ausência de tempo. A montanha permanece praticamente imutável e a maneira como ela se assenta representa um tipo de centralização. É como se ela estivesse profundamente centralizada. Buda sentado sob uma árvore parece uma montanha. E não é por acaso que as primeiras estátuas feitas no mundo foram de Buda, e feitas de pedras – apenas uma rocha, sem se mexer, sem tempo, imortal, centrada em si mesma.

Os movimentos da mente – pensamentos, desejos, imaginação e memória – criam a infelicidade. Quando não existe movimento de pensamentos e desejos, a mente desaparece. Você existe, mas não há mente. Esse estado de não mente lhe dará o vislumbre da montanha interior.

8 de novembro

METAFÍSICA

A palavra meta *significa "além". A física não é tudo, e a matéria não é tudo, e aqueles que acham que elas são tudo, estão satisfeitos com a circunferência da vida. Eles ficarão dando voltas, mas nunca chegarão em casa, porque a casa existe no centro.*

Metafísica significa chegar em casa, sabendo que você é consciência, sabendo que a existência toda está repleta de consciência, sabendo que a consciência não é um subproduto da matéria. Não é. A matéria é somente o corpo da consciência – sua roupagem, seu abrigo, sua morada, seu templo –, mas a deidade é a consciência. E o templo é criado para a deidade, e não vice-versa. A matéria existe porque a consciência existe, e não vice-versa.

Matéria é a consciência adormecida; consciência é a matéria desperta. Essencialmente, existe apenas uma coisa – chame-a de x, y, z, Deus, verdade ou do que você quiser. Essencialmente, existe apenas uma coisa, mas ela pode ter dois estados: um de sono e um de vigilância. Quando a matéria fica consciente de si mesma, ela é consciência. Quando a consciência se esquece de si mesma, ela é matéria.

Assim, permanecem dormindo aqueles que acham que a matéria é tudo. A vida deles permanece apenas um tatear no escuro. Eles nunca sabem o que é a luz, nunca atingem o alvorecer. E, naturalmente, na escuridão tropeçam muito, machucam a si mesmos e aos outros também, e toda a sua vida consiste somente em conflito, atrito, violência e guerra. Eles nunca vêm a saber o que é o amor, porque o amor é possível somente quando você está repleto de luz.

A metafísica é um tipo de doce sabedoria. A lógica é amarga, briguenta; os filósofos brigam continuamente. Aquele que conheceu a si mesmo é doce; sua própria presença é como o mel.

9 de novembro

UM JEITO

A meditação real consiste em pegar o jeito, e não em uma arte – o jeito de penetrar em um silêncio espontâneo. Se você observar o dia a dia, no espaço de vinte e quatro horas você encontrará alguns momentos em que você penetra automaticamente no silêncio. Esses momentos vêm por si mesmos, apenas não os observamos.

O primeiro ponto do qual ficar ciente é quando esses momentos de silêncio vêm. E, quando eles vêm, simplesmente interrompa tudo o que você estiver fazendo, sente-se em silêncio e flua com o momento. E eles vêm, são naturais. Algumas janelas sempre se abrem por conta própria, mas estamos tão ocupados que nunca notamos que a janela se abriu, que a brisa está entrando e que o sol penetrou; estamos demasiadamente ocupados com o nosso trabalho.

Assim, observe... cedo pela manhã, quando você está rejuvenescido depois de um longo e profundo sono, o mundo está despertando, os pássaros começaram a cantar e o sol está se erguendo... Se você sentir um momento circundando-o, um espaço crescendo em você, simplesmente entre nele. Sente-se em silêncio sob uma árvore, ao lado de um rio ou em seu quarto, e simplesmente seja... nada a ser feito. Acalente esse espaço e não tente prolongá-lo.

Quando você tiver pegado o jeito, ele virá mais e mais. Então, você começará a entrar em um tipo de harmonia com ele. Um caso de amor começa entre você e aquele espaço chamado silêncio, serenidade, tranquilidade, quietude. E a ligação se torna cada vez mais forte. No fim, ele estará sempre presente. Você sempre poderá fechar os olhos por um momento e olhar para ele; ele estará presente. Você poderá quase tocá-lo, ele se torna tangível. Mas trata-se de um jeito, e não de uma arte. Você não pode aprendê-lo, você precisa absorvê-lo.

10 de novembro

MÚSICA NÃO TOCADA

Em sânscrito, a palavra nada *significa "música", mas em português significa "coisa nenhuma". Esse também é um belo significado, porque a música de que estou falando é a música do nada, a música do silêncio. Os místicos a chamaram de música não tocada.*

Existe uma música que não é criada, que está presente como uma subcorrente de nosso ser; ela é a música da harmonia interior. Existe também uma música na esfera exterior – a harmonia das estrelas, dos planetas. A existência toda é como uma orquestra. Exceto pelos seres humanos, nada está fora de sintonia; tudo está em uma imensa harmonia. É por isso que as árvores têm tanta graça, e os animais, os pássaros... Somente a humanidade se tornou feia, e a razão é que tentamos nos aperfeiçoar, tentamos nos tornar algo.

No momento em que surge o desejo de *tornar-se*, você fica feio, sai de sintonia, porque a existência conhece somente *ser*; tornar-se é uma febre da mente. Os seres humanos nunca estão satisfeitos, e esse descontentamento cria a feiura, porque as pessoas estão cheias de queixas, somente queixas e nada mais. As pessoas desejam isso, desejam aquilo e nunca estão satisfeitas; mesmo se obtiverem o que desejam, elas desejam mais. O "mais" persiste – a mente segue pedindo por mais e mais. Tornar-se é a doença do ser humano.

No momento em que você abandona o tornar-se, subitamente uma música é ouvida. E quando essa música começa a transbordar, a fluir por todo o seu ser e, depois, além de você para outras pessoas, ela se torna um compartilhar. Essa é a graça dos budas. Eles estão repletos da música interior, da harmonia, e a harmonia continua a transbordar, ela também alcança outras pessoas.

11 de novembro

DESTEMOR

Crescer em direção a seu destino requer muita coragem e destemor.
O destemor é a qualidade mais religiosa.

As pessoas cheias de medo não podem se mover além do conhecido. O conhecido lhes oferece um tipo de conforto, segurança e proteção, porque ele é familiar. Elas estão perfeitamente cientes, sabem como lidar com a situação e podem permanecer praticamente dormindo e continuar a lidar com ela – não há necessidade de estarem despertas. Essa é a conveniência do conhecido.

No momento em que você atravessa a fronteira do conhecido, surge o medo, porque agora você será ignorante, agora não saberá o que fazer e o que não fazer. Agora você não estará tão certo de si mesmo; erros podem acontecer e você pode se extraviar. Esse é o medo que mantém as pessoas presas ao conhecido, e, uma vez preso ao conhecido, você está morto.

A vida só pode ser vivida perigosamente – não há outra maneira de vivê-la. Somente através do perigo a vida atinge a maturidade, o crescimento. Você precisa ser aventureiro, sempre disposto a arriscar o conhecido pelo desconhecido. Ser um buscador é isso. Uma vez saboreados os deleites da liberdade e do destemor, você nunca se arrepende, porque então sabe o que significa viver no melhor de si, sabe o que significa queimar a sua tocha de vida com intensidade. E mesmo um único momento dessa intensidade é mais gratificante do que toda uma eternidade de um viver medíocre.

12 de novembro

PROCURAR

Lao Tzu disse: "Procure e perderá; não procure e encontrará". Ora, essa é uma das afirmações mais significativas que já foram feitas. Na própria procura, você perde.

Se você procurar, tomou um ponto de vista errado. Na própria procura, você aceitou algo: que não tem o que procura. É aí que repousa o engano. Você o tem, você já o tem. No momento em que você começar a procurar algo, você ficará neurótico, porque não poderá encontrá-lo – não existe para onde olhar, porque ele já está presente.

É como um homem que está procurando seus óculos. Os óculos já estão em sua face, sobre seu nariz, e ele está olhando através desses óculos... e procurando-os! Ora, ele jamais os encontrará, a menos que se lembre de que toda a busca é inútil, a menos que pense: "Se posso ver, então meus óculos já devem estar diante de meus olhos; senão, como eu poderia ver?"

Em seu próprio ver, a verdade está oculta. Em sua própria busca, o tesouro está oculto. Quem procura é o procurado – esse é o problema, o único problema que os seres humanos tentaram resolver e sobre o qual têm ficado cada vez mais perplexos.

A atitude mais sã é a de Lao Tzu. Ele diz: "Pare de procurar e seja". Apenas seja, e ficará surpreso: você encontrará!

13 de novembro

SOLITUDE BÁSICA

Não podemos fugir de nós mesmos, não há como – você é você. E a solitude é tão básica que não há como escapar dela.

Quanto mais você tentar escapar da solitude, mais solitário se sentirá. Se você começar a aceitar a solitude, se começar a amá-la, se começar a desfrutá-la, toda a solidão desaparecerá e a solitude terá beleza, imensa beleza.

Somos feitos sozinhos. Essa solitude é nossa liberdade, e ela não é contrária ao amor. Na verdade, somente uma pessoa que está sozinha e que sabe como estar sozinha será capaz de amar. Este é o paradoxo do amor: somente uma pessoa que está sozinha pode amar, e somente uma pessoa que ama fica sozinha. São dois aspectos que vêm juntos. Assim, se você não for capaz de estar sozinho, também não será capaz de amar. Então, todo o seu pretenso amor será apenas uma fuga de si mesmo. Ele não será amor real, não será um relacionar-se real. Quem se relacionará com quem? Você nem se relacionou consigo mesmo, como poderá se relacionar com o outro? Você não está presente – quem se relacionará com o outro? Assim, um tipo falso de amor existe no mundo: você está tentando fugir de si mesmo, o outro está tentando escapar dele mesmo, e ambos estão procurando abrigo um no outro. É uma trapaça mútua.

O primeiro ponto é conhecer o próprio celibato, o próprio celibato básico, que é saber que nossa solitude é nossa verdadeira individualidade. Funcione a partir dessa solitude. Mesmo o seu amor precisa funcionar a partir dessa base. Então você será capaz de amar.

14 de novembro

A LIBERTAÇÃO DAS CRIANÇAS

A libertação das crianças é necessária. Ela é a maior necessidade no mundo, porque nenhuma outra escravidão é tão profunda, tão perigosa e tão destrutiva. As crianças não têm permissão de conhecer a si mesmas.

A sociedade cria falsos eus, diz que as crianças são isso e aquilo, que elas deveriam se comportar dessa ou daquela maneira. A sociedade dita ideias uma atrás da outra, e logo a criança se acostuma com o fato de que é cristã, de que é um homem, de que deve se comportar de uma maneira masculina e de que não deve chorar porque isso é ser frouxo. A menina começa a se comportar de uma maneira feminina: aprende que não deve subir em árvores, que isso é coisa de menino. Lentamente, existem mais e mais fronteiras, e elas ficam cada vez mais estreitas e todos se sentem sufocados. Esta é a situação: todos estão sufocados e, no fundo, todos almejam ser livres. Mas como?

Parece que as paredes que cercam as pessoas são realmente muito poderosas e fortes. E as pessoas vivem nesse tipo de aprisionamento por toda a vida. Elas vivem na prisão e morrem na prisão, sem nunca terem sabido o que era a vida, o que a vida era para ser, sem nunca conhecerem a glória e a grandeza da existência.

Esse é o estado condicionado da mente. Todo o processo da meditação consiste em descondicioná-la, em retirar essas paredes. O que os pais, a sociedade, os sacerdotes e os políticos fizeram precisa ser desfeito pela meditação.

15 de novembro

ABSURDO

A sociedade tem suprimido três coisas: o sexo, a morte e o absurdo. E o absurdo é o mais suprimido.

Existem Freuds contra a supressão do sexo, e eles criaram uma pequena atmosfera para que as pessoas possam se livrar da supressão. Mais do que o sexo, a morte é um tabu. A morte ainda precisa de um Freud para lutar contra a sua supressão, para que as pessoas possam permitir suas sensações sobre a morte, para que possam pensar e meditar a respeito e para que deixe de ser um tabu o fato de que a morte existe. Porém, mais profundo do que o tabu da morte é o tabu do absurdo. Toda a minha luta é contra esse tabu.

Gostaria que você fosse absurdo, porque é assim que a existência é. Ela é insignificantemente significativa, ilogicamente lógica. Todas as contradições, todos os paradoxos, estão em uma coerência interna. Você próprio não é absurdo? Como você pode provar que é necessário aqui para alguma coisa? A existência precisa de você? A existência iria bem sem você, perfeitamente bem. Você não estava, a existência estava; você não estará, a existência estará; então qual é o sentido de você estar aqui?

Se você permitir a gargalhada e sentir que ela é absurda, oculta atrás dela estará o absurdo real – não a gargalhada, mas aquele que está gargalhando. Permita-a, e logo perceberá que ela o libera para o céu infinito. Mesmo o confinamento da lógica será abandonado. Então você simplesmente viverá e não procurará significado. Então cada momento será intrinsecamente significativo – ou sem sentido; é a mesma coisa.

16 de novembro

DELEITE

Divertimento não é a palavra correta. Deleite vai um pouco mais fundo. Delicie-se na vida, celebre-a.

Você vai a um circo – é um divertimento, uma tolice, de certa maneira. Nunca toca sua profundidade, nunca toca seu coração; trata-se de uma palhaçada. As pessoas procuram divertimento apenas para passar o tempo; isso é superficial.

Assim, deleite-se mais, festeje mais, celebre, mova-se mais graciosamente. O divertimento é um pouco profano, e o deleite é sagrado – portanto, mova-se em terreno sagrado. Se você rir, sua risada deve vir de seu deleite e não de uma mente que ridiculariza ao dizer que essas pessoas são ridículas por estarem fazendo tolices. Se passar em seu inconsciente ainda que seja uma leve noção de que toda a coisa é ridícula, então você se sentirá um pouco triste, um pouco vazio.

Mas, se você se deleitar nisso, então se sentirá muito silencioso, não triste; muito silencioso, mas não vazio. Esse silêncio terá em si uma qualidade de plenitude.

17 de novembro

CULPA

A culpa é parte da mente egocêntrica; ela não é espiritual. As religiões a exploram, mas ela nada tem a ver com espiritualidade. A culpa simplesmente lhe diz que você poderia ter feito diferente. Trata-se de um sentimento do ego, como se você não fosse impotente, como se tudo estivesse em suas mãos.

Nada está em suas mãos. Você próprio não está em suas mãos. As coisas estão acontecendo, nada está sendo feito. Uma vez entendido isso, a culpa desaparece. Algumas vezes você pode chorar e se lamentar por algo, mas no fundo você sabe que aquilo tinha de acontecer, porque você é impotente, é parte de uma enorme totalidade – e uma parte muito minúscula. É como quando existe uma folha em uma árvore, vem um forte vento e a folha se separa da árvore. Agora a folha pensa em mil e uma coisas – que poderia ter sido de outra maneira, e não dessa maneira, que essa separação poderia ter sido evitada. O que a folha poderia fazer? O vento era forte demais.

A culpa lhe dá a noção errada de que você é poderoso, de que você é capaz de fazer tudo. A culpa é a sombra do ego: você não podia mudar a situação e está se sentindo culpado a respeito. Se você a investigar profundamente, perceberá que você era incapaz, e toda a experiência o ajudará a se tornar menos egocêntrico.

Se você ficar observando o formato que as coisas tomam, as formas que surgem e os acontecimentos que se desenrolam, aos poucos abandonará o seu ego. O amor acontece – a separação também. Nada podemos fazer a esse respeito. Isto é o que chamo de uma atitude espiritual: quando você entende que nada pode ser feito, quando entende que você é apenas uma minúscula parte de uma tremenda vastidão.

18 de novembro

MAESTRIA

Conquistar o mundo não é uma bravura real; conquistar a si mesmo é.

Ser um lutador no mundo, ser um guerreiro, não é nada extraordinário. Todos são mais ou menos guerreiros, porque o mundo inteiro está lutando. Ele é uma guerra contínua, às vezes quente, às vezes fria.

Cada indivíduo está lutando, porque todos são educados na ambição, todos são envenenados com ela. E onde há ambição, há luta, competição. Todos são muito ambiciosos, porque todas as sociedades que existiram até agora viveram baseadas na ambição. Todos os sistemas educacionais nada fazem, exceto condicionar as crianças a serem ambiciosas e bem-sucedidas.

A valentia real, a luta real, não está no exterior. A luta real é interna, é uma conquista interior. Embora Alexandre possa ter sido um grande guerreiro, no que se refere a seus próprios instintos ele era um escravo. Napoleão pode ter sido um grande soldado, mas, no que se refere à sua própria raiva, ânsia e possessividade, ele era tão comum quanto qualquer outro.

Os realmente valentes são Jesus, Buda, Patanjali – esses tipos de pessoas. Eles sobrepujaram a si mesmos. Agora, nenhum desejo pode puxá-los para cá e para lá, nenhum instinto inconsciente tem poder sobre eles. Eles são mestres de sua própria vida.

19 de novembro

ESCRAVIDÃO

Você precisará assumir 100% de responsabilidade. E, sempre que você aceita 100% de responsabilidade, você se liberta e não há escravidão neste mundo.

Na verdade, a raiva é um tipo de escravidão. Eu não posso ser raivoso, porque não estou em escravidão. Há anos não tenho raiva de ninguém, porque não tomo ninguém como responsável. Sou livre, então por que deveria ficar com raiva? Se eu quiser ficar triste, é a minha liberdade. Se eu quiser ficar feliz, é a minha liberdade. A liberdade não pode ficar com medo, a liberdade não pode ficar com raiva. Uma vez que entenda que você é o seu mundo, você penetrou em um tipo diferente de compreensão. Então, nada mais importa – tudo o mais são jogos e desculpas.

20 de novembro

SABOTAGEM

Tome vinte e quatro horas e escreva tudo aquilo de que puder se lembrar a respeito de como você tem sabotado – tudo em detalhes. Observe de todos os ângulos e, depois, não os repita. Isso se tornará uma meditação.

Se você decidir de antemão que não pode fazer algo, não será capaz de fazê-lo. Sua decisão afetará a sua vida. Isso se tornará uma autossugestão, uma semente, e sabotará toda a sua vida. Até mesmo você não pode concluir o que você pode e o que não pode fazer – você precisa fazê-lo, precisa verificar por você mesmo. Somente a vida decide. Assim, é simplesmente tolo e infantil concluir de antemão – mas muitas infantilidades continuam. A fita se mantém tocando por conta própria, e, se você a tocar demasiadamente, ela se tornará um hábito.

Esse é um truque da mente a evitar. Uma vez decidido que não poderá fazer algo, por que se importar, por que batalhar, por que tanto conflito e esforço? Você já sabe que não poderá fazê-lo. É a mente que está encontrando uma racionalização, de tal modo que você possa evitar a batalha. E, é claro, se você evitar o esforço, você não o fará, e confirmará a sua decisão. Você dirá que ela estava certa, que sempre esteve certa e que você sabia de antemão. Essas são coisas que se autoperpetuam na mente. Elas preenchem a si mesmas, e o círculo e a roda ficam a girar.

21 de novembro

PROFUNDIDADE

Um único momento pode se tornar a eternidade, porque não é uma questão de comprimento, mas de profundidade. Isto precisa ser entendido: tempo é comprimento; meditação é profundidade.

Tempo é comprimento: um momento segue outro momento, que segue outro momento... É uma fila, uma linha, um processo linear – mas a pessoa se move horizontalmente no mesmo plano. Tique... taque... momentos passam... mas o plano permanece o mesmo.

Em momentos de profundidade, subitamente você escorrega para baixo, ou, se me permitir usar outras palavras, você escorrega para cima. Ambos são o mesmo, mas você não está mais na horizontal – você se tornou vertical. Você deu uma volta e repentinamente saiu do processo linear. Você fica com medo porque a mente existe somente no plano horizontal. A mente fica apavorada. Aonde você está indo?

Parece morte, parece loucura. Para a mente, somente duas interpretações são possíveis: ou você está enlouquecendo, ou está morrendo. Ambos os cenários são apavorantes e, de certa maneira, ambos são verdadeiros. Você está morrendo para a mente – portanto, sua interpretação está certa – e está morrendo para o ego. E, de certa maneira, você está enlouquecendo, porque está se movendo além da mente, a qual monopoliza toda a sanidade, pensando que somente aquilo que está dentro dela é são e que aquilo que está além é insano. Você está cruzando a fronteira, está cruzando a linha de perigo, e, quem sabe?, uma vez cruzada a linha, você pode não voltar.

Mas, quando você sai da linha horizontal, existe a eternidade, o tempo desaparece. Um momento pode ser igual à eternidade, como se o tempo parasse. Todo o movimento da existência para, porque a motivação para.

22 de novembro

NÃO

O não é como uma rocha sobre uma fonte; a nascente está sendo esmagada por ela, e essa nascente é você. Com o não, você permanece mutilado e paralisado.

Continue a martelar na rocha do não, e um dia a rocha dará caminho; e, quando ela o fizer, surgirá o sim, o sim autêntico. Não estou dizendo para fingir o sim ou para dizê-lo quando ele não estiver vindo a você. Se ele não estiver vindo a você, não há com o que se preocupar: continue martelando na rocha.

Não aceite o não, porque você não pode viver em um não. Você não pode comer não comida, não pode beber não água. Ninguém pode viver no não – você pode somente sofrer e criar cada vez mais infelicidades. O não é o inferno. Somente o sim traz o céu para perto, e, quando surge um sim real a partir de seu ser total, nada fica para trás. Nesse sim você se torna uno e toda a sua energia se move para cima e diz: "Sim, sim, sim!"

Esse é o significado da palavra *amém*. Toda oração deve terminar com *amém* – que significa "sim, sim, sim". Mas ele deveria vir de suas próprias entranhas. Ele não deveria ser um assunto da mente, não deveria estar apenas nos pensamentos. Não estou sugerindo que você o diga; estou dizendo que você abra o caminho para ele vir.

23 de novembro

LUNÁTICO

Todo o mundo é lunático. Uma vez percebido que você é um lunático, a sanidade começou, ela já está em atividade.

No momento em que você entende que é um lunático, você vai além; o primeiro passo em direção à sanidade foi dado. As pessoas nunca se dão conta de que são loucas e, por não se darem conta, permanecem loucas. E não somente elas não se dão conta, mas, se você lhes disser isso, elas se defenderão, argumentarão e tentarão lhe dizer que louco é você, e não elas. Uma vez percebido que você é lunático, a sanidade começou, ela já está em atividade. Ao perceber que você é insano, você já abandonou a sua loucura.

24 de novembro

SUA DECISÃO

Todo o amor do mundo pode ser dado a você, mas, se você decidir ser infeliz, permanecerá infeliz. E você pode ser feliz, imensamente feliz, por absolutamente nenhuma razão – porque a felicidade e a infelicidade são decisões suas.

Leva muito tempo para perceber que a felicidade e a infelicidade dependem de você, porque é muito confortável para o ego achar que os outros estão fazendo você infeliz. O ego insiste em dar condições impossíveis, e ele diz que primeiro essas condições precisam ser satisfeitas e somente então você poderá ser feliz. Ele pergunta como você pode ser feliz em um mundo tão feio, com pessoas tão feias, em uma situação tão feia.

Se você se observar corretamente, irá rir de si mesmo. É ridículo, simplesmente ridículo. O que você está fazendo é absurdo. Ninguém está nos forçando a fazer isso, mas insistimos em fazê-lo – e gritamos por socorro. E você pode simplesmente sair disso; trata-se de seu próprio jogo – ficar infeliz e depois pedir simpatia e amor.

Se você estiver feliz, o amor fluirá em sua direção... não há necessidade de pedi-lo. Essa é uma das leis básicas. Exatamente como a água flui para baixo e o fogo flui para cima, o amor flui em direção à felicidade.

25 de novembro

AJUDAR

Simplesmente seja tão feliz quanto puder. Não pense nos outros. Se você estiver feliz, sua felicidade ajudará os outros. Você não pode ajudar, mas sua felicidade pode.

Você não pode ajudar – você destruirá –, mas a sua felicidade pode ajudar. A felicidade tem suas próprias maneiras de trabalhar – muito indiretas, muito sutis, femininas. Quando você começa a trabalhar, sua energia fica agressiva, e, se você começar a tentar ajudar os outros, eles resistirão. Sem saberem, eles resistirão, porque parece que alguém está dominando, e ninguém quer ser libertado por outra pessoa, ninguém quer ficar feliz por outra pessoa, porque isso parece uma dependência; assim, entra em ação uma profunda resistência.

Simplesmente não se preocupe com isso, é um assunto da outra pessoa. Você não fez nada para causar os problemas dos outros. Eles os obtiveram através de muitas vidas; portanto, eles é que precisam abandoná-los. Simplesmente seja feliz, e a sua felicidade dará coragem aos outros. Sua felicidade lhes dará impulso e estímulo, desafio. Sua felicidade lhes dará alguma ideia do que será quando eles disserem sim. Isso é tudo...

26 de novembro

APEGO

A mente sempre se apega – e é bom abandonar esse apego. Cada dia é novo, cada momento é novo, e após cada momento nos movemos em um mundo diferente. Você deveria estar preparado, a fim de que nada o prenda.

Buda costumava dizer a seus discípulos para nunca permanecerem em uma casa por mais do que três dias, porque no quarto dia a pessoa começa a se sentir em casa. Antes de se sentir em casa, a pessoa deveria seguir em frente.

A mente sempre se apega – e é bom abandonar esse apego. Cada dia é novo, cada momento é novo, e após cada momento nos movemos em um mundo diferente. Você deveria estar preparado, a fim de que nada o prenda. O passado deveria simplesmente desaparecer, você deveria morrer continuamente para o passado. Assim, não desperdice tempo, morra para o que se foi; ele já era.

Se não for assim, à medida que você se apega ao que já não está presente, mesmo quando surgir algo novo, você estará apegado ao velho. É assim que a mente insiste em perder. Permaneça sempre verdadeiro ao presente, permaneça compromissado com este momento – não existe outro compromisso.

Um compromisso é suficiente: o compromisso com este momento, com o aqui e agora.

27 de novembro

ORAÇÃO

A oração deveria ser desaprendida; ela deveria ser espontânea.

Muitas pessoas oram nas igrejas e nos templos, e nada acontece e nada irá acontecer. Elas podem insistir em rezar durante vidas e nada acontecerá, porque sua oração não é espontânea. Elas a manipulam; a oração vem da mente. As pessoas são muito espertas, e para que uma oração funcione, você precisa ser um tolo.

A oração é tola – você até pode se sentir constrangido por estar falando com Deus. Ela é tola, mas funciona. Há momentos em que a tolice é sabedoria, e a sabedoria é tolice. Portanto, sempre que você sentir que a oração é necessária, use-a. Quanto mais você a usar, mais ela estará disponível. E, a partir da meditação, sua oração se aprofundará.

Você ora por dentro, e, se algo acontecer no corpo, permita-o, seja lá o que for. Se surgir algum movimento no corpo, se qualquer energia começar a vibrar no corpo, ou se você se tornar como uma pequena folha sob um forte vento, simplesmente ore e permita-se.

28 de novembro

A RESPOSTA

Não existe resposta. Existem somente dois estados da mente: repleta de perguntas e vazia de perguntas.

A maturidade está chegando a um ponto em que você pode viver sem respostas; maturidade é isso. E viver sem respostas é o ato mais notável e o mais corajoso. Então você não é mais uma criança. A criança fica fazendo perguntas, desejando respostas para tudo. A criança acredita que, se ela puder formular uma questão, deverá haver uma resposta, deverá haver alguém que possa responder.

Chamo isso de imaturidade. Você acha que, por poder formular uma pergunta, fatalmente haverá uma resposta; talvez você não a saiba, mas alguém deve saber a resposta e algum dia você será capaz de descobri-la. Não é assim. Todas as questões são obras do ser humano, elaboradas pelo ser humano.

A existência não tem resposta. A existência existe sem respostas, completamente silenciosa. Se você puder abandonar todas as questões, acontecerá uma comunicação entre você e a existência. No momento em que você abandonar as questões, você abandonará a filosofia, a teologia, a lógica e você começará a viver. Você se tornará existencial. Quando não há questões, esse próprio estado é a resposta.

29 de novembro

VERGONHA

Tudo aquilo de que você sente vergonha, você esconde dentro, no inconsciente. Ele penetra mais fundo em seu ser, circula em seu sangue e o manipula a partir dos bastidores.

Se você deseja reprimir, reprima algo belo. Nunca reprima algo de que você tenha vergonha, porque tudo o que você reprime entra fundo, e tudo o que expressa evapora para o céu. Assim, tudo aquilo de que você sentir vergonha, expresse-o, para que você termine com ele. Tudo o que for belo, mantenha como um tesouro interior, de tal modo que ele fique a influenciar a sua vida.

Mas fazemos justamente o oposto. Tudo o que é belo, insistimos em expressar – na verdade, demasiadamente –, e expressamos mais do que existe. Você fica dizendo: "Eu amo, eu amo, eu amo", e pode nem amar tanto assim. Você insiste em suprimir a raiva, o ódio, a inveja, a possessividade, e aos poucos descobre que se tornou tudo o que suprimiu, surgindo uma profunda culpa.

Não há do que se envergonhar; tudo é perfeito como é. Não pode haver um mundo mais perfeito do que este. Agora mesmo, este momento, é o clímax de toda a existência, a verdadeira matriz à volta da qual tudo gira. Nada pode ser mais perfeito; portanto, simplesmente relaxe e desfrute.

Abra suas portas ao sol, ao ar e ao céu. Então, um ar fresco estará sempre passando por você, novos raios de sol estarão sempre passando por você. Permita que o tráfego da existência passe através de você. Nunca seja uma rua fechada, ou somente a morte e a sujeira se juntarão. Abandone todas as noções de vergonha e nunca julgue coisa alguma.

30 de novembro

TOTALIDADE

Tudo aquilo que for pleno, torna-se belo. O parcial é feio, o pleno é belo. Assim, esteja inteiro em tudo o que você fizer, e o fato de estar inteiro transformará a própria qualidade do seu ser.

Essa é a alquimia da transformação, da transformação interior. Aceite e mova-se com o momento. Se você realmente se mover, não deixará vestígio. Se você realmente penetrar na raiva, acabará com ela, porque, quando entrar totalmente nela, ela acabará. Você estará então fora dela, completamente fora, não corrompido por ela.

Observe uma pequena criança ainda não corrompida pela sociedade. Quando ela está com raiva, ela está realmente com raiva; ela explode de raiva. É uma minúscula criança, mas ela se torna muito poderosa, como se fosse destruir o mundo todo. Ela fica vermelha e quente, como se estivesse pegando fogo. Observe a criança, quão bela ela é – tão viva. E no próximo momento, ela está brincando e rindo, e a raiva não está mais presente. Você nem mesmo pode acreditar que ela estava com raiva um momento atrás. Agora ela é tão amorosa, tão meiga – e um momento antes ela estava em chamas!

Essa é a maneira de viver. Você é, e é tão totalmente, que nunca fica vestígio de algum momento anterior. Você está sempre rejuvenescido e jovem, e o passado não é como um fardo sobre você. Chamo isso de vida espiritual. A vida espiritual não é uma vida de disciplina, é uma vida de espontaneidade.

1º de dezembro

DESEJO

Torne-se um desejo tão intenso que o próprio fogo desse desejo possa queimá-lo completamente e não sobre nada.

O desejo pode ter duas formas: você pode desejar algo, mas permanece distante do desejo. Você pode abandonar o desejo ou pode satisfazê-lo, mas você está separado. Se ele não for satisfeito, você se sentirá frustrado, mas, quando você estiver separado, o desejo será apenas acidental a você.

Abheepsa significa o desejo que se tornou sua própria alma. Você não pode abandoná-lo, porque, se o fizer, você se abandona nele. Quando o desejo se torna tão existencial a ponto de não existir separação entre você e ele, então ele tem imensa beleza, ganha uma nova dimensão e penetra no atemporal.

2 de dezembro

RAIVA INTERIOR

Uma parte da raiva é compreensível, porque ela está relacionada com pessoas, com situações. Mas, quando essa camada superficial da raiva for removida, subitamente você chegará a uma fonte de raiva que de maneira nenhuma está relacionada com o exterior, que é simplesmente parte de você.

Ensinaram-nos que a raiva vem somente em certas situações tensas. Isso não é verdade. Nós nascemos com a raiva, ela é parte de nós. Em certas situações, ela aflora, em outras situações, fica inativa, mas presente.

Assim, primeiro você precisa jogar fora a raiva que está relacionada com o exterior, e depois vem uma fonte mais profunda de raiva que não está relacionada com ninguém – aquela com a qual nascemos. Ela não é endereçada, e essa é a dificuldade de entendê-la. Mas não há necessidade de entendê-la. Jogue-a simplesmente – não sobre alguém, mas sobre um travesseiro, sobre o céu, sobre Deus, sobre mim.

Isso vai acontecer com cada emoção. Existe parte do amor que está relacionada com alguém. Se você for mais fundo, um dia chegará à fonte do amor que não é endereçado. Ele não está se movendo em direção a alguém, ele está simplesmente ali dentro. E o mesmo é verdadeiro com tudo o que você sente. Tudo tem dois lados.

Um lado, o inconsciente, o lado mais profundo, está simplesmente com você, e o superficial é o funcionamento dessa camada mais profunda nos relacionamentos. As pessoas que permanecem superficiais sempre se esquecem completamente de seus tesouros internos. Quando você joga fora a raiva interior, você fica face a face com o amor interior, com a compaixão interior. O lixo precisa ser jogado fora para que possa chegar ao mais puro ouro dentro de você.

3 de dezembro

PATERNIDADE

Alguns pais são necessários para mudar o mundo inteiro. Mas isso é difícil – você segue o padrão que seus pais lhe impuseram. Este é o problema que não podemos perceber: você pode não tolerar seus pais, mas está seguindo os mesmos padrões que eles seguiram.

O mundo será totalmente diferente se os pais puderem se tornar um pouco mais compreensivos. Eles não são, e ninguém pode lhes dizer coisa alguma, porque eles são muito amorosos – esse é o problema. Atrás do amor, muito do que não é amor insiste em se esconder. O amor se torna abrigo para muitas coisas que de maneira nenhuma são amor.

Seus pais devem ter sido muito amorosos e devem ter feito o que puderam. Eles devem ter pensado que estavam criando uma vida feliz para você. Mas ninguém pode fazer alguém feliz, ninguém.

Permita que seus filhos cresçam em liberdade. É claro que é arriscado, mas o que pode ser feito? A vida é um risco, mas cada crescimento é possível no perigo e no risco. Não os proteja demasiadamente ou eles se tornarão plantas de estufa – praticamente inúteis. Deixe que sejam selvagens, deixe que batalhem na vida, deixe que cresçam por si mesmos, e eles sempre serão gratos a você. E você sempre ficará feliz, porque, mais tarde, perceberá uma vivacidade neles.

4 de dezembro

SOLITUDE E AUTOCONHECIMENTO

Tudo o que é belo sempre aconteceu na solitude; nada aconteceu em uma multidão. Nada do além aconteceu, exceto quando a pessoa estava em absoluta solitude, sozinha.

Por toda a parte, a mente extrovertida criou um condicionamento que se tornou muito arraigado: quando você está sozinho, você se sente mal. Ele lhe diz para andar à procura, para encontrar pessoas, porque toda a felicidade está em ficar com pessoas. Não é verdade. A felicidade que está com as pessoas é muito superficial, e a felicidade que acontece quando você está sozinho é imensamente profunda. Assim, deleite-se nela.

Quando a solitude acontece, desfrute-a. Cante algo, dance ou sente em silêncio encarando a parede e esperando que algo aconteça. Faça desse momento um aguardar, e logo virá a conhecer uma qualidade diferente. Ela de maneira nenhuma é tristeza. Quando você tiver provado da própria profundidade da solitude, todos os relacionamentos se tornarão superficiais. Mesmo o amor não pode ir tão fundo quanto a solitude, porque mesmo no amor o outro está presente, e a própria presença do outro o mantém mais próximo da circunferência, da periferia.

Quando não há ninguém, nem mesmo um pensamento de alguém, e você está realmente sozinho, você começa a penetrar, a mergulhar em si mesmo. Não tenha medo. No início, esse mergulho parecerá a morte e uma tristeza o circundará, porque você sempre conheceu a felicidade com as pessoas, nos relacionamentos.

Apenas espere um pouco. Deixe que o mergulhar vá mais fundo e perceberá um silêncio surgindo, uma serenidade que tem uma dança em si, um movimento sem movimento dentro. Nada se move e, ainda assim, tudo está imensamente veloz; tudo está vazio e, ainda assim, repleto. Os paradoxos se encontram, e as contradições se dissolvem.

5 de dezembro

ENCARANDO A PAREDE

Sente-se encarando a parede. A parede é muito bela, não há para onde ir.

Durante nove anos, Bodhidharma se sentou diante de uma parede, encarando-a, sem nada fazer – apenas ficou sentado. A tradição diz que suas pernas secaram. Para mim, isso é simbólico. Significa simplesmente que todos os movimentos desapareceram, porque toda motivação desapareceu. Ele não estava indo a lugar algum, não havia desejo de se mover, nenhum objetivo a alcançar – e ele atingiu o mais notável que é possível. Ele é uma das almas mais raras que caminharam sobre a terra. E ele atingiu tudo, sem nada fazer, sem usar qualquer técnica, qualquer método, nada – apenas sentando-se diante de uma parede. Essa era a única técnica.

Assim, sempre que você se sentar, sente-se encarando a parede. A parede é muito bela, não há para onde ir. Nem mesmo coloque uma foto nela, que seja apenas uma parede lisa. Quando nada há para ver, aos poucos o seu interesse em ver desaparece. Ao encarar uma parede lisa, surgem paralelamente dentro de você um vazio e uma clareza. Paralela à parede, surge outra parede – a do não pensamento.

Permaneça aberto e deleite-se. Sorria, murmure uma melodia ou balance o corpo. Algumas vezes você pode dançar, mas continue a encarar a parede, deixe que ela seja o seu objeto de meditação.

6 de dezembro

DROGAS

É melhor não usar drogas, porque algumas vezes elas podem lhe proporcionar certas experiências, e esse é o problema. Ao ter as experiências dessa maneira, fica muito difícil alcançá-las naturalmente, sem drogas. E ter uma experiência não é o básico; crescer através dela é.

Você pode ter uma experiência através de uma droga, mas assim você não cresce. A experiência vem a você, não o contrário. É como se você tivesse visto o Himalaia em uma visão – bela enquanto dura, mas ela não vai muito longe e você permanece o mesmo. Aos poucos, se a visão se tornar a sua realidade, você estará perdendo algo, porque ficará viciado nela.

Não, é melhor ir ao Himalaia. É difícil, é uma longa jornada. As drogas a tornam muito curta. Elas são violentas, forçam algo prematuro. É melhor ir pelo caminho longo, porque somente através da batalha você se desenvolve. Uma integração surge em você, e você fica cristalino. É isso que importa, e a experiência é irrelevante. O que importa é o crescimento. Lembre-se sempre de que toda a minha ênfase está no crescimento, e não nas experiências. A mente sempre pede mais experiências, novas experiências, ela se encanta com experiências – e precisamos ir além da mente.

Assim, a dimensão espiritual real não é a dimensão da experiência. Na verdade, nada existe a experimentar. Somente você – nem mesmo você, mas a pura consciência sem limites, sem objetos –, a pura subjetividade, o ser. Não que você experimente coisas belas. Você é belo, mas não experimenta coisas belas. Você é imensamente belo, mas nada acontece. Tudo à volta é um imenso vazio.

7 de dezembro

EXPERIÊNCIA ESPIRITUAL

No final, você precisa se lembrar de que tudo deve ser abandonado, para que você permaneça em sua total pureza. Mesmo uma experiência espiritual corrompe; ela é um distúrbio.

Acontece algo, e surge uma dualidade. Quando acontece algo de que você gosta, surge o desejo de tê-lo mais. Quando acontece algo que o faz se sentir bem, surge o medo de vir a perdê-lo; assim, entra toda a corrupção – ambição, medo. Com a experiência, tudo da mente volta e novamente você cai na armadilha.

Todo o meu esforço aqui é o de levá-lo além – além da experiência –, porque somente então você estará além da mente e haverá silêncio. Quando não houver experiências, haverá silêncio. Quando não houver a experiência da bem-aventurança, haverá a bem-aventurança, porque a bem-aventurança não é uma experiência; você não sente que está bem-aventurado. Se você sentir, trata-se apenas de felicidade. Ela desaparecerá, se dissolverá e você será deixado no escuro.

Se você entender o ponto, nenhuma técnica será espiritual, porque todas as técnicas lhe darão experiências. E, um dia, este deveria ser o objetivo: tudo precisa ser abandonado. Você fica sozinho em sua casa – sem mobílias, sem experiências – e experimenta o supremo. Mas não se trata de uma "experiência", essa é apenas uma maneira de dizê-lo.

8 de dezembro

COMPROMISSO

O compromisso não pode ser forçado. Faça a pessoa feliz para que ela sinta que não há necessidade de qualquer outro relacionamento. Mas, pelo contrário, a maioria das pessoas cria tantos problemas que, ainda que o outro não estivesse pensando em ter outro relacionamento, ele terá de pensar – apenas para escapar.

Este é um dos problemas mais profundamente enraizados em toda união homem-mulher. O homem tem mais necessidade de liberdade do que de amor, e a mulher tem mais necessidade de amor do que de liberdade. Esse é um problema em todo o mundo, com todos os casais. A mulher não está preocupada com a liberdade. Ela está disposta a se tornar uma escrava, se ela também puder fazer do outro um escravo. Ela está disposta a entrar em qualquer compromisso, se o outro também for forçado a um compromisso. Ela está disposta a viver em uma prisão, se o outro estiver disposto a viver em uma escura cela.

E um homem está mesmo disposto a sacrificar o amor, se este se tornar muito arriscado para a sua liberdade. Ele gostaria de viver a céu aberto, mesmo sozinho. Ele gostaria de estar em um relacionamento amoroso, mas este se torna uma escura prisão. Portanto, esse é o problema.

Você precisa ficar ciente de que essa busca de demasiado compromisso ou de demasiada liberdade é imaturidade. Em algum ponto a pessoa precisa chegar a um acordo com a outra. Uma vez entendido que o homem precisa de mais liberdade, a mulher diminui sua demanda por compromisso. Uma vez entendido que a mulher precisa de compromisso, o homem diminui sua demanda por liberdade, e isso é tudo. Se você amar, estará disposto a se sacrificar um pouco. Se você não amar, será melhor se separar.

9 de dezembro

RESISTÊNCIA

A resistência é um dos problemas mais básicos, e, a partir dele, todos os outros problemas são criados. Quando você resiste a algo, você fica em dificuldade.

Jesus disse: "Não resista ao mal". Mesmo ao mal não deveria haver resistência, porque a resistência é o único mal, o único pecado. Quando você resiste a algo, isso significa que está se separando do todo; você está tentando se tornar uma ilha, separada, dividida. Você está condenando, julgando, dizendo que isso não está correto, que não deveria ser assim. Resistência significa que você tomou uma postura de julgamento.

Se você não resistir, não haverá separação entre você e a energia que está se movendo à volta. Subitamente você está com ela – tanto assim que você desaparece e somente a energia se move. Aprenda a cooperar com as coisas que estão acontecendo; não se coloque contra o todo. Aos poucos, você começa a sentir uma imensa energia nova, a qual surge ao caminhar em sintonia com o todo, porque na resistência você dissipa energia e na não resistência você absorve energia.

Esta é a atitude oriental sobre a vida: aceite e não resista, entregue-se e não lute. Não tente ser vitorioso e não tente ser o primeiro. Lao Tzu disse: "Ninguém pode me derrotar, porque aceitei a derrota e não estou almejando nenhuma vitória". Como você pode derrotar alguém que não esteja almejando vitória? Como você pode derrotar uma pessoa não ambiciosa? Como você pode matar uma pessoa que está pronta para morrer? É impossível. Através dessa entrega, a pessoa vem a ser vitoriosa.

Deixe que este seja um *insight*: Não desperdice tempo em resistir.

10 de dezembro

PACIÊNCIA

O amor é paciente, e tudo o mais é impaciente. A paixão é impaciente, o amor é paciente. E uma vez entendido que ser paciente é ser amoroso e que ser paciente é estar em oração, então tudo é compreendido. Você precisa aprender a esperar.

Existem algumas coisas que não podem ser feitas; elas somente acontecem. Existem coisas que podem ser feitas, mas estas pertencem ao mundo. As coisas que não podem ser feitas pertencem a Deus, ao outro mundo... não importa o nome que você lhe dê. Mas as coisas que não podem ser feitas, somente essas são as coisas reais. Elas sempre acontecem a você; você se torna o terminal receptor – e esse é o significado da entrega.

Torne-se um terminal receptor... seja paciente e apenas espere. Espere com profundo amor, em estado de prece e de gratidão – gratidão por aquilo que já aconteceu, e paciência por aquilo que irá acontecer. Em geral a mente humana faz justamente o oposto. Ela está sempre resmungando por aquilo que não aconteceu, e está sempre muito impaciente para que aconteça. Ela está sempre se queixando, e nunca agradecida; sempre desejando, e nunca criando a capacidade de receber. O desejo é fútil, se você não tiver a capacidade de receber.

11 de dezembro

SEM LAR

A bem-aventurança nunca tem lar, é uma errante. A felicidade tem um lar, a infelicidade também tem um lar, mas a bem-aventurança não. Ela é como uma nuvem branca, sem raízes em lugar algum.

No momento em que você cria raízes, a bem-aventurança desaparece e você começa a se apegar à terra. Lar significa segurança, garantia, conforto, conveniência. E, finalmente, se todas essas coisas forem reduzidas a uma só, lar significa morte. Quanto mais vivo você estiver, menos lar terá.

Este é o significado básico de ser um buscador: viver a vida em perigo, viver a vida em meio as incertezas, viver a vida sem saber o que virá em seguida, permanecer sempre disponível e capaz de se surpreender. Se você puder ficar surpreso, estará vivo. Maravilhar-se (*wonder*, em inglês) e peregrinar (*wander*, em inglês) vêm da mesma raiz. Uma mente fixa passa a ser incapaz de maravilhar-se, porque ela passou a ser incapaz de peregrinar. Assim, seja um peregrino, como uma nuvem, e cada momento traz infinitas surpresas. Permaneça sem lar. Sem lar não significa não viver em uma casa; significa simplesmente nunca ficar apegado a coisa alguma. Mesmo se você viver em um palácio, nunca se apegue. Se chegar o momento de partir, siga em frente sem olhar para trás. Nada o prende; você usa tudo, desfruta tudo, mas permanece o senhorio.

12 de dezembro

HUMILDADE

O amor é essencialmente humilde – não existe outro tipo de humildade. Se a humildade for cultivada sem o amor, trata-se de outro truque do ego.

Quando a humildade vem naturalmente a partir do amor, ela é imensamente bela. Assim, apaixone-se pela existência, e o início é apaixonar-se por si mesmo.

Ao amar a si mesmo, você começa a sentir amor por muitas pessoas e, aos poucos, esse espaço fica cada vez maior. Um dia você perceberá que toda a existência está incluída, que agora o amor não está mais endereçado a alguém em particular, que ele está simplesmente ali, para quem quiser pegar – ele está fluindo. Mesmo se ninguém estiver ali para pegá-lo, ele está fluindo.

Então, o amor não é um relacionamento, ele é um estado do ser. E nesse estado do ser repousa a humildade, a verdadeira humildade. Jesus é humilde nesse sentido; o papa não é humilde. Alguém pode cultivar a pobreza e enaltecer muito o ego a esse respeito, alguém pode cultivar a humildade e enaltecer o ego a esse respeito. Para mim, a humildade real surge como uma fragrância do amor. Ela não pode ser cultivada, você não pode praticá-la, não há como aprendê-la. Você precisa entrar no amor e, um dia, de repente, descobrirá que o amor floresceu – a primavera veio, o amor desabrochou e há certa fragrância que nunca esteve ali antes: você é humilde.

13 de dezembro

COOPERAÇÃO

Quando Charles Darwin escreveu sua tese sobre evolução e sobrevivência do mais adaptado, outro homem, o príncipe Kropotkin, da Rússia, estava escrevendo uma tese diametralmente oposta: a evolução acontece através da cooperação.

Pouco se ouviu falar do príncipe Kropotkin, mas sua tese é muito superior à de Darwin. Levará tempo, mas ela sobrepujará a de Darwin.

A própria ideia de que evoluímos através do conflito é violenta; é uma ideia muito desequilibrada. Se você olhar através dos olhos de Darwin, a vida é apenas uma sobrevivência do mais adaptado. E quem é o mais adaptado? O mais destrutivo, o mais agressivo é o mais adaptado. Assim, o mais adaptado não tem valor, ele nem é humano – o mais adaptado é o mais animalesco. Cristo não pode sobreviver, ele não é o mais adaptado. Buda não pode sobreviver, ele não é o mais adaptado. Buda será o homem mais impotente – e Jesus também. Então, Alexandre sobrevive, Hitler sobrevive, Stalin sobrevive, Mao sobrevive – esses são os mais adaptados. Então, somente a violência sobrevive, e não o amor; somente assassinos sobrevivem, e não a meditação.

A visão de Darwin é uma reflexão muito desumana sobre a vida. Se você entrar na floresta e olhar através dos olhos de Darwin, verá conflitos em todos os lugares: espécies destruindo outras espécies, todos em conflito. É um pesadelo. E se você for para a mesma floresta e olhar através dos olhos de Kropotkin, perceberá imensa cooperação. Essas espécies têm vivido em profunda cooperação, ou ninguém teria sobrevivido.

A violência pode ser parte, mas não é o todo; no fundo, há a cooperação. E quanto mais alto o grau de evolução, haverá cada vez menos violência e cada vez mais cooperação. Essa é a escada do crescimento.

14 de dezembro

O PRÓPRIO TEMPLO

Um templo público é um templo público; você precisa de seu próprio templo, ele é um fenômeno privado.

No Oriente, costumávamos ter um quarto separado para a meditação. Cada família que tivesse condições mantinha um pequeno templo particular. E as pessoas iam lá apenas para orar ou meditar, e para mais nada.

Tudo relacionado ao lugar – o incenso queimando, as cores, os sons, o ar – ficava associado com a ideia de meditação. Se você meditou no mesmo quarto, no mesmo lugar, todos os dias à mesma hora, então no momento em que você entra no quarto e tira os sapatos, já está em meditação. No momento em que você entra no quarto e olha para as paredes – as mesmas paredes, a mesma cor, o mesmo incenso queimando, a mesma fragrância, o mesmo silêncio, a mesma hora –, seu corpo, sua vitalidade e sua mente começam a se harmonizar em uma unidade. Todos eles sabem que é hora de meditar, e eles cooperam, não brigam com você. Você pode apenas sentar ali e entrar facilmente em meditação – mais facilmente, mais silenciosamente, mais desembaraçadamente.

Assim, se você puder, arranje um pequeno lugar – um canto servirá – e não faça mais nada ali, do contrário, o espaço fica confuso. É difícil de explicar, mas o espaço também fica confuso. Faça um cantinho, medite lá e todos os dias tente meditar regularmente no mesmo horário. Se alguma vez você deixar de ir, não precisa se sentir culpado – tudo bem. Mas mesmo se em cem dias você puder meditar regularmente por sessenta dias, isso será suficiente.

15 de dezembro

CONCENTRAÇÃO

A concentração segue o interesse; ela é uma sombra do interesse.

Se você sente que está tendo pouca concentração, nada pode ser feito diretamente em relação a ela, mas algo precisa ser feito em relação ao interesse. Por exemplo: uma criança sentada na escola começa a escutar os pássaros cantando lá fora e se concentra completamente em seus sons. O professor grita: "Concentre-se!", e a criança não pode se concentrar na lousa; sua mente retorna repetidamente aos pássaros. Eles estão tão felizes... ela está realmente interessada neles, e sua concentração está ali.

O professor diz: "Concentre-se!" Ela *está* concentrada; na verdade, o professor está distraindo-a de sua concentração. Mas o professor deseja sua concentração em algo no qual ela não tem interesse; é por isso que ela acha difícil se concentrar.

Assim, lembre-se sempre: se você sentir que está se esquecendo de coisas, isso simplesmente significa que em algum lugar o interesse está faltando, ou que você tem algum outro interesse. Talvez você deseje ganhar dinheiro a partir daquilo, e seu interesse está no dinheiro, mas não no trabalho, então começará a se esquecer de coisas. Observe seu interesse.

E não importa o que você esteja fazendo: se o estiver fazendo com profundo interesse, não haverá necessidade de se preocupar com a lembrança – ela simplesmente virá. Comece a ter mais interesse. Permaneça no momento, tenha mais interesse no que estiver fazendo, e depois de dois ou três meses perceberá que a memória seguirá o interesse.

16 de dezembro

VIVENDO NO MÍNIMO

Os seres humanos não estão cientes de seu potencial e insistem em viver no mínimo. Os psicólogos dizem que mesmo grandes gênios usam somente 15% de sua inteligência – e o que dizer da pessoa comum?

A pessoa normal usa cerca de 5% a 7% de sua inteligência. Mas isso diz respeito à inteligência, e ninguém se preocupou com o amor. Quando olho para as pessoas, percebo que raramente elas usam a sua energia amorosa. E essa é a fonte real da alegria.

Usamos 7% ou no máximo 15% de nossa inteligência. Assim, mesmo nossos maiores gênios vivem no mínimo; 85% da inteligência será um absoluto desperdício; eles jamais a usarão. E nunca saberemos o que teria sido possível se a pessoa tivesse usado 100%.

E não estamos usando nem 5% de nosso amor. No jogo do amor, insistimos em fingir, mas não usamos nossa energia amorosa. A inteligência traz a pessoa para perto da realidade exterior, e o amor traz a pessoa para perto da realidade interior. Não há outra maneira; o amor é a única maneira de conhecer o interior.

17 de dezembro

LIBERDADE E AMOR

Quando duas pessoas estão se amando, elas são livres, são indivíduos. Elas têm liberdade; o amor não é uma obrigação. É a partir de sua liberdade que elas se entregam uma à outra, e elas são livres para dizer não.

Se pessoas que se amam dizem sim uma à outra, essa é a decisão delas – não se trata de uma obrigação, de um preenchimento de alguma expectativa. Por você gostar de dar amor, você dá. E a qualquer momento você pode mudar, porque nenhuma promessa foi feita, nenhum compromisso foi feito. Vocês permanecem dois indivíduos livres – encontrando-se a partir da liberdade, amando a partir da liberdade, mas a individualidade e a autonomia de cada um estão intactas. Daí a beleza do amor!

A beleza não é somente do amor; ela é mais da liberdade do que do amor. O ingrediente básico da beleza é a liberdade; o amor é um ingrediente secundário. O amor também é belo com a liberdade, porque a liberdade é bela. Uma vez ausente a liberdade, o amor fica feio. Então você ficará surpreso com o que aconteceu. Onde foi parar toda aquela beleza?

18 de dezembro

INOMINÁVEL

Tao é o nome daquilo que não pode ter nome, é um nome para o inominável - assim como Deus, darma, verdade ou logos. Esses são nomes para a impotência humana.

Precisamos chamá-lo de alguma coisa, precisamos endereçá-lo. *Tao* é um dos nomes mais belos dados ao desconhecido, porque ele é completamente sem significado. A palavra *Deus* se tornou muito significativa, daí ter perdido a importância.

Você pode venerar Deus, mas não pode venerar *Tao*; não existe imagem dele. Você pode não venerar uma imagem de pedra, mas, no momento em que você diz "Deus", uma imagem sutil surge em você: alguém sentado em um trono dourado, controlando o mundo inteiro, um homem muito sábio com uma barba branca e coisas assim, uma figura paterna. Mas, com "Tao", não surge nenhuma imagem. Esta é a beleza do nome: ele não lhe dá pista, não lhe dá desculpa para entrar na imaginação.

Tao é o nome mais notável dado ao desconhecido. Ele é significativo porque não tem sentido; ele nada significa. Tudo o que ele significa é o caminho - não o caminho para algum objetivo, mas apenas a maneira como as coisas são.

19 de dezembro

NÃO DISSEQUE AS FLORES

Quando alguma coisa desabrocha dentro de você, não salte sobre ela intelectualmente, ou matará a flor. Você tirará as pétalas para ver o que tem dentro, mas, nessa própria dissecação, a flor se vai.

A ironia é que, se você quiser saber o que é uma flor e tirar as suas pétalas, nunca saberá o que é a flor. Tudo o que você vier a saber sobre ela dessa maneira será sobre outra coisa – talvez sobre os componentes químicos da flor, sobre os componentes físicos da flor, sobre sua cor, sobre isso e aquilo, mas nada disso terá referência à beleza. Essa beleza desaparece no momento em que você a disseca e destrói.

O que você tem agora é apenas a memória da flor, e não a flor real. E tudo o que você souber sobre ela, saberá sobre uma flor morta, e não sobre uma viva. E aquela vida era a própria matéria, era a coisa real; aquela flor viva estava crescendo, desabrochando, liberando fragrância. E assim é o caso com o desabrochar interior.

A meditação trará muitos novos e belos espaços, mas, se você começar a pensar a respeito – o que eles eram, por que aconteceram, o que afinal de contas eles significavam –, trará a mente para dentro da experiência, e a mente é veneno. Dessa maneira, em vez de aguar a flor, você a envenenou. Meditação é a dimensão diametralmente oposta da mente. Assim, não traga a mente. Desfrute! Aconteceram boas experiências, e mais e mais experiências de maior significado estarão vindo – esse é apenas o começo. Permaneça aberto e disponível.

20 de dezembro

FAÇA VOCÊ MESMO

Em si, a vida é neutra. Nós a fazemos bela, nós a fazemos feia; a vida é a energia que trazemos a ela.

Se você despejar beleza na vida, ela é bela. Se você simplesmente se sentar e desejar que ela seja bela, ela não será – você precisa criar a beleza. A beleza não está presente como um objeto, como uma rocha. Ela precisa ser criada. Você precisa dar uma visão à realidade, precisa dar cor à realidade, precisa dar uma canção à realidade – então, a vida é bela.

Assim, sempre que você participar na criação da beleza, ela estará presente; sempre que você parar de criar, ela não estará presente. A beleza é uma criação, e assim é a feiura. A felicidade é uma criação, e assim é a infelicidade. Você obtém somente aquilo que você cria, e nunca outra coisa. Nisto se resume a filosofia do carma: você obtém somente aquilo que você faz. A vida é apenas uma tela em branco – você pode pintar uma bela cena, uma paisagem, ou pode pintar fantasmas escuros e pessoas perigosas; cabe a você. Você pode criar um belo sonho ou um pesadelo.

Uma vez entendido isso, as coisas ficam muito simples. Você é o mestre, e a responsabilidade é sua. Normalmente achamos que a vida tem alguma beleza objetiva e alguma feiura objetiva. Não! A vida é apenas uma oportunidade. Ela lhe dá tudo o que for necessário; agora, faça você mesmo! É uma atividade de "faça você mesmo".

21 de dezembro

O ÚLTIMO LUXO

Quando não há necessidade, o amor floresce.

O amor floresce somente quando as necessidades desapareceram. Um amor acontece somente entre um rei e uma rainha – em nenhum dos casos existe qualquer necessidade.

O amor é o maior luxo no mundo. Ele não é uma necessidade – é o último luxo, o supremo entre os luxos. Se você estiver necessitado dele, ele será como outras necessidades; você precisa de comida, de abrigo, de roupas, disso e daquilo. Nesse caso, o amor também é parte deste mundo. Quando não há necessidade, você está simplesmente fluindo com a energia e gostaria de compartilhar com alguém, e alguém também está fluindo com a energia e gostaria de compartilhar com você, então vocês dois oferecem sua energia para um deus desconhecido do amor.

E esse é um luxo absoluto, porque ele não tem propósito, não é um negócio. Ele é intrínseco, e não um meio para outra coisa. É uma grande brincadeira.

22 de dezembro

PAREDE DE PALAVRAS

Noventa por cento da linguagem é apenas uma maneira de evitar o contato verdadeiro. Criamos uma grande parede de palavras para ocultar o fato de que não desejamos nos relacionar.

Se você estiver se sentindo triste, por que dizê-lo? Fique triste! As pessoas saberão o que você quer dizer sem a linguagem. Se você estiver muito, muito feliz, por que dizê-lo? Fique feliz! E a felicidade não é italiana, inglesa ou alemã – todos a compreenderão. Você pode dançar quando está feliz, e eles compreenderão. Quando você estiver com raiva, pode simplesmente magoar alguém – por que dizê-lo? Isso seria mais autêntico e real e as pessoas imediatamente compreenderiam que você está com raiva.

A linguagem é uma maneira de dizer o que realmente não queremos expressar. Por exemplo, estou com raiva de você e não quero estar com raiva; então simplesmente digo: "Estou com raiva". Essa é uma maneira muito impotente de dizer que estou com raiva. Eu amo você e não quero realmente expressá-lo; então simplesmente digo: "Eu amo você". Apenas palavras! Se eu o amo, vou dizer-lhe isso de alguma maneira mais real – por que através de palavras?

Tente se expressar através de um gesto, através das expressões faciais, do corpo, do toque, da atitude, mas não através da linguagem. E você gostará disso, porque terá uma nova sensação e poderá inovar.

23 de dezembro

MÚSICA

A existência é uma orquestra, e precisamos estar em sintonia com ela. É por isso que a música exerce tanto encanto para a mente humana, para o coração humano – porque algumas vezes, ao escutar uma bela música, você começa a entrar de mansinho nessa harmonia universal.

Ao escutar Beethoven, Mozart ou alguma música clássica oriental, você começa a penetrar em um mundo diferente; surge uma *Gestalt* totalmente diferente. Você não está mais em seus pensamentos – seu comprimento de onda se altera. Essa excelente música começa a circundá-lo, começa a brincar com o seu coração, começa a criar um ritmo que você perdeu.

Esta é a definição de uma excelente música: ela pode lhe dar um vislumbre de como você pode existir inteiramente com o todo – mesmo por alguns momentos. Recai uma grande paz e acontece uma grande alegria no coração. Você pode não entender o que aconteceu, mas o grande mestre, o grande músico, está simplesmente tocando em uma base muito fundamental. A base fundamental é que a existência tem um certo ritmo. Se você puder criar uma música de acordo com aquele ritmo, aqueles que a escutarem também começarão a entrar nesse ritmo.

E você pode fazer isso de muitas maneiras. Por exemplo, se você estiver sentado ao lado de uma cachoeira, escute o seu som e integre-se a ela. Feche os olhos e sinta que se uniu à cachoeira – no seu íntimo, comece a cair com a água. E haverá momentos, alguns momentos, em que subitamente descobrirá que houve uma participação, que você pôde obter o cântico da cachoeira e ficou em sintonia com ela. Um grande êxtase surgirá a partir desses momentos. Ao escutar os pássaros, faça o mesmo.

24 de dezembro

FANTASIA

A fantasia pode fazer uma coisa: pode criar o inferno ou pode criar o paraíso. A fantasia é muito consistente; ela não pode criar o paradoxo.

A fantasia é muito lógica, e a realidade é muito ilógica. Assim, sempre que a realidade aflorar, ela terá ambas as polaridades em si – esse é um dos critérios da realidade. Se ela não tiver ao mesmo tempo ambas as polaridades, ela será uma construção da mente.

A mente não corre riscos e sempre cria algo consistente. Em si mesma, a vida é muito inconsistente e contraditória – ela precisa ser, ela existe através da contradição. A vida existe através da morte; portanto, sempre que você estiver realmente vivo, também sentirá a morte. Todo momento de grande vida também será um grande momento de morte. Todo momento de grande felicidade também será um grande momento de tristeza. Precisa ser assim.

Assim lembre-se disto sempre: quando você tiver uma experiência contraditória – duas coisas que não se encaixam, que são diametralmente opostas uma à outra –, ela deve ser real; você não poderia imaginá-la. A imaginação nunca é tão ilógica.

25 de dezembro

CRIATIVIDADE

A criatividade é um alimento, e as pessoas que não são criativas raramente crescem – porque elas estão passando fome.

Nós nos aproximamos de Deus somente quando criamos. Se Deus é o criador, ser criativo é a maneira de participar no ser de Deus. Não podemos criar este universo, mas podemos criar uma pequena pintura – podemos criar pequenas coisas. E não faz qualquer diferença se você cria algo grandioso ou algo pequeno. A criatividade não distingue diferença alguma.

Dessa maneira, a criatividade não está interessada na quantidade, mas na qualidade. E ela nada tem a ver com o que os outros dizem sobre as coisas que você cria – isso é irrelevante. Se você gostou de fazer o seu trabalho, isso é suficiente, você já foi pago por ele.

26 de dezembro

COMPREENSÃO

As pessoas que se amam podem se separar, mas a compreensão que foi ganha na companhia do outro sempre permanecerá como uma dádiva. Se você amar uma pessoa, o único presente valioso que você pode dar a ela é alguma dose de compreensão.

Converse com o seu parceiro e entenda que algumas vezes ele precisa ficar sozinho. E este é o problema: essa necessidade pode não acontecer ao mesmo tempo para vocês. Às vezes você quer ficar com a pessoa, e ela quer ficar sozinha – nada pode ser feito com relação a isso. Você precisará compreender e deixá-la sozinha. Às vezes você quer ficar sozinho, mas ela quer vir a você – diga-lhe que você não pode fazer nada!

Crie cada vez mais compreensão. É isto que falta aos parceiros amorosos: eles têm suficiente amor, mas nenhuma compreensão, absolutamente nenhuma. Por isso, nas rochas da incompreensão o amor que sentiam morre. O amor não pode viver sem a compreensão. Sozinho, o amor é muito tolo; com a compreensão, o amor pode viver uma longa vida, uma grande vida – de muitas alegrias compartilhadas, de muitos belos momentos compartilhados, de grandes experiências poéticas. Mas isso acontece somente através da compreensão.

O amor pode lhe dar uma pequena lua de mel, mas isso é tudo. Somente a compreensão pode lhe dar uma profunda intimidade. E cada lua de mel é seguida pela depressão, pela raiva, pela frustração. A menos que você cresça em compreensão, nenhuma lua de mel ajudará; ela será como uma droga.

Assim, tente criar mais compreensão. E mesmo que um dia vocês se separem, a compreensão estará com vocês. Essa será uma dádiva do amor de um para com o outro.

27 de dezembro

O MISTERIOSO

Escute o misterioso, não o negue. Não diga precipitadamente que ele não existe. Todas as pessoas que caminharam na terra de uma maneira consciente concordaram – o misterioso existe.

O mundo não termina no visível. O invisível existe, e é muito mais significativo, porque é muito mais profundo. O visível é somente uma onda no invisível. O invisível é o oceano. Dessa maneira, quando algo estranho acontece, não o negue e não se feche a ele. Abra-se, deixe que ele entre. E todos os dias há muitos e muitos momentos em que o misterioso bate na porta.

Subitamente um pássaro começa a cantar; escute-o, e escute através do coração. Não comece a analisá-lo, não comece a falar em seu interior sobre ele. Fique em silêncio, deixe que ele penetre em você tão profundamente quanto possível. Não o impeça pelos seus pensamentos. Permita-lhe uma passagem absoluta. Sinta-o, não pense nele.

Por ter encontrado uma rosa no começo da manhã, você pode se sentir diferente o dia inteiro. Se você viu o sol se erguendo pela manhã e foi arrebatado por ele, você pode se sentir totalmente diferente o dia inteiro. Se você viu os pássaros voando e esteve com eles por um momento, você se sentirá uma pessoa completamente nova. Sua vida começou a mudar.

Essa é a maneira de você se tornar um buscador. Você precisa absorver a beleza da existência, a sua absoluta alegria, a sua esmagadora bênção.

28 de dezembro

PERMANEÇA AVENTUREIRO

Sempre permaneça aventureiro. Por nenhum momento se esqueça de que a vida pertence aos que a investigam. Ela não pertence ao estático; ela pertence ao que flui. Nunca se torne um reservatório; sempre permaneça um rio.

A mente não pode enfrentar o novo, não pode decifrar o que ele é, não pode categorizá-lo, rotulá-lo. Ela fica perplexa com o novo, perde toda a sua eficiência quando se confronta com algo novo.

Com o passado, com o velho, com o familiar, a mente fica muito à vontade, porque ela sabe o que ele é, como fazer, o que fazer, o que não fazer. Ela é perfeita no conhecido, pois está se movendo em território já bastante percorrido. Mesmo no escuro, ela pode se mover; a familiaridade ajuda a mente a ficar destemida. Mas este é um dos problemas a serem entendidos: como a mente está sempre destemida apenas com o familiar, ela não permite que você cresça. O crescimento acontece com o novo, e a mente apenas fica destemida com o velho. Dessa maneira, a mente se apega ao velho e evita o novo. O velho parece ser sinônimo da vida, e o novo parece ser sinônimo da morte; é assim que a mente olha para as coisas. Você precisa colocar a mente de lado.

A vida nunca permanece estática. Tudo está mudando: hoje ela está aqui, amanhã poderá não estar. Você poderá se deparar com ela novamente; quem sabe quando? Talvez levará meses, anos ou vidas. Assim, quando uma oportunidade bater à porta, vá com ela. Faça desta uma lei fundamental: em vez do velho, sempre escolha o novo.

29 de dezembro

HOSPÍCIO

Lembre-se sempre de uma coisa: tanto você, como todo o mundo, já são loucos. A humanidade é louca; este planeta é um hospício. Assim, você só pode ficar saudável, você não pode enlouquecer.

Se você tiver medo de ficar saudável, isso é uma coisa; mas não fique com medo de ficar louco, pois o que mais pode acontecer? O pior já aconteceu! Estamos vivendo no pior tipo de inferno. Assim, se você cair, poderá cair no paraíso. Você não pode cair em nenhum outro lugar.

Mas as pessoas estão com medo, porque, tudo o que elas têm vivido, elas consideram como normal. Ninguém é normal. Muito raramente surge uma pessoa normal como Jesus ou Buda; todos os outros são anormais. Mas os anormais são a maioria, e por isso são chamadas de normais. Jesus parece anormal, e naturalmente a maioria pode decidir; eles têm os votos para decidir quem é normal e quem não é. Este é um mundo estranho: aqui, pessoas normais parecem anormais, e o anormal é considerado como normal.

Observe as pessoas, observe sua própria mente: ela é um macaco, um macaco louco. Por trinta minutos escreva tudo o que passar pela sua mente e depois mostre a alguém. Qualquer um certificará que você é louco! Não tenha medo. Prossiga com a sensação que vem a você, prossiga com esse chamado, siga esse palpite. E, se você desaparecer, desapareça! O que você tem a perder?

30 de dezembro

DESAFIO DO SELVAGEM

Este é apenas o começo. Você terá de passar por terras cada vez mais estranhas. A verdade é mais estranha do que qualquer ficção. Mas tenha coragem!

Antes de você começar a entrar em si mesmo, você não sabe quanto de si você nunca chegou a conhecer. Você estava vivendo com somente um fragmento de seu ser. Você estava vivendo como uma gota d'água, e o seu ser é como um oceano. Você estava identificado apenas com a folha da árvore, e a árvore inteira lhe pertence.

Sim, é muito estranho, porque você começa a se expandir. Novas realidades precisam ser absorvidas. A cada momento você precisa se deparar com fatos com os quais jamais se deparou; assim, a cada momento existe uma instabilidade e o caos se torna contínuo. Você nunca pode se estabilizar, nunca pode ter certeza, pois quem sabe o que irá se abrir a você no próximo momento?

É por isso que as pessoas nunca vão para dentro. Elas vivem uma vida acomodada. Limparam uma pequena terra de seu ser e construíram ali a sua casa. Fecharam os olhos, levantaram grandes cercas e paredes, e pensam: "Isto é tudo o que existe". E é exatamente além da parede que elas têm o seu ser real e selvagem que está à espera delas. Este é o desafio, o chamado do selvagem.

31 de dezembro

INÍCIO

Onde você estiver, é sempre o início. É por isso que a vida é tão bela, tão jovem, tão virgem.

Quando você começar a pensar que algo está completo, começará a ficar morto. A perfeição é morta; assim, os perfeccionistas são suicidas. Desejar ser perfeito é uma maneira indireta de cometer suicídio. Nada jamais é perfeito, não pode ser, porque a vida é eterna. Nada jamais se conclui; não existe conclusão na vida – apenas pontos cada vez mais elevados. Quando você atinge um ponto culminante, outro está desafiando-o, chamando-o, convidando-o.

Assim, lembre-se sempre de que onde você estiver é sempre um início. Então você sempre permanece uma criança, você permanece virgem. E esta é toda a arte da vida: permanecer virgem, permanecer novo e jovem, não corrompido pela vida, não corrompido pelo passado, não corrompido pela poeira que normalmente se junta nas estradas da jornada. Lembre-se: cada momento abre uma nova porta.

Isso é muito ilógico, porque sempre pensamos que, se houver um começo, deverá haver um fim. Mas nada pode ser feito. A vida é ilógica: ela tem um começo, mas não um fim. Nada que está realmente vivo jamais termina, mas segue continuamente em frente.

Resort Internacional de Meditação

O Resort Internacional de Meditação Osho é um ótimo local para passar férias e para ter uma experiência pessoal direta de uma nova maneira de viver, com mais atenção, relaxamento e diversão. Localizado em Puna, Índia, aproximadamente 160 quilômetros a sudeste de Mumbai, o resort oferece uma variedade de programas a milhares de pessoas que o visitam a cada ano, procedentes de mais de cem países.

Criada originalmente como um retiro de verão destinado a marajás e a colonialistas ingleses abastados, Puna é atualmente uma cidade moderna e próspera, que abriga inúmeras universidades e indústrias de alta tecnologia.

O Resort de Meditação ocupa uma área de mais de quarenta acres em um bairro residencial muito arborizado, chamado Koregaon Park. Seu *campus* oferece um número limitado de acomodações para visitantes numa nova casa de hóspedes, mas existe uma grande variedade de hotéis e apartamentos próximos, que ficam disponíveis para permanência de alguns dias a vários meses.

Os programas do Resort de Meditação se baseiam todos na visão de Osho de um novo tipo de ser humano, capaz, ao mesmo tempo, de participar criativamente da vida cotidiana e de buscar relaxamento no silêncio e na meditação. Realizada em instalações modernas, com ar-condicionado, a maioria dos programas inclui uma variedade de sessões individuais, cursos e workshops, que abrangem desde artes criativas até tratamentos holísticos de saúde, terapia e transformação pessoal, ciências esotéricas, abordagem zen nos esportes e recreação, questões de relacionamento e transições significativas da vida para homens e mulheres. Sessões individuais e workshops em grupo são oferecidos durante todo o ano, ao lado de uma programação diária integral de meditações.

Cafés e restaurantes ao ar livre, situados na própria área do resort, servem cardápios indianos tradicionais e uma variedade de pratos internacionais, todos feitos com vegetais produzidos organicamente na própria fazenda. O *campus* tem seu próprio suprimento de água potável de boa qualidade.

www.osho.com/resort

Este livro foi composto na tipografia Minion Pro,
em corpo 11/15, e impresso em
papel off-white no Sistema Cameron da
Divisão Gráfica da Distribuidora Record.